Congrès national

DES

Sociétés françaises

DE GÉOGRAPHIE

XXIIe SESSION — NANCY, 1er-5 AOUT 1901

COMPTES RENDUS

PUBLIÉS PAR

LA SOCIÉTÉ DE GÉOGRAPHIE DE L'EST

NANCY

IMPRIMERIE BERGER-LEVRAULT & Cie

18, RUE DES GLACIS, 18

1902

Congrès national

DES

Sociétés françaises

DE GÉOGRAPHIE

Congrès national

DES

Sociétés françaises

DE GÉOGRAPHIE

XXIIe SESSION — NANCY, 1er-5 AOUT 1901

COMPTES RENDUS

PUBLIÉS PAR

LA SOCIÉTÉ DE GÉOGRAPHIE DE L'EST

NANCY

IMPRIMERIE BERGER-LEVRAULT & Cie

18, RUE DES GLACIS, 18

1902

CONGRÈS NATIONAL

DES

SOCIÉTÉS FRANÇAISES

DE GÉOGRAPHIE

XXIIe SESSION — NANCY, 1er-5 AOUT 1901 [1]

RÈGLEMENT

I

Le Congrès des Sociétés françaises de géographie a pour but essentiel :
1° De contribuer à l'étude, au progrès et à la diffusion des sciences géographiques, ainsi qu'à l'étude et à la solution des questions d'ordre géographique touchant aux intérêts du pays ;
2° D'entretenir et de développer les rapports de confraternité indispensables entre les sociétés qui cultivent ces sciences, le rapprochement des hommes qui s'y consacrent.

II

1° Les Sociétés françaises de géographie seront invitées, par les soins de la Société organisatrice, à adhérer au Congrès, sous l'obligation de se faire représenter officiellement par un délégué. Cette adhésion, donnée une fois pour toutes, ne peut cesser que par dénonciation ;
2° Tous les membres des Sociétés françaises de géographie et des Sociétés assimilées sont admis à faire partie du Congrès national ;

---

1. Ce compte rendu des travaux du Congrès est publié par les soins de M. P. Collesson, secrétaire général de la Société de géographie de l'Est.

3° Sont d'ores et déjà considérées comme *assimilées* les Sociétés dont le comité du Congrès de Bordeaux a arrêté la liste, à charge par elles de se soumettre à l'obligation stipulée pour les Sociétés de géographie, de se conformer aux règlements du Congrès et d'être en rapport d'échange de leur *Bulletin* avec toutes les Sociétés adhérentes ;

4° Toute Société, ayant un caractère géographique, qui, dans la suite, voudra être admise au Congrès, devra en faire la demande par la voie de la Société organisatrice. Celle-ci en saisira les Sociétés adhérentes, lesquelles, par délégation ou par correspondance, se prononceront sur cette demande.

L'admission ne sera acquise que si elle réunit les deux tiers au moins des **suffrages exprimés.**

III

Le Congrès tient, autant que possible, une session annuelle au siège de l'une des Sociétés, laquelle est chargée de l'organisation, ainsi qu'il est dit notamment aux articles XII et XVIII.

Six mois au moins avant l'époque de la session, la Société organisatrice devra saisir les Sociétés intéressées de la préparation du questionnaire, solliciter et grouper toutes questions ou travaux qu'elle soumettra à l'étude et aux délibérations du Congrès.

Toute question sujette à discussion et à l'émission d'un vœu devra figurer préalablement au questionnaire. Ce questionnaire devra être adressé aux Sociétés au moins trois mois avant la réunion du Congrès, chaque question étant accompagnée de quelques lignes explicatives sur les principaux considérants à l'appui.

IV

Chacune des Sociétés françaises de géographie ou des Sociétés assimilées déléguera, pour la représenter au comité du Congrès, un de ses membres, muni de ses pouvoirs ou désigné à l'avance par lettre émanant du président de la Société représentée et adressée au président de la Société organisatrice.

Les sections de groupes géographiques peuvent envoyer des délégués au Congrès.

C'est la réunion des délégués spéciaux des Sociétés qui constitue le comité du Congrès. Celle-ci est présidée par le président du Congrès (art. VIII) ou, à son défaut, par le président de la Société organisatrice, ou encore par tel délégué désigné par le comité lui-même.

V

Par les soins et l'initiative de la Société organisatrice, les différents ministères seront invités à se faire représenter officiellement à chacune des sessions du Congrès.

Seront également invités à prendre part aux travaux du Congrès : des voyageurs et explorateurs, des personnalités qualifiées sous le rapport de leurs connaissances géographiques, les directeurs de publications géographiques avec lesquelles les Sociétés de géographie sont en rapport d'échange.

Peuvent être invitées à se faire représenter les Sociétés étrangères des pays frontières (art. XVII).

VI

La session du Congrès pourra durer de cinq à six jours consécutifs. Autant que possible, la Société organisatrice devra éviter de l'entrecouper par des excursions.

VII

Lorsque la Société appelée à recevoir le Congrès aura organisé une exposition spéciale de géographie, un jury local sera formé par ses soins pour préparer les opérations du jury définitif.

Durant la session, les membres du Congrès, suivant leurs aptitudes, seront répartis dans les diverses sections pour constituer le jury définitif.

Ne pourront faire partie du jury les membres du Congrès qui sont exposants personnels, s'ils ne sont mis hors concours, au moins dans la section dont ils font partie.

Toutes les expositions collectives seront, pour les récompenses accordées, mises hors concours.

Il est entendu, toutefois, que les membres isolés de ces collectivités auront droit à concourir aux récompenses à titre personnel.

VIII

Chacune des sessions du Congrès est placée sous la présidence à la fois d'honneur et effective d'une haute personnalité française, de compétence et de notoriété incontestées, invitée par la Société organisatrice et dûment informée par celle-ci des obligations qui lui incomberont.

Le président du Congrès préside la séance d'ouverture et prononce le discours d'usage. Il préside également les réunions du comité du Congrès, ainsi que la séance de clôture.

D'accord avec la Société organisatrice, il s'occupe, à l'issue du Congrès, de la transmission à qui de droit des vœux retenus par le Congrès. Lorsque le président sera fixé sur le sort et le résultat de ces vœux, il en fera part au président de la Société organisatrice de la session suivante.

IX

La session s'ouvrira par une séance générale, entourée autant que possible d'une certaine solennité, dans laquelle seront prononcés les discours de cérémonie.

Dans la séance générale suivante et dans l'ordre indiqué par voie de tirage au sort, le délégué attitré de chaque Société représentée au Congrès fera l'exposé sommaire des travaux de cette Société.

X

La lecture de chaque exposé ne devra pas durer plus de dix minutes, délai de rigueur. Ceux dont la lecture serait plus longue seront brièvement analysés par leurs auteurs. Ces rapports figureront *in extenso* au compte rendu général, à la condition cependant de ne pas tenir plus de cinq pages d'impression.

Tout exposé qui n'aura pas été présenté à la séance spéciale sera simplement déposé sur le bureau pour être inséré au compte rendu. Ce compte rendu — sténographique chaque fois qu'il se pourra — sera publié par les soins de la Société organisatrice dans le plus court délai possible.

XI

Une fois ouvert, le Congrès tiendra une séance le matin et une l'après-midi.

Les séances du matin seront exclusivement consacrées aux travaux sujets à discussions.

Celles de l'après-midi comprendront les communications diverses.

Il ne pourra être dérogé à cette disposition qu'en cas de force majeure ou quand il y aura surcharge à l'une des séances au détriment de l'autre.

Il pourra être organisé, suivant les besoins, des séances du soir pour des conférences spéciales (art. XVIII).

XII

La Société organisatrice sera chargée de pourvoir au service du secrétariat et de la publicité. Elle devra, notamment, assurer la rédaction des procès-verbaux de chaque séance pour être lus à la séance suivante, à tout le moins à la première séance du lendemain. Des ordres du jour imprimés seront, par ses soins, mis à la disposition des membres du Congrès, autant que possible la veille même de la date des séances.

Dès que les procès-verbaux des séances auront été approuvés par le Congrès, elle devra les transmettre à la presse et s'efforcer de leur donner la plus grande publicité possible.

XIII

Afin d'éviter les surcharges d'ordre du jour et de conserver aux délibérations du Congrès leur caractère géographique, les personnes qui auront des communications à faire en dehors du programme devront en donner au préalable le titre et, au besoin, le caractère défini à la Société organisatrice.

Toute communication qui aurait été publiée avant d'être présentée au Congrès sera exclue. Cette disposition n'interdit en rien la présentation au Congrès d'ouvrages de nature à l'intéresser.

XIV

Les ordres du jour seront préparés par le bureau de la Société organisatrice.

Dès avant l'ouverture de la session, dans une réunion préliminaire du comité du Congrès, les projets d'ordre du jour seront soumis à son approbation. Mais son acquiescement ne saurait supprimer la faculté qu'il a toujours de s'inspirer des nécessités du moment pour y apporter les modifications qu'il jugerait bonnes.

XV

Si dans le cours de la session, sous un titre géographique, il est présenté un travail ayant un tout autre objet, la parole sera retirée à son auteur.

XVI

La présidence des séances du matin, comme celle de l'après-midi, revient de droit aux délégués officiels des Sociétés.

Mais le nombre de ces séances ne pouvant jamais être en rapport avec celui des délégués, le comité du Congrès, dans la séance préliminaire dont il est fait mention ci-dessus (art. XIV), élira au scrutin secret et à la majorité relative ceux d'entre les délégués présents à qui la présidence sera confiée à tour de rôle. Les autres délégués seront désignés comme vice-présidents, de manière que tous, sans exception, figurent au bureau, dans le cycle des séances d'une session.

XVII

Si des délégués du Gouvernement, des membres des Sociétés de géographie sont présents, à titre officiel ou non, ils pourront être désignés comme assesseurs. La présidence d'honneur de l'une ou de l'autre séance pourra être offerte aux délégués étrangers ; mais en aucun cas cette présidence ne pourra être effective pour les séances du matin ou de l'après-midi.

Le bureau de la Société pourra présenter comme assesseurs également les représentants des Sociétés, Académies, Administrations ou Institutions locales.

XVIII

L'ordre du jour et l'organisation du bureau des séances supplémentaires du soir sont réservés à la Société organisatrice. Mais il est entendu en principe que ces séances sont exclusivement consacrées à des conférences publiques destinées tout à la fois à faire œuvre de vulgarisation utile et à donner au Congrès toute sa portée dans la région où il se tient. En conséquence, elles seront l'objet de toute la publicité possible.

XIX

Toute question admise au Congrès sera traitée en séance de discussion générale. Les vœux qui pourront être formulés et votés en séance générale seront tous renvoyés au comité du Congrès, composé uniquement des délégués spéciaux des Sociétés de géographie et des Sociétés assimilées, à raison de un par Société. Le comité décide s'il retient ou non les vœux émis par l'assemblée.

Toutefois, les modifications au règlement, ou les questions particulières aux Sociétés de géographie, ainsi que le choix de la Société qui recevra le Congrès, sont exclusivement réservés aux seuls délégués des Sociétés de géographie.

En séance générale de clôture, le président du Congrès fera connaître les vœux que le comité aura maintenus.

XX

A chaque session, le Congrès désignera la Société qui devra le recevoir à la session suivante. Cette désignation devra être faite, quand il sera possible, deux ans à l'avance.

XXI

Le président de chaque séance sera chargé d'assurer l'exécution du présent règlement et de prendre toutes les mesures nécessaires pour maintenir la régularité de la marche des travaux.

XXII

Un exemplaire du présent règlement, imprimé aux frais de la Société organisatrice, sera distribué à chacun des membres du Congrès à la séance d'ouverture de chaque session et sera déposé en permanence, par ses soins, sur le bureau de l'assemblée.

Le présent règlement, modifiant celui de Toulouse du 9 août 1884, a été voté par le Congrès de Bordeaux le 5 août 1895.

ORGANISATION DE LA XXIIe SESSION

Désignée par le Congrès de Paris pour organiser à Nancy la vingt-deuxième session du Congrès national des Sociétés françaises de géographie, la Société de Nancy a répondu avec empressement à cet appel.

C'était la deuxième fois que Nancy avait l'honneur de recevoir le Congrès, puisque déjà, au temps de feu J.-V. Barbier, la capitale de la Lorraine ouvrait ses portes aux géographes français.

Le comité d'action pour l'organisation matérielle du Congrès fut ainsi composé :

MM. Pfister, professeur à la Faculté des lettres de l'Université de Nancy, président de la Société; Bleicher, directeur de l'École supérieure de pharmacie, vice-président de la Société; L'huillier, président de la Chambre de commerce de Nancy, vice-président de la Société; Millot, ancien officier de marine, chargé de cours à la Faculté des sciences de l'Université de Nancy, vice-président honoraire de la Société; P. Collesson, secrétaire général de la Société; Déglin, docteur en droit, avocat à la Cour d'appel, secrétaire adjoint; Wœlflin, ancien officier du génie, secrétaire adjoint; Marcot, trésorier; Auerbach, professeur à la Faculté des lettres de l'Université de Nancy; Barbier, commandant la compagnie des sapeurs-pompiers; Lebrun, député de Meurthe-et-Moselle; Friot, adjoint au maire de Nancy, tous ces messieurs membres du Comité de direction de la Société de géographie; Lespine, avocat, et Demeufve, sans compter d'autres personnes de bonne volonté que leur modestie nous empêche de nommer[1].

---

[1]. Les discussions ont été sténographiées et communiquées à la presse par M. Géant, de Nancy.
Les articles qui ont paru dans la *Dépêche coloniale* sont dus à M. Boulland de l'Escale.

La Société de géographie est heureuse d'exprimer ici sa reconnaissance au Ministère de l'Instruction publique, au Conseil général de Meurthe-et-Moselle, à la ville de Nancy et à la Chambre de commerce, dont les généreuses subventions ont augmenté ses ressources. Elle remercie également les Compagnies des chemins de fer et la Compagnie des transatlantiques des avantages qu'elles ont accordés aux congressistes.

COMITÉ D'HONNEUR

M. le vice-amiral FOURNIER, président du Congrès.
Son Éminence le cardinal MATHIEU.
M. le général LANGLOIS, commandant le 20ᵉ corps d'armée.
M. SADOUL, premier président de la Cour d'appel de Nancy.
M. JOUCLA-PELOUS, préfet de Meurthe-et-Moselle.
Mgr TURINAZ, évêque de Nancy et de Toul.
M. COSTE, procureur général près la Cour d'appel de Nancy.
M. MARINGER, maire de la ville de Nancy.
M. GASQUET, recteur de l'Académie de Nancy.
M. BRAUN, trésorier-payeur général.
Le prince Roland BONAPARTE, président de la Société de géographie commerciale.
M. DEBIDOUR, président d'honneur de la Société de géographie de l'Est.
M. GRANDIDIER, président de la Société de géographie de Paris.
M. MÉZIÈRES, de l'Académie française, sénateur de Meurthe-et-Moselle, président d'honneur de la Société de géographie de l'Est.
MM. les sénateurs de Meurthe-et-Moselle.
MM. les députés de Meurthe-et-Moselle.

COMITÉ D'ORGANISATION

MM. le doyen de la Faculté de droit.
— des lettres.
— de médecine.
— des sciences.
le directeur de l'École supérieure de pharmacie.
— nationale des eaux et forêts.

MM. l'inspecteur d'académie de Nancy.
 le directeur de l'École supérieure de commerce.
 l'ingénieur en chef des mines.
 les ingénieurs en chef des ponts et chaussées.
 les adjoints au maire de Nancy.
 le proviseur du Lycée de Nancy.
 le supérieur de l'Institution de la Malgrange.
 le président de l'Académie de Stanislas.
 le directeur de l'École normale primaire.
    —   professionnelle de l'Est.
 le président de la Section meusienne.
    —   vosgienne.
 le vice-président de la Section meusienne.
    —   vosgienne.
 le président de la Société d'agriculture.
   — du comité de l'Alliance française.
   — de la Société des amis de l'Université.
   — de la Société d'archéologie lorraine.
   — du Club alpin français (section vosgienne).
   — de la Société industrielle de l'Est.
   — de la Société lorraine de photographie.
   — de la Société de médecine.
   — de la Société des sciences.
 le secrétaire de la Section meusienne.
    —   vosgienne.
 le directeur des Salines de Rosières-Varangéville.
   — de la Verrerie de Nancy.
 le Dr A. Fournier.
 les membres du comité de direction de la Société de géographie de l'Est.

COMITÉ D'ACTION

MM. Pfister, président de la Société de géographie.
 Bleicher, vice-président de la Société de géographie.
 Lhuillier,   —   —
 Millot,   —   —
 P. Collesson, secrétaire général   —
 Déglin, secrétaire adjoint   —

Wœlflin, secrétaire adjoint de la Société de géographie.
Marcot, trésorier de la Société de géographie.
Auerbach,
Friot,   } membres[1].
Lespine,

---

[1]. A cette liste nous pouvons ajouter les noms de MM. P. Chenut, J. Collesson et G. Demeufve qui, bien que ne faisant pas partie du comité d'action, lui ont rendu les plus signalés services.

PROGRAMME GÉNÉRAL

Jeudi 1ᵉʳ août

A 9 HEURES ET DEMIE DU MATIN

Réunion des Délégués dans le Grand Amphithéâtre de la Faculté des lettres, Palais de l'Académie, place Carnot.
Nomination des présidents et organisation des séances de travail.
Rapports sur les travaux des Sociétés de géographie.

A 2 HEURES ET DEMIE DU SOIR

Séance solennelle d'ouverture du Congrès, au Salon Carré de l'Hôtel de Ville (place Stanislas), sous la présidence de M. l'amiral FOURNIER.

A 3 HEURES ET DEMIE DU SOIR

Séance de travail, Salon Carré de l'Hôtel de Ville.
M. LORIN, délégué du Ministère de l'Instruction publique, professeur à l'Université de Bordeaux : *L'Enseignement colonial*.
M. GOETT, professeur au lycée, délégué de la Société académique de Brest : *Variation des formes du terrain par suite des oscillations séculaires aux environs de la mer. — Quelles ressources peuvent être tirées des données géologiques au point de vue de l'étude des fonds sous-marins. — Appréciation de leur relation avec l'archéologie*.

A 9 HEURES ET DEMIE DU SOIR

Réception des Congressistes par la Municipalité de la Ville de Nancy dans les Grands Salons de l'Hôtel de Ville. — Punch.

Vendredi 2 août

A 9 HEURES ET DEMIE DU MATIN

Séance de travail au Grand Amphithéâtre de la Faculté des lettres de l'Université de Nancy, place Carnot.
M. FAUVEL, délégué de la Société de topographie de Paris : *Unification des signes conventionnels. — Unification de l'échelle, au moins pour les pays où est admis notre système métrique. — Sur le respect des anciennes dénominations, même non traduites, du vieux langage ou du patois*.

M. Étienne Port, délégué de la Société de géographie de Saint-Nazaire : *La Loire navigable*.

M. Guénot, délégué de la Société de géographie de Toulouse : *Le Reboisement des Pyrénées*.

A 2 HEURES ET DEMIE DU SOIR

Séance de travail, Grand Amphithéâtre de la Faculté des lettres de l'Université de Nancy, Palais de l'Académie, place Carnot.

M. Haillant, délégué de la Société d'émulation des Vosges : *Bibliographie vosgienne. — Glossaire vosgien*.

M. Auerbach, professeur à l'Université de Nancy : *Le Canal du Nord-Est* (Chiers, Meuse, Escaut).

M. Girard. — Présentation d'ouvrages : *La Normandie maritime. — L'Aunis et la Saintonge maritimes*.

Samedi 3 août

A 9 HEURES ET DEMIE DU MATIN

Séance de travail, Grand Amphithéâtre de la Faculté des lettres de l'Université de Nancy, Palais de l'Académie, place Carnot.

M. de Rey Pailhade, délégué de la Société de géographie de Toulouse : *Unification des mesures angulaires pour les cartes de l'armée de terre et pour les cartes de la marine*.

M. Imbeaux, ingénieur des ponts et chaussées : *La Nappe aquifère du plateau de Haye*.

M. Dupont : *Philippe de Crèvecœur*.

M. Guénot : *Les Canaux du Sud-Ouest*.

M. E. Duvernoy, agrégé de l'Université, archiviste du département de Meurthe-et-Moselle : *Note sur les documents géographiques des archives de Meurthe-et-Moselle*.

M. Beaupré : *Les Établissements humains dans le bassin de Meurthe-et-Moselle aux temps préhistoriques, gallo-romains et mérovingiens; essai de géographie ancienne*.

A 2 HEURES ET DEMIE DU SOIR

Séance de travail, Faculté des lettres.

M. P. Hazard, délégué de la Société de géographie du Cher : *Câbles sous-marins entre la France et les colonies*.

M. le lieutenant de vaisseau Devoir, délégué de la Société académique de Brest (section de géographie) : *Les Monuments mégalithiques de la Bretagne*.

M. V. Turquan, lauréat de l'Institut, ancien directeur de la Statistique générale de la France : *Atlas géographique et économique de la France*.

M. Lemire : *Mœurs comparées des Indo-Chinois d'après leurs lois, leurs cultes, leurs théâtres*.

M. Mesplé : *Exposition coloniale de 1903-1904 à Alger*.

M. Gasser : *La Formation du relief du bassin de la Saône*.

M. Rossignol : *La Garonne navigable. — La Dépopulation de la France*.

A 7 HEURES ET DEMIE DU SOIR

Banquet à l'hôtel de l'Europe.

Dimanche 4 août

Excursion à Domremy-la-Pucelle et à Neufchâteau.

Lundi 5 août

A 9 HEURES ET DEMIE DU MATIN

Séance de travail, Faculté des lettres.
M. DES ROBERT : *Metz en Lorraine.*
La Décentralisation au point de vue géographique (sujet de discussion proposé par M. AUERBACH, professeur à l'Université de Nancy).
M. G. BLONDEL : *La Marine marchande.*

A 2 HEURES ET DEMIE DU SOIR

Séance de travail, Faculté des lettres.
M. HAUMANT, professeur à l'Université de Lille : *Utilité de l'établissement, entre sociétés de province, d'un office central chargé de réunir les renseignements sur les conférences qui sont proposées aux sociétés.* — *Établissement de relations entre les sociétés, leurs membres et les Français résidant à l'étranger.*
M. Charles RABOT : *Projet de fédération des Sociétés de géographie de France en vue de l'exploration économique de nos colonies.*

A 3 HEURES ET DEMIE DU SOIR

Réunion des délégués, Faculté des lettres : *Rédaction des vœux.*

A 5 HEURES DU SOIR

Salon Carré de l'Hôtel de Ville, place Stanislas. Séance solennelle de clôture du Congrès.

Mardi 6, Mercredi 7, Jeudi 8 août

Excursion dans les Vosges. — Gérardmer, *hôtel de la Poste,* à Gérardmer. Montée à la Schlucht en voiture, coucher à la Schlucht (*hôtel français*). De la Schlucht en voiture à Cornimont, par le lac des Corbeaux et la Bresse. De Cornimont à Remiremont, *hôtel des Deux-Clefs,* en chemin de fer. De Remiremont à Saint-Maurice en chemin de fer. Le Ballon d'Alsace, en voiture, *hôtel du Ballon.* Descente sur Saint-Maurice. Retour en chemin de fer à Nancy.

TRAVAUX DU CONGRÈS

Jeudi 1ᵉʳ août 1901

SÉANCE SOLENNELLE D'OUVERTURE

Elle a lieu dans le Salon Carré de l'Hôtel de ville de Nancy.

M. le vice-amiral Fournier, membre du Conseil supérieur de la marine et du Bureau des longitudes, préside.

A ses côtés avaient pris place : son Éminence le cardinal Mathieu ; MM. Joucla-Pelous, préfet de Meurthe-et-Moselle ; le général Langlois, commandant le 20ᵉ corps d'armée ; le docteur Friot, adjoint au maire de Nancy ; Gasquet, recteur de l'Académie ; Pfister, président de la Société de géographie de l'Est ; les délégués des Ministères : MM. Lorin (instruction publique), Tantet (colonies), Guyot (agriculture), le colonel Marga (guerre), Baugue (commerce), et les membres du bureau du Congrès.

Les délégués des Sociétés assistent à la séance ainsi qu'un grand nombre de personnes.

La séance ouverte, M. Pfister, professeur à la Faculté des lettres de l'Université de Nancy, président de la Société de géographie de l'Est, prononce les paroles suivantes :

« Messieurs les Délégués des Sociétés de géographie,

« Au nom de la Société de géographie de l'Est et de ses deux sections d'Épinal et de Bar-le-Duc, je vous souhaite la bienvenue à Nancy. Nous sommes heureux et fiers de vous recevoir ; nous ferons de notre mieux pour que le séjour dans notre ville vous soit agréable pendant les quelques jours que vous allez y passer ; nous nous efforcerons de rendre cette XXII⁰ session des congrès de géographie féconde en résultats. Pour bien faire, nous n'aurons qu'à suivre la tradition et à imiter les exemples que vous nous avez donnés.

« Vous êtes ici en un pays où toujours les études géographiques ont été en honneur. En cette Lorraine continentale, dont les paysages sont d'une douceur si calme et où la mer ne parle point à l'imagination, on a toujours aimé les lointains voyages et les explorations pleines de dangers ; on a été séduit par le mirage des contrées exotiques. On s'y est plu surtout à combiner les données fournies par les voyageurs, pour bien se rendre compte des divers aspects du globe et satisfaire ce besoin de savoir si naturel à l'esprit humain. Je ne remonterai point aux temps tout à fait reculés ; je ne signalerai qu'en passant le nom de Jean de Vandières, abbé de Gorze, qui fut envoyé au x⁰ siècle par le roi d'Allemagne Otton le Grand à la cour de Cordoue et s'acquitta avec succès de sa mission ; naguère cette histoire nous a été racontée par l'éminent prince de l'Église qui nous fait le très grand honneur d'assister à cette séance d'ouverture et qui, par sa vaste érudition et ses hautes vertus, continue la chaîne des plus illustres cardinaux de Lorraine. De même, je mentionnerai seulement en bloc les nombreux pèlerins qui, souvent, par troupes de 500 à 600 personnes, partaient au début du xi⁰ siècle pour la Terre Sainte, et dont les voyages préparèrent la croisade. Nous arrivons tout de suite au xv⁰ siècle, où fut écrit l'un des documents géographiques les plus curieux que nous vous montrerons à notre bibliothèque municipale. C'est une traduction latine de la *Géographie* de Ptolémée, copiée pour le célèbre cardinal Guillaume Filastre, dont un neveu occupa, fort mal du reste, les sièges épiscopaux de Verdun et de Toul. Le manuscrit est enrichi d'une série de cartes tout à fait intéressantes, dressées d'après les indications du géographe grec ; puis le copiste y a ajouté une carte des pays du Nord inconnus à Ptolémée, d'après Claudius Clavus Cimbricus, — et c'est la représentation la plus ancienne qui existe de ces régions septentrionales. Le grand Nordenskjöld a étudié avec le plus grand soin ce manuscrit et en a tiré des conclusions des plus ingénieuses.

« Environ un siècle plus tard, dans la charmante vallée de la Meurthe, à Saint-Dié, trois savants, le chanoine Vautrin Lud, Ringmann, dit

Philésius, et Waldseemüller, dit Hylacomylus, s'associent et forment le *Gymnase vosgien*, pour livrer à la presse l'œuvre de Ptolémée. Ils font précéder le travail qu'ils veulent publier d'un petit manuel de cosmographie : *Cosmographiæ Introductio*, et d'une traduction latine des quatre voyages de Vespuce ; ces traités parurent en 1507, et il y eut la même année deux éditions qui sont aujourd'hui payées par les amateurs presque à leur poids en billets de banque. Dans l'Introduction, Waldseemüller se demande quel nom on pourrait donner aux terres nouvellement découvertes de l'autre côté de l'Atlantique et, en l'honneur d'Améric Vespuce, il propose celui d'*Amérique*. Ce nom d'Amérique fut transcrit sur la sphère que les savants réunis à Saint-Dié publièrent en même temps que la *Cosmographie* et dont un seul exemplaire subsiste aujourd'hui dans la collection du prince de Lichtenstein à Vienne. Il figure aussi sur la carte de l'édition de Ptolémée qui, après toutes sortes de vicissitudes, parut enfin à Strasbourg en 1513, chez l'éditeur Jean Schott, sous les noms d'Oessler et d'Uebelin. Ainsi, c'est à Saint-Dié que des savants, qui ignoraient encore les voyages de Christophe Colomb, ont, avec une très grande bonne foi, inoculé le nom d'Amérique. Vespuce n'est pour rien, en dépit des belles phrases et des déclamations, en cette sorte de substitution. C'est notre ville vosgienne qui, suivant une très jolie expression de M. Henri Bardy, est la « marraine de l'Amérique » ; et voilà pourquoi, à la dernière exposition de Chicago, on a reproduit le coin si pittoresque de cette cité où sont ramassées l'ancienne collégiale, aujourd'hui la cathédrale, la belle église romane de Notre-Dame et les vieilles maisons canonicales.

« Ce nom d'*America* fut, à l'origine, exclusivement donné à l'Amérique du Sud ; et en ce sens il figure sur un autre document géographique de la fin du xvie siècle, que nous possédons à Nancy et sur lequel je dois attirer votre attention. Il s'agit d'un petit globe terrestre en vermeil, qui a été copié sans doute sur un travail allemand par un orfèvre de Nancy, le sieur Vallier. Le globe est supporté par un Atlas nu assez bien modelé, et il est surmonté d'une sphère armillaire représentant le système du monde. On y lit sur les régions qui forment aujourd'hui le Brésil et le Pérou, le mot *America;* sur l'Amérique centrale, les mots : *Hispania nova*. L'Amérique du Nord est rattachée directement au continent asiatique (le détroit de Behring n'était pas encore découvert) et porte le nom de *Asia orientalis* et celui d'*Asia manza*. Mais ce qu'il y a de plus curieux, c'est qu'on nous montre le Nil sortant au sud de l'équateur de deux lacs, nos lacs *Albert* et *Victoria-Nyanza*. Ce globe fut donné en 1661 par le duc Charles IV au célèbre pèlerinage de Notre-Dame de Sion et, comme il s'ouvre à la manière d'une boîte, il servit pendant quelque temps de ciboire. Il fut épargné à l'époque de la Révolution, à cause de sa valeur artistique ; et, aujourd'hui, il est l'un des joyaux de notre Musée lorrain, où le conservateur Lucien Wiener se fera un plaisir de vous le présenter.

« C'est sans doute la vue de ce globe qui a inspiré au début du xviie siècle à un mathématicien et à un ingénieur de Lorraine, Jean L'Hoste, l'idée de construire un globe céleste et un globe terrestre où il rapporterait toutes les singularités tant de la terre et des mers que des astres. Il se livra à ce travail pendant huit années et y donna tous ses soins. Les deux globes en cuivre, avec les figures et les noms très nettement gravés, étaient prêts en l'année 1616 et furent offerts au duc Henri II en son palais de Nancy. Cette fois-ci, l'Amérique du Nord est indépendante du continent asiatique dont la sépare le *détroit d'Anian;* mais on continue de nous montrer le Nil sortant de deux lacs, appelés *Zembre lacus* et *Zaffa lacus*. L'œuvre de L'Hoste excita une vive admiration, si vive que les Français, en occupant la Lorraine, s'en emparèrent, comme ils prirent une partie de nos archives et de nos manuscrits, comme aussi ce fameux cheval de bronze des sculpteurs Chaligny sur lequel devait se dresser la statue du duc Charles III. Nos deux globes se trouvent aujourd'hui à la bibliothèque de l'Institut, où vient de loin en loin les consulter quelque érudit lorrain.

« Je ne m'arrêterai point à vous énumérer les travaux cartographiques et géographiques qui, du xvie au xviiie siècle, ont eu exclusivement pour objet le duché de Lorraine. Gérard Mercator, appelé par le duc Charles III, a jeté les bases de la première carte du duché qui a été poursuivie par Jean de Schille. Thierry Alix, le fondateur de notre trésor des chartes, a *dénombré* à la même époque toutes les localités du duché et dressé une carte perspective des Vosges que l'on vous exposera dans une de nos séances. Au début du xviiie siècle, le duc Léopold eut en Didier Bugnon son géographe attitré ; et notre historien Dom Calmet, un peu plus tard Durival, ancien lieutenant de police et maire de Nancy, ont répandu par leurs écrits la connaissance des régions lorraines. En cette même période, un grand nombre de Lorrains parcourent les pays lointains ; lisez les *Lettres édifiantes* des jésuites, et vous trouverez comme auteurs les noms de plusieurs de nos compatriotes. Quelques Lorrains exercent, après la réunion à la France, d'importantes fonctions dans les colonies ; l'un des plus brillants membres de l'Académie de Stanislas, plus tard membre de l'Académie française, le fringant marquis de Boufflers, gouverna pendant trois années, de 1785 à 1788, le Sénégal et se fait regretter et des colons et des nègres ; François, si célèbre plus tard sous le nom de François de Neufchâteau, est procureur général à Saint-Domingue et, à son retour, il faillit périr en un naufrage ; en vain, nouveau Camoëns, il soulève hors des flots le manuscrit de sa traduction en vers de l'Arioste ; l'œuvre est engloutie, mais l'homme est heureusement sauvé. D'autres Lorrains sont de véritables explorateurs, voyageant pour l'amour de la science : Sonnini, de Lunéville, le fécond collaborateur de Buffon, parcourt successivement la Guyane, l'Égypte, la Turquie et ses annexes ; François Vaillant, d'origine nancéienne, explore cette Afrique du Sud où les Boërs soutiennent en ce moment une lutte si héroïque.

« Après la Révolution, il y eut dans les explorations et aussi dans la science géographique comme un temps d'arrêt. Mais, quand le mouvement reprend, quand d'intrépides savants veulent arracher à notre globe terrestre ses derniers secrets, quand la France se crée son magnifique empire colonial, les noms de Lorrains illustres se pressent dans notre souvenir ; et comment, en cette séance, manquerai-je de rendre un hommage éclatant au Vosgien à qui nous devons la Tunisie et le Tonkin ? Le nom de Jules Ferry grandira dans le recul de la postérité ; ce fut un vaillant Français qui, sans rien abandonner de nos imprescriptibles revendications, a compris qu'un grand peuple ne saurait se désintéresser de rien de ce qui se passe sur le globe ; par son intelligence ouverte et large, par sa volonté tenace indifférente aux basses injures, il a augmenté, avec notre empire colonial, notre patrimoine de gloire. En nos explorateurs et en nos marins, dont un grand nombre sont Lorrains, il a trouvé pour son œuvre de dévoués collaborateurs.

« Dans le grand couloir de notre lycée de Nancy, à côté des noms des élèves morts pour la patrie, on voit deux portraits dessinés par

M. Casse. L'un représente Crevaux qui, lui aussi, est mort sur le champ d'honneur, assassiné dans une de ses explorations. Né à Lorquin, dans cette partie de la Lorraine que le traité de Francfort nous devait enlever, il entre dans le corps des médecins de la marine qui a fourni tant de voyageurs illustres. Après avoir fait tout son devoir pendant la guerre de 1870-71 sous les ordres directs de Gambetta, il va visiter cet inextricable réseau de rivières qui sont tributaires de l'Amazone et de l'Orénoque; il remonte le Maroni, le Yari, l'Oyapock, le Putumayo; il renouvelle la géographie de l'Amérique du Sud, recueille une foule d'indications précieuses. Après trois voyages très fatigants, il eût gagné le droit de se reposer; mais, poussé en quelque sorte par ses premiers succès, il se met une quatrième fois en route et il périt sous les coups des Tobas, le 24 août 1882. Notre Société de géographie s'honore d'avoir contribué à faire connaître les magnifiques résultats de ses voyages; elle a fait dresser le buste de Crevaux au Jardin botanique, et, sur notre demande, le conseil municipal a donné son nom à l'une des rues de Nancy.

« Le portrait qui forme pendant à celui de Crevaux est celui de l'illustre amiral qui a bien voulu accepter la présidence de notre Congrès de géographie. Je n'ose rappeler devant lui toutes les étapes de sa belle carrière, marquée par le combat du Bourget, la signature du traité de Tien-Tsin, l'organisation du Tonkin, la composition de traités techniques de haute valeur, le commandement de l'escadre de la Méditerranée. Mais je dois dire combien la ville de Nancy est heureuse de le fêter aujourd'hui, et, au nom de la Société de géographie, je lui exprime tous nos remerciements de ce qu'il ait bien voulu venir aujourd'hui au milieu de nous en sa cité natale. Sa présence à la tête de notre Congrès est pour nous la meilleure garantie de succès.

« Et à côté de ces deux noms lorrains, qui, à des titres divers, marquent dans la science géographique, on me permettra de mentionner nos missionnaires, comme l'abbé Krick, qui à deux reprises franchit la muraille de l'Himalaya réputée infranchissable; comme l'abbé Desgodins, à qui nous devons presque toutes nos notions sur la haute région montagneuse du Thibet; comme le P. Hacquard, des Pères blancs créés par un ancien évêque de Nancy, Mgr de Lavigerie, — le Père Hacquard a été l'auxiliaire précieux des dernières missions en Afrique et c'est avec émotion que nous avons appris récemment sa mort. Nous joindrons encore à eux nos officiers et nos administrateurs coloniaux qui ont exploré l'intérieur de l'Afrique et fait la jonction de nos colonies du Sénégal, du golfe de Guinée, de l'Algérie et du Congo. Nous les avons entendus pour la plupart à la Société de géographie : le capitaine Braulot, qui est mort depuis tué à l'ennemi, le capitaine Vermeersch, le capitaine d'Ollonne qui vient de nous raconter en un livre charmant son exploration dans la forêt séparant le Dahomey du Haut-Sénégal ; enfin Gentil, qui déjà une première fois nous a raconté son arrivée et sa navigation sur le lac Tchad, et que nous espérions jusqu'au dernier moment posséder demain ; il devait nous raconter l'éclatante victoire remportée sur Rabah ; sa conférence aurait complété celle de Foureau qui est restée en votre mémoire ; et comme nous aurions aimé unir en nos acclamations les deux hommes qui, partis de deux points si éloignés, se sont rencontrés presque à heure fixe sur cet immense trajet entre la France algérienne et la France équatoriale ! Malheureusement, la maladie causée par les grandes fatigues empêche Gentil de venir ; nous faisons des vœux pour sa prompte guérison et retenons tout de suite notre compatriote pour une conférence cet hiver. Je m'en voudrais de ne pas signaler parmi nos explorateurs un ancien étudiant de la Faculté des lettres, Paul Crampel, qui, le premier, a cherché cette voie de jonction entre le Congo et l'Algérie par le bassin du Tchad et qui a été massacré en juin 1891 ; mais son entreprise a été poursuivie héroïquement et menée à bonne fin par les Dybowski, les Maistre, les de Béhagle, les Marchand, les Gentil.

Ainsi la Lorraine peut revendiquer un grand nombre d'explorateurs illustres de notre époque ; en même temps, avec les résultats fournis par eux, elle a fait de la géographie une science. La chaire de géographie créée à la Faculté des lettres a été occupée successivement par M. Vidal de la Blache et par M. Marcel Dubois, et je suis heureux de rappeler ici le souvenir d'un maître et celui d'un ami. La tradition se poursuit avec M. Auerbach, qui a pris une part si active à la préparation du Congrès ; avec M. Millot, qui en notre Bulletin nous expose avec une si précise abondance les nouvelles géographiques ; avec M. Thoulet, qui a doté la France d'une science nouvelle : l'océanographie ; — il est en ce moment en croisière et m'a dit tous ses regrets de n'être pas avec nous. Puis notre Société de géographie de l'Est est un second centre d'études en relations étroites avec l'Université. Elle date de 1878, et compte aujourd'hui 23 années d'existence. Elle est née à la suite du premier congrès des sociétés françaises de géographie qui se tint à Paris, lors de l'Exposition; et ce n'est pas une des moindres utilités de ces réunions de susciter de la sorte des émulations et de propager l'amour de la science. Au congrès de 1878 assistait un ancien négociant de Nancy très actif, très entreprenant, très passionné pour la géographie. Il promit que Nancy aurait bientôt une société analogue à celle de Paris qui a servi de modèle à toutes les autres, analogue à celles de Lyon, de Bordeaux, de Marseille, de Montpellier et d'Oran, créées sous l'impulsion des événements de 1870-71. On pouvait être sûr que ce que Joseph-Victor Barbier avait résolu serait exécuté : tant il mettait dans la réalisation de ses desseins d'opiniâtreté, de ténacité et de persévérance. C'est pour nous un devoir de rappeler en ce moment son souvenir. La Société de géographie de l'Est est son œuvre; il l'a créée presque à lui tout seul; et depuis 1878 jusqu'au jour de sa mort, en septembre 1898, il s'est consacré tout entier à elle; on peut dire que sa vie et celle même de la Société se sont confondues. Il a dirigé notre Bulletin, organisé nos conférences, prêt à prendre lui-même la plume ou la parole, si un article ou un orateur faisait défaut. Avec le concours d'hommes dévoués, il a créé deux sections florissantes à Bar et à Épinal; il nous a représentés à tous les congrès des Sociétés de géographie, et vous savez avec quelle passion il y défendait ses idées. Il vous a fait les honneurs de Nancy quand, une première fois en 1880, le Congrès s'est tenu en notre cité; et aujourd'hui sa mémoire plane au milieu de nous. Je sais qu'en parlant de lui j'évoque une physionomie connue de vous tous et par suite chère à vous tous, et il m'est doux de lui payer la dette de reconnaissance que nous lui devons.

« Nous en devons une autre à notre bien-aimé vice-président, le docteur Bleicher, qui, il y a deux mois, le 8 juin dernier, est mort en des circonstances tragiques, victime du devoir professionnel. Le docteur Bleicher laissera un nom illustre dans la science. C'était à la fois un géologue, un botaniste, un archéologue et un géographe. Nul plus que lui n'a contribué à retracer la physionomie de nos provinces d'Alsace et de Lorraine lors des lointaines évolutions géologiques; il a amassé quantité de matériaux de la préhistoire, signalé tous les monuments antérieurs à l'époque romaine qui ont été découverts en nos régions: haches de pierrre ou de bronze, traces d'habitation, retranchements à moitié calcinés sur les éperons des collines. Il a formé d'excellents disciples qui continuent sa méthode prudente et sûre. Ancien médecin militaire, ayant séjourné longtemps à Rome avec les troupes d'occupation, chargé de missions scientifiques en Algérie et au Maroc, ayant parcouru à diverses reprises les Pyrénées, il a inauguré les études de géographie comparée et a été en toute la force du terme un initiateur. Les plus illustres géographes d'aujourd'hui, les docteurs Penck et Suess, se plaisent à reconnaître ce qu'ils lui doivent. Mais de tous les pays dont il rapprochait les traits généraux, il en est un qu'il aimait entre tous : ce sont les Vosges, dont il connaissait tous les recoins et qu'il a décrites tout ensemble avec la précision du savant et l'émotion du poète et de l'artiste épris des beautés de la nature. Il se plaisait à y conduire les caravanes de ses élèves et de ses amis. C'est lui qui s'était chargé de nous mener au col de la Schlucht et au sommet du Hohneck; mais, hélas ! il ne nous sera plus donné de l'entendre parler avec amour de ces belles montagnes auxquelles était attachée comme une partie de lui-même.

« La Société de géographie de l'Est se montrera fidèle à la mémoire de ces chers confrères disparus, en poursuivant leur œuvre. C'est sous leurs auspices que nous aimons à nous placer. Soutenus par leur souvenir, nous ferons tout notre possible pour mener notre tâche à bonne fin. Pour le succès de notre Congrès, nous comptons beaucoup sur vous, Messieurs les Délégués. Après avoir adressé nos hommages à notre président, le vice-amiral Fournier, je dois saluer MM. les représentants des ministères de la guerre, de l'instruction publique, des colonies, du commerce et de l'agriculture. Je ne veux point parler de ceux qui vivent au milieu de nous et qui sont nos collaborateurs quotidiens; mais je dois des remerciements spéciaux à M. le colonel Marga dont les cours ont été une révélation sur la géographie de la France, à M. Schrader qui a renouvelé nos atlas et tout notre outillage scolaire et à M. Lorin, qui à Bordeaux enseigne avec une si grande compétence la géographie coloniale. Et on me permettra encore de présenter nos respectueuses salutations à M. Lemire, dont nous avons déjà applaudi à diverses reprises les conférences sur l'Annam, et à M. Gauthiot, le secrétaire de la Société de géographie coloniale de Paris, et que vous avez plaisir à retrouver à tous vos congrès qu'il anime de son ardeur. Ma dernière parole sera la même que j'ai dite au début : Vous tous, Messieurs les Délégués qui représentez ici avec tant d'autorité vos sociétés de géographie et la science française, soyez les bienvenus à Nancy. »

M. l'amiral Fournier se lève ensuite et prend la parole en ces termes :

« Messieurs,

« En ouvrant cette séance solennelle du Congrès des Sociétés géographiques de France, devant un auditoire d'élite et dans la jolie ville de Nancy, si éprise de beautés artistiques, littéraires et de recherches scientifiques, mon premier devoir est de remercier l'éminent Président de la Société géographique de l'Est, M. Pfister, des paroles de bienvenue si flatteuses, trop flatteuses, hélas! qu'il vient de m'adresser et du grand honneur qu'il m'a fait en m'appelant, au nom de ses distingués collaborateurs, à présider ce Congrès.

« J'avoue que je n'aurais pas accepté sans hésitation ni appréhension cette aimable mais intimidante proposition, si je n'avais eu foi dans la sympathie dont les Nancéens ont toujours honoré tous ceux qui portent l'épée pour la défense du pays, qu'ils soient soldats ou marins. Je savais aussi que je pouvais compter, comme marin, sur le même sentiment réconfortant, de la part des explorateurs, des géographes et des savants réunis dans ce Congrès.

« Les explorateurs et les marins sont en effet liés par une communauté d'efforts, de privations et de dangers, dans les missions qu'ils remplissent à travers les régions inexplorées du globe, pour y étendre le champ de leurs investigations ou pour y protéger les intérêts nationaux dont ils ont charge.

« D'ailleurs, qui, mieux que le marin, pourrait comprendre l'état d'âme de l'explorateur, sa passion toujours inassouvie de l'*espace* et de l'*inconnu*, que ravive chaque nouvelle conquête dans leurs voies mystérieuses et si souvent périlleuses.

« D'autre part, tout marin n'est-il pas géographe à son heure, par nécessité de profession ou par goût ?

« Et n'est-ce pas à la collaboration si féconde des marins et des explorateurs que les géographes doivent cette accumulation de matériaux et de documents qu'ils classent, par un labeur incessant, et dont ils tirent tous les éléments d'information de nature à faciliter, entre les peuples, les échanges et les communications nécessaires à leur développement économique et social?

« Je ne pouvais donc pas décliner l'honneur de cette présidence dont le principal attrait, à mes yeux, était de me faire l'interprète, dans cette enceinte, de tous les corps de la marine et de l'armée qui nous ont donné tant de hardis explorateurs, et non les moins illustres, Crevaux, Francis Garnier, le colonel Monteil, le colonel Marchand, l'administrateur Gentil, l'héroïque commandant Lamy, le vainqueur de Rabah, enseveli dans sa victoire, les capitaines Meynier, Joalland et tant d'autres glorieux émules que je craindrais de citer incomplètement en en faisant, de mémoire, l'énumération.

« C'est donc au nom de la marine, à laquelle s'associent certainement, dans un même élan d'admiration patriotique, les officiers de notre armée, tous les membres du Congrès et la population nancéienne dont nous sommes les hôtes reconnaissants, que je rends aujourd'hui hommage au dévouement, aux persévérants efforts et aux succès éclatants de nos explorateurs et de nos géographes, en saluant en eux de vaillants pionniers de la civilisation française et d'infatigables et modestes bienfaiteurs de l'humanité !

« Il me reste, comme président, d'autres devoirs à remplir.

« Le premier est d'exprimer, au nom du Congrès, et, j'en suis certain, au nom de tous les Nancéiens, le regret qu'une indisposition ait mis M. Gentil, le héros de cette admirable campagne de pénétration vers le lac Tchad, dans l'impossibilité de venir faire la conférence que chacun, ici, attendait avec impatience et qui eût fait vibrer en nous un légitime sentiment de fierté nationale.

« A l'exemple du colonel Marchand, dont la belle âme française, éprise de justice et d'humanité, a été, pour lui et ses compagnons, à travers l'Afrique, le plus précieux des talismans, M. Gentil a appris, en effet, aux populations du continent noir à voir, dans notre drapeau, le symbole de leur délivrance et non le signal précurseur de la dévastation et des massacres impitoyables.

« On ne saurait trop le répéter à l'honneur de ces modestes héros pleins de bravoure, d'intelligence et de désintéressement, c'est en respectant et en protégeant les faibles et en n'employant la force que contre leurs oppresseurs et contre de sauvages agressions, que ces hardis, mais pacifiques pionniers de la France ont étendu son rayonnement et son prestige, depuis les rives de l'Atlantique jusqu'au Nil Blanc et au lac Tchad.

« Bel exemple pour les explorateurs de l'avenir !

« Je termine en me félicitant d'avoir, aujourd'hui, l'honneur d'occuper ce fauteuil, dans le magnifique Palais municipal de la ville de Nancy, où s'est écoulée ma jeunesse, au milieu de tant de notabilités de toutes les sociétés géographiques et des délégués des ministères, en présence du si distingué représentant du gouvernement de la République, et d'une édilité intelligente et fière, à juste titre, des beautés historiques dont elle a la charge et le culte.

« Ce qui attache, en outre, à mes yeux un si grand prix à cet honneur, c'est d'avoir à mes côtés Son Éminence le cardinal Mathieu, qui représente ici, avec une si haute autorité et tant de noblesse, notre bon et patriotique clergé national, et de l'autre, M. le général Langlois, sur qui le pays peut compter, chacun le sait, pour instruire, entraîner et conduire, au besoin, à l'ennemi, le plus beau des corps d'armée de France. »

PROCÈS-VERBAUX DES SÉANCES

Les séances de travail se tinrent dans le grand amphithéâtre de la Faculté des lettres de l'Université de Nancy, mis gracieusement à la disposition du Congrès par M. le Recteur de l'Académie, que nous nous empressons de remercier d'une manière toute spéciale ici.

Toutefois, afin d'éviter un trop grand dérangement aux congressistes, la première réunion de travail eut lieu au Salon Carré de l'Hôtel de Ville, à l'issue de la séance solennelle d'ouverture.

SÉANCE DU JEUDI 1er AOUT A 9 HEURES ET DEMIE DU MATIN

Les délégués des sociétés françaises de géographie se sont réunis dans le grand amphithéâtre de la Faculté des lettres à Nancy.

Au bureau avaient pris place : MM. Pfister, président de la Société de géographie de l'Est, Gauthiot, secrétaire de la Société de géographie commerciale de Paris, et P. Collesson, secrétaire général de la Société de géographie de l'Est, secrétaire du Congrès.

Dix-neuf sociétés s'étaient fait représenter. Voici les noms des délégués :

MM. Husson, délégué de la Société d'Alger.
  Lorin, — de Bordeaux et Alliance française.
  Joppé, — de Douai.
  Favier, — du Havre.
  Monflier, — de Rouen.
  Merchier, — de Lille.
  Layec, — de Lorient.
  Chambeyron, — de Lyon.
  Rampal, — de Marseille.
  Basset, — d'Oran.
  Gauthiot, — de Paris (commerciale) et Afrique française.
  Port, — de Saint-Nazaire.

MM. Guénot, délégué de la Société de Toulouse.
    Flahault, — de Montpellier.
    Regelsperger, — de Rochefort.
    Paul Hazard, — de Bourges.
    Goett, — de Brest.
    Boursier, — du C. A. F.
    Fauvel, — de topographie.

M. le Président souhaite la bienvenue aux personnes présentes. On procède aussitôt après à la nomination des présidents des séances de travail et de leurs assesseurs. On entend ensuite le rapport des délégués sur les travaux des sociétés qu'ils représentent.

La séance est levée à midi.

SÉANCE DU JEUDI 1er AOUT (APRÈS-MIDI)

M. Gauthiot, secrétaire général de la Société de géographie commerciale, préside la séance, assisté de MM. Husson (Alger) et Manès (Bordeaux). Cette séance eut lieu immédiatement après la séance solennelle d'ouverture.

M. Lorin, délégué du ministère de l'instruction publique, prend la parole pour développer une communication sur la nécessité et les conditions d'un enseignement colonial.

Il est absolument nécessaire d'instruire le futur colon sur ses devoirs, il faut éclairer le public français sur nos colonies. Cette propagande, cette vulgarisation, est l'œuvre des sociétés de géographie. L'éducation proprement dite des futurs colons sera assurée par des instituts coloniaux dont l'enseignement portera sur la géographie, l'agriculture, l'hygiène coloniale, les conditions d'existence, et sur les langues indigènes.

La parole est ensuite donnée à M. Goett, professeur au lycée de Brest, qui fait une intéressante communication sur les oscillations des littoraux marins. Il résume les faits déjà connus et ajoute ses observations personnelles sur divers points du littoral atlantique.

Il émet le vœu que, dans les atlas, une carte soit consacrée à la représentation des anciens littoraux aujourd'hui affaissés.

M. Auerbach, de la Faculté de Nancy, signale aux auditeurs l'intérêt que présentent à ce sujet les belles études océanographiques de M. Thoulet, professeur à la Faculté des sciences de l'Université de Nancy.

La séance est levée à 5 heures et demie.

SÉANCE DU VENDREDI 2 AOUT (MATIN)

La séance est ouverte dans le grand amphithéâtre de la Faculté des lettres, sous la présidence de M. Merchier, secrétaire général de la Société de géographie de Lille, ayant comme assesseurs MM. Joppé (Douai) et Rampal (Marseille).

La parole est donnée à M. Fauvel pour sa communication sur « l'unification des signes conventionnels adoptés pour les travaux cartographiques ». Après avoir montré leur diversité dans les différents pays de l'Europe, l'orateur émet le vœu d'en voir dresser un tableau qui puisse être adopté exclusivement pour toutes les cartes topographiques d'Europe.

Cette question est d'ailleurs en relations étroites avec celle de l'unification des échelles graphiques. M. Fauvel remarque la tendance de ces échelles à se grouper en une série relativement simple. Il propose au Congrès que, pour les pays où le système métrique est en usage, ces échelles soient exclusivement basées sur le rapport de 1 à un multiple décimal, de 100 ou de 1000 ne comprenant qu'un seul chiffre significatif.

Enfin, M. Fauvel fait ressortir la nécessité de conserver les anciennes dénominations des accidents géographiques et des noms de lieux, telles que le cartographe les trouve dans le pays.

Après une discussion qui précise cette communication, les membres du Congrès se rallient au vœu émis par M. Fauvel.

M. Port, secrétaire de la Société de géographie de Saint-Nazaire, a la parole pour développer sa communication sur « la Loire navigable ». Après avoir exposé l'état où se trouve la question, il exprime le désir de voir faire le creusement du fleuve en amont de Nantes jusqu'à Briare, sur une profondeur constante de 2 mètres.

Une discussion s'engage, à laquelle prennent part MM. Paul Hazard, Blondel, Guénot et Nicole. Il y a deux opinions en présence : celle qui préfère creuser le fleuve lui-même et celle qui propose de creuser un canal latéral à la haute Loire.

Le Congrès se rallie au vœu formé par M. Port, modifié par M. Nicole, que la Loire soit creusée de 2 mètres entre Nantes et Angers, le Congrès demandant à réserver toute décision concernant l'approfondissement de la Loire en amont d'Angers.

Enfin, M. Guénot, président de la Société de Toulouse, fait adopter une proposition qui est appuyée par M. Guyot, directeur de l'École nationale des eaux et forêts, délégué du ministère de l'agriculture, tendant au reboisement des Pyrénées.

La séance est levée à 11 heures et demie.

SÉANCE DU VENDREDI 2 AOUT (SOIR)

La séance est ouverte à 2 heures et demie sous la présidence de M. Guénot, président de la Société de géographie de Toulouse, assisté de MM. Port, de Saint-Nazaire, et Basset, délégué d'Oran.

Le Congrès entend d'abord la communication de M. Haillant qui montre l'intérêt que présente pour le géographe l'étude des noms de lieux au point de vue de leur prononciation locale.

M. Haillant trace ensuite le plan d'une bibliographie géographique des Vosges et indique les principaux éléments qui permettront de mener à bien cet ouvrage.

M. le Président donne ensuite la parole à M. Auerbach, professeur à l'Université de Nancy, qui expose la question du canal du Nord-Est par la Chiers, la Meuse et l'Escaut. L'idée première de ce canal remonte à Vauban et a été reprise il y a une vingtaine d'années par M. de Freycinet. Une circulaire ministérielle du 17 février 1901 remet en avant le projet de canal, qui est actuellement classé parmi les premiers travaux à exécuter.

Le trafic est assuré. Le canal desservira les bassins miniers de Longwy, Briey et Nancy et les centres houillers et industriels du Nord.

Les frais d'établissement du canal seront considérables, mais le canal paiera.

Passé Valenciennes le canal a son débouché déjà existant sur Dunkerque.

MM. Lapointe, Villain et Blondel complètent l'exposé de M. Auerbach et montrent l'intérêt qu'il y aurait à prolonger le canal jusqu'au bassin de l'Orne et vers l'Allemagne.

M. Lemire dépose ensuite sur le bureau du Congrès quelques brochures sur les colonies.

La séance est levée à 5 heures.

SÉANCE DU SAMEDI 3 AOUT (MATIN)

La séance est présidée par M. Chambeyron, président de la Société de géographie de Lyon, assisté de MM. Flahault et Regelsperger (Rochefort). M. l'amiral Fournier et M. le général Langlois assistent à la séance.

M. Imbeaux, ingénieur des ponts et chaussées, prend la parole pour sa communication sur « la nappe aquifère du plateau de Haye et son utilisation pour l'alimentation de Nancy ». Il exécute en ce moment, avec le concours de l'ingénieur Villain, les travaux nécessaires pour l'amenée de ces eaux à Nancy, l'eau des puits et fontaines de Nancy étant très mauvaise. L'eau de rivière, elle aussi, est de qualité inférieure pour l'alimentation.

Le plateau de Haye est constitué par une falaise de calcaire bajocien, entièrement boisée et qui repose sur un soubassement de marne supraliasique imperméable. Entre le calcaire et la marne, une couche de terrains ferrugineux.

Grâce à des sondages, M. Imbeaux a pu déterminer la position exacte de la nappe aquifère du plateau de Haye. Il a pu entreprendre le creusement du tunnel qui servira à l'adduction de ces eaux entre Maron et Villers.

Cette eau sera amenée à Nancy à un niveau supérieur de 40 mètres au niveau actuel de l'eau de Moselle.

M. de Rey-Pailhade présente un projet intéressant sur l'application du système décimal aux mesures angulaires. Adoptée pour l'armée de terre, cette méthode nouvelle doit rendre également à la marine de grands services.

M. de Rey-Pailhade forme le vœu que la publication de cartes marines et d'éphémérides décimales soit activement poussée par le ministère de l'instruction publique. M. l'amiral Fournier se déclare favorable au vœu émis par le Congrès.

M. Beaupré étudie le peuplement de la Lorraine dans les temps anciens. Les populations préhistoriques, plutôt nomades qu'agricoles et pastorales, s'établissent sur les hauteurs qui bordent le cours des fleuves lorrains. L'époque gallo-romaine est en progrès : des établissements ruraux stables sont fondés, mais l'élément romain n'a pas eu une grande importance.

M. Guénot expose la situation difficile du Sud-Ouest de la France au point de vue des communications fluviales et par canaux. La jonction de la Méditerranée à l'Océan par un canal de grand cabotage est désirable. Tout au moins émet-il le vœu que la région du Sud-Ouest attire comme elle le mérite, à ce point de vue, l'attention du Congrès.

La séance est levée à 11 heures et demie.

SÉANCE DU SAMEDI 3 AOUT (SOIR)

La séance est ouverte à 2 heures et demie sous la présidence de M. Favier, de la Société de géographie du Havre, ayant comme assesseurs M. Boursier, délégué du C. A. F., et M. Goett, de Brest.

Le Congrès entend la communication de M. Rossignol sur la question de la Garonne navigable. Une société s'est fondée à Bordeaux pour assurer les travaux nécessaires à rendre ce fleuve navigable : reboisement de la montagne, création d'un nouveau canal, agrandissement des écluses.

Puis M. Rossignol aborde la question de la dépopulation de la France. Il fait un tableau saisissant de la situation où se trouve notre pays vis-à-vis de l'Allemagne.

M. Paul Hazard, de la Société du Cher, montre la nécessité de ne pas laisser aux étrangers le service des communications télégraphiques entre la France et ses colonies.

Il est urgent de créer un réseau de câbles purement français pour relier la métropole à ses dépendances lointaines.

M. Ch. Lemire complète la communication de M. Paul Hazard en disant que le Parlement a voté déjà la création de ce réseau. Mais il faut souhaiter qu'une nouvelle convention vienne assurer la liberté et la conservation du réseau télégraphique sous-marin.

Le rapport de M. le lieutenant de vaisseau Devoir, sur les monuments mégalithiques de Bretagne, est déposé sur le bureau.

M. Turquan expose le projet et le plan très détaillé de l'atlas statistique de la France et de l'Europe.

M. Lemire donne le résumé d'une étude sur la civilisation des Annamites dans l'Extrême-Orient.

M. Mesplé, président de la Société d'Alger, rappelle qu'une grande exposition coloniale aura lieu à Alger en 1904 ou 1905. Une semblable exposition pour l'Asie doit avoir lieu à Hanoï en 1902.

M. Gauthiot communique au Congrès une lettre de M. Hulot annonçant la création d'une nouvelle bourse d'études géographiques.

La séance est levée à 5 heures et demie.

SÉANCE DU LUNDI 5 AOUT (MATIN)

La séance est ouverte à 9 heures et demie sous la présidence de M. Layec, délégué de la Société de Lorient, assisté de MM. Haillant et Fauvel.

M. des Robert fait une intéressante communication sur la répartition des anciennes circonscriptions administratives en Lorraine, et montre que cette province ne forme pas un tout historique; elle était, en effet, partagée entre les domaines féodaux, très enchevêtrés, des ducs de Lorraine, des évêques des Trois-Évêchés et des grandes abbayes. Il fait ressortir l'intérêt qu'il y aurait à posséder un atlas historique détaillé de la Lorraine.

M. Auerbach traite de la décentralisation au point de vue géographique. Ce terme de décentralisation est lui-même très complexe. Y a-t-il sur notre sol des unités géographiques naturelles? Peuvent-elles servir de base à la réforme des circonscriptions administratives? Quel compte faut-il tenir, dans une telle réforme, du sol, des groupements économiques naturels, des voies de communication? En posant ces questions, M. Auerbach les propose aux sociétés de géographie comme travail de fond. C'est en s'attachant à bien mener cette enquête scientifique de géographie locale que chaque société pourra acquérir une place importante dans l'opinion publique, une considération plus grande en raison des services rendus auprès des pouvoirs publics.

Ces travaux, une fois achevés, seraient centralisés et fourniraient la matière d'un rapport sur la décentralisation en France au point de vue géographique. Les conclusions en seraient soumises à un prochain Congrès.

On demande à M. Auerbach d'établir un programme d'études qui permette d'arriver à quelque unité dans cette grande enquête scientifique poursuivie par les sociétés françaises de géographie. Le Congrès adopte ces conclusions.

M. Blondel expose l'état de la marine marchande en Europe et en France. Tandis que l'Angleterre, l'Allemagne, les États-Unis suivent une marche ascendante, la France, de 1885 à 1900, tombe du second au cinquième rang des puissances dotées d'une marine marchande. Cet état de choses est d'autant plus navrant qu'il contraste singulièrement avec le développement rapide de notre empire colonial. De plus, le peu que la France fait pour sa marine marchande porte plutôt sur la navigation à voile qui a fait son temps que sur la navigation à vapeur : la loi de 1893 sur la marine marchande encourage les armateurs dans cette voie funeste.

M. Auerbach fait voir qu'à l'exemple de l'Allemagne, qui a concentré son effort sur Hambourg, nous devons faire porter le nôtre sur un ou deux ports, et ne pas éparpiller nos forces à vouloir développer à la fois tous les ports français.

SÉANCE DU LUNDI 5 AOUT (SOIR)

M. Monflier, de la Société de Rouen, préside, assisté de M. Paul Hazard (Bourges).

M. Haumant fait une communication sur l'intérêt qu'auraient les sociétés de géographie à se communiquer les listes des conférenciers. Les secrétaires de ces sociétés pourraient aussi se donner confidentiellement les renseignements utiles sur les conférenciers et le succès de leurs séances ; chaque Société pourrait éviter ainsi de donner la parole à un orateur inexpérimenté ou mal doué et de discréditer les réunions auprès du public.

Il fait voir combien il serait intéressant pour chaque société de pouvoir renseigner avec compétence ceux qui veulent émigrer, sur le genre de vie qu'ils trouveront hors de France. Il serait très bon aussi que chaque société puisse mettre en relations les émigrants nouveaux avec des Français déjà établis à l'étranger ou aux colonies pour que le nouvel arrivant trouve un appui tout au moins moral.

Le président remercie la presse nancéienne et la presse coloniale du concours qu'elles ont prêté aux travaux du Congrès.

Après cette séance, les délégués se réunirent pour la rédaction définitive des vœux.

RAPPORTS DES DÉLÉGUÉS

Jeudi 1ᵉʳ août.

SÉANCE DU MATIN

Union géographique du Nord de la France.

Rapport de M. Ed. Joppé, délégué.

L'Union géographique du Nord de la France poursuit avec succès le cours de sa vie intellectuelle, et continue à développer ses œuvres de vulgarisation scientifique.

Fondée en 1880, elle a vu ses travaux récompensés par une médaille d'argent à la dernière Exposition universelle, et elle est soutenue par une subvention du Conseil général du Nord, par les cotisations et par le zèle de ses 670 adhérents, principalement groupés dans les quatre sociétés actives de Douai, de Cambrai, de Béthune et d'Avesnes, cette dernière étant elle-même subdivisée en sections d'Avesnes, de Fourmies et de Maubeuge.

A Douai, l'Union a son siège, elle tient ses réunions annuelles, et elle publie son bulletin trimestriel. Celui-ci, comptant chaque fois une soixantaine de pages, est alimenté par les communications des membres de ses diverses compagnies; il fait connaître leurs travaux, il rend compte des conférences, et il passe en revue les principaux événements qui intéressent les sciences géographiques.

Des conférences illustrées de projections lumineuses sont fréquemment données, et l'affluence de plus en plus grande des auditeurs montre la faveur croissante que ce mode d'enseignement rencontre dans le public. Au cours de cette année, à Douai et à Cambrai, M. Gallois a exposé le rôle de la France en Asie, Mᵐᵉ de Mayolle a raconté son voyage en Sicile. En outre, Cambrai a entendu M. Pierre Oesterby faisant un tableau pittoresque du Danemark, son pays natal, le missionnaire Évrard décrivant l'île de Ceylan, M. Meys faisant le récit de son ascension au Vignemale et M. Metin expliquant le rôle commercial de l'Australie, dans une conférence donnée d'entente avec la Chambre de commerce. Les conférences spéciales à la Société de Douai ont été faites sur la Corse par MM. d'Humilly et Chevilly, sur le développement économique de la Guinée française et du Fouta-Djallon par M. Noirot, sur l'œuvre de la mission Bonnel de Mézières par M. de Montrozier, sur le Dauphiné par M. Berret, sur l'itinéraire du Dahomey au Niger par le commandant Toutée, sur Terre-Neuve et ses pêcheries par l'abbé Cramillion, sur l'Islande par M. Pontsevrez, sur l'Exposition de 1900 par M. Meys, sur la situation économique de la France en face des pays anglais et américains par M. Métin.

Les concours scolaires de géographie ont vu le nombre et la valeur de leurs concurrents croître suivant une progression soutenue. La Société de Douai a eu à examiner cette année 322 compositions et a réparti plus de 300 francs de prix entre les plus méritantes ; 180 candidats ont pris part aux concours organisés par la Société de Béthune qui a distribué cinquante récompenses diverses.

Se tenant en relations suivies avec la Chambre de commerce de Douai, la Société géographique de cette ville s'est activement occupée de ce canal de l'Escaut à la Meuse dont l'intérêt économique est si considérable pour la région du Nord-Est et qui va être en ce Congrès même l'objet de communications savantes.

Enfin, la Société d'Avesnes, qui avait porté son attention spéciale sur les relations commerciales de son arrondissement avec l'étranger, s'est particulièrement signalée en étudiant plusieurs de leurs éléments dans des monographies très soignées, écrites sur l'industrie marbrière par M. Jennepin, sur la poterie par M. Herlem, sur les laines par MM. Jennepin et Gustave Caplain.

Les savants collègues qui me font l'honneur de m'écouter voient que les diverses parties de l'Union géographique du Nord sont animées d'une activité soutenue qui ne varie de formes suivant les convenances locales que pour rendre plus de services.

Société de géographie de Lille.

Rapport de M. Merchier, secrétaire général délégué.

La Société de géographie de Lille se maintient dans de bonnes conditions de prospérité.

Elle comptait au 1er janvier 1901 : *2 191* membres, dont 1 717 pour le centre lillois proprement dit. Nos deux sœurs de Roubaix et de Tourcoing, qui vivent de notre vie et ont des représentants dans notre bureau, comptent chacune 237 membres. Nous arrivons même au chiffre de 2 401 membres si nous comptons la Société de Valenciennes abonnée à notre Bulletin.

Notre action se manifeste par les conférences, le Bulletin, les excursions.

Depuis le dernier congrès tenu à Paris en 1900, nous n'avons pas entendu moins de 36 conférences. Je ne veux pas vous en infliger l'énumération : une des plus marquantes a été celle de M. Foureau sur sa mission de l'Algérie au Congo, M. Dereims nous a parlé de la mission Paul Blanchet, M. Serlère du Yunnan, Paul Labbé de Sakhaline, etc.

Notre Bulletin mensuel reçoit de nombreux articles dus à la plume de nos sociétaires : souvent des phototypies sont le commentaire du texte, mais toutes vos sociétés le reçoivent, et j'aurais mauvaise grâce à en dire du bien quand peut-être vous ne partagez pas mon optimisme.

Nos excursions reprennent avec une nouvelle vogue : ce sont elles qui, il y a quelques années, ont permis à plusieurs de nos amis d'apprécier à Nancy même la bonne confraternité de la Société de géographie de l'Est et l'affabilité de son président. — Je ne veux pas tomber ici non plus dans l'énumération. Je dirai seulement qu'en ce moment une de nos excursions va visiter toute la vallée du Rhône et revenir par la région des Causses.

Nos concours réunissent plus de 200 candidats. Cette année, un nouveau concours a été organisé.

Grâce à une fondation de notre cher et regretté Président, M. Paul Crépy, un prix de 300 francs est attribué chaque année au vainqueur d'un concours ouvert aux jeunes gens de 17 à 20 ans et traitant un sujet choisi par eux, une année sur la France, l'année suivante sur les pays limitrophes de la France. Le lauréat est tenu d'employer son prix à faire un voyage dans le pays qu'il a choisi et de nous faire un rapport à son retour.

Cette année, la région choisie par le lauréat est la vôtre. Ce lauréat est le jeune Fretin, étudiant en histoire à la Faculté des lettres de Lille. Il est sans doute en ce moment à Nancy, peut-être est-il dans cette salle ; je le félicite dans tous les cas d'avoir choisi comme sujet d'étude cette Lorraine qui est l'avant-garde de la France.

Société bretonne de géographie.

Rapport de M. Layec, délégué.

Avec le commencement du siècle, notre Société a atteint sa majorité ; née sous d'heureux auspices, par l'initiative d'un ancien gouverneur de colonies françaises — non des moindres — M. Gauthier de la Richerie, — elle ne pouvait que prospérer. A ce moment, où la France essayait de sortir d'elle-même et de répandre son influence au dehors, on peut dire que les Sociétés de géographie n'ont pas été les dernières à soutenir l'action gouvernementale et la marche des explorateurs, qu'elles étaient heureuses de recevoir et d'applaudir à leur retour.

L'opinion publique, longtemps opposée à l'expansion coloniale, a souvent reproché aux Sociétés de géographie de soutenir cette œuvre ; nous avons bien des fois entendu contester alors le rôle utile de nos assemblées. Parmi les sociétés françaises où ont été le plus discutées au début les questions d'organisation coloniale, la nôtre peut revendiquer à bon droit un des premiers rôles. D'ailleurs, toujours présidée par des hommes d'action et mêlés à la vie maritime ou économique du pays, elle ne s'est pas bornée à l'étude de la science, puisqu'elle a recherché les solutions et les applications pratiques.

En dehors des questions coloniales, elle s'est occupée de l'Océan, que la science avait longtemps négligé et où l'on ne voyait que jeux du hasard et des circonstances. L'océanographie est à peine née en

France; tandis que les autres nations du Nord s'y appliquent avec ardeur, la France continue à regarder avec beaucoup d'indifférence les progrès des pays voisins. M. Thoulet — un des savants professeurs de l'Université de cette ville, qui a l'honneur de compter tant de membres distingués — qui a créé cette science en France et que nous avons l'honneur de compter parmi nos membres honoraires et correspondants, constatait encore, il y a quelques jours, avec beaucoup de tristesse, que, seule des nations du Nord, la France n'a pas été représentée officiellement au Congrès international d'océanographie de Stockholm en juin 1899, dont les résultats ont été très définitifs pour l'étude scientifique de l'Océan.

Sans faire à Lorient les recherches d'océanographie pure, qui exigent des connaissances particulières et une organisation spéciale, nous pouvions cependant encourager ces études : en ouvrant notre bulletin aux travaux de ce genre, en développant l'instruction professionnelle de ceux qui vivent de la mer et dont les observations méthodiquement organisées pourraient servir un jour de collaboration aux savants. C'est ce que nous avons fait depuis plus de dix ans.

Enfin nous ne négligeons pas l'étude locale de notre Bretagne, dont la géographie est encore si peu connue, que beaucoup ont étudiée dans son littoral et peu dans son relief et sa géologie. Il y a là matière à travaux nombreux, et c'est ce que nous demandons à nos sociétaires d'accomplir — dans la mesure de leur compétence particulière.

Bretons, marins et coloniaux, voilà ce que nous avons été à la Société de géographie et ce que nous resterons, si nous voulons nous limiter au milieu des nombreuses connaissances qu'englobe aujourd'hui la géographie. C'est à cela que nous tendons dans les travaux de nos bulletins, dans nos conférences et dans nos excursions.

Société de géographie de Lyon.

Rapport de M. CHAMBEYRON, président, délégué.

Encouragée par la haute récompense que le jury de la classe III a bien voulu attribuer à ses travaux antérieurs, la Société de géographie de Lyon a poursuivi avec assiduité l'application du programme tracé par ses fondateurs : développement et vulgarisation des connaissances géographiques.

Cependant des cours d'enseignement colonial ayant été organisés par la Chambre de commerce, notre Société a cru pouvoir supprimer son cours de géographie commerciale et l'a remplacé cette année par un cours de topographie et de lecture de la carte.

Grâce à la bienveillance de M. le général Zédé, gouverneur militaire de Lyon, cet enseignement a été confié à la compétence toute spéciale de M. Witkowski, lieutenant au 2e dragons, chargé du service des cartes à l'état-major du 14e corps.

Les concours des Écoles primaires supérieures et ceux des Écoles normales d'instituteurs du ressort de l'Académie de Lyon ont eu lieu comme d'habitude et un rapport justificatif des médailles et diplômes décernés aux lauréats a été présenté par un professeur autorisé du lycée Ampère.

Le meilleur élève des classes de rhétorique et du cours préparatoire à l'École Saint-Cyr, dans les lycées de Lyon, Mâcon, Bourg et Saint-Étienne, reçoit une médaille de vermeil offerte par notre Société, et pareille récompense est donnée au lauréat du cours de géographie à l'École supérieure de commerce.

Les lectures publiques et les conférences faites sous les auspices de notre Société subissent l'influence des faits et de l'actualité ; cependant l'attention de notre Société est plus spécialement attirée sur la géographie locale, et son Bulletin a publié dernièrement une étude des plus intéressantes de M. Privat-Deschanel, professeur agrégé de l'Université, sur l'hydrologie et l'hydrographie du Beaujolais. La carte séricicole de la France dont nous avons publié la notice économique a valu à M. Valérien Groffier, son auteur, de légitimes éloges et des distinctions remarquées. Professeur à l'École supérieure de commerce de Lyon, secrétaire de la rédaction du journal *Les Missions catholiques,* ce recueil si précieux de documents géographiques, M. Groffier est secrétaire adjoint du comité d'administration de notre Société.

Le centenaire (en 1900) de la bataille de Marengo nous a valu par le capitaine Perreau, ancien professeur à l'École Saint-Cyr, une belle étude sur les traversées des Alpes et notamment celle du grand Saint-Bernard.

Parmi les conférences les plus remarquables offertes à l'attention de nos sociétaires nous devons rappeler celle de M. Camille Guy sur la synthèse de l'enseignement fourni par l'Exposition coloniale de 1900; vous tous qui connaissez l'éloquent et savant chef du service géographique au ministère des colonies, vous comprendrez combien cette séance fut charmante et instructive.

M. Paul Labbé nous entretint plus tard de ses recherches ethnographiques dans l'Extrême-Orient russe, mais ce fut dans une réunion tout intime que nous entendîmes de la bouche même du vaillant évêque de Pékin les détails particuliers du siège de deux longs mois subi par l'enclos des missions catholiques.

Avec M. Tignol nous apprîmes les péripéties de la malheureuse exploration Blanchet dans l'Adras.

M. Russier, qui prépare à Lyon sa thèse pour le doctorat, nous a donné sur l'avenir agricole et économique de la Nouvelle-Calédonie, son pays natal, les détails les plus circonstanciés. Le R. P. Pionnier, évêque des Nouvelles-Hébrides, a complété nos connaissances sur ces îles si intéressantes pour la France du Pacifique.

Enfin, nous avons pu saluer de nos applaudissements le succès de la mission saharienne et féliciter son chef, M. Foureau, d'avoir ainsi opéré sur les rives du Tchad la jonction des possessions françaises dans l'Afrique occidentale.

Invités à la réception faite par la Chambre de commerce de Lyon à M. Doumer, nous avons donné dans le *Bulletin* de la Société l'analyse des excellents discours prononcés à cette occasion.

Tels sont, Messieurs, les efforts faits par la Société de géographie de Lyon pour concourir à la réussite de l'œuvre commune des Sociétés françaises de géographie.

Société de géographie de Marseille.

Rapport de M. Jacques LÉOTARD, secrétaire général,
Présenté par M. Auguste RAMPAL, délégué.

Pendant l'exercice écoulé depuis notre session de Paris, la Société de géographie de Marseille, consciente des obligations que lui impose la situation exceptionnellement favorable du premier port de la France, a poursuivi activement son œuvre de vulgarisation géographique et de propagande coloniale, ayant à sa tête M. Charles Roux, ancien député, son président honoraire, et M. Ernest Delibes, agrégé de l'Université, comme président effectif.

L'action extérieure de notre Société a été surtout marquée par les conférences publiques qu'elle a organisées avec le succès habituel, et qui se sont succédé dans l'ordre suivant depuis l'ouverture de la session jusqu'en juin dernier : Le Danemark intellectuel et pittoresque, par M. Œsserby, professeur chargé de mission par le gouvernement danois ; Sur le Haut-Oubanghi, par M. Colrat de Montrozier, explorateur ; Voyage en Tunisie, par M. Charles Causeret, inspecteur d'académie ; Les derniers événements de Chine, par Mgr Favier, évêque de Pékin ; Mission du Congo au Nil, par le commandant Roulet ; La France d'Asie, par M. E. Gallois, explorateur ; La situation économique de la France à l'extérieur, par M. Hovelacque, agrégé de l'Université ; De l'Algérie au Congo par le Tchad, par M. Foureau, chef de la mission saharienne ; Autour du lac Tchad, par le capitaine Joalland, explorateur.

En outre, dans les séances de la Société, d'intéressantes communications ont été faites : par le commandant Henrionnet, sur la guerre du Transvaal ; le vicomte de Chabannes, sur la côte d'Ivoire ; M. Monod, du service géologique de l'Indo-Chine, sur la Chine méridionale ; le pharmacien-major Lahache, sur l'eau dans le Sahara ; MM. Teisseire, Fournier et Jacques Léotard, secrétaire de la Société, sur les événements géographiques et coloniaux de 1900.

Le cours populaire de géographie, hebdomadaire et public, entretenu par notre Société, a complété utilement notre œuvre ; M. Paul Masson, professeur de l'Université, qui en est chargé, a traité cette année de « l'Allemagne : les pays allemands, situation économique ».

Le *Bulletin* trimestriel de la Société est resté une attrayante publication scientifique, dans laquelle ont paru, outre les conférences et actes de notre association, des mémoires originaux tels que : Le commerce extérieur de la Roumanie, par M. Victor Lévy ; Marseille seconde ville de France, par M. Victor Turquan, ancien chef de la statistique au Ministère du commerce ; La vallée de la Bresque (Var), par le professeur Delmas ; Les ports d'Australie : Brisbane, par M. Bourge, capitaine au long cours ; Le bassin de Marseille, par le professeur Michel Clerc ; Le capitaine Cazemajou, Recherches océanographiques dans la Méditerranée occidentale, Les congrès géographiques et coloniaux de Paris en 1900, etc... De plus, la *Chronique géographique et coloniale* de notre secrétaire général forme toujours un véritable répertoire des explorations, traités et faits notables du monde, complété par une abondante bibliographie. Le *Bulletin* a renfermé comme cartes : Brisbane et ses environs, la région du Tchad, de Takou à Pékin, les chemins de fer de l'Indo-Chine, trois croquis géologiques de la région de Marseille, enfin un graphique et des tableaux sur le commerce de la Roumanie.

En conformité d'un excellent usage, le Bureau de la Société a eu l'honneur de saluer, au retour de leurs belles explorations africaines : M. Foureau, le commandant Roulet et le capitaine Joalland. Il a souhaité une heureuse campagne au général Voyron, s'embarquant pour aller commander l'armée française en Chine, et a envoyé des félicitations à S. A. le Duc des Abruzzes pour le brillant résultat de l'expédition polaire italienne. D'autre part, notre Société a tenu à s'occuper, de concert avec la famille du capitaine Cazemajou, du rapatriement des restes mortels de notre regretté collègue et concitoyen, assassiné à Zinder, et les obsèques solennelles de ce vaillant explorateur ont eu lieu à Marseille en juin dernier. En outre, un sous-comité pour le monument du colonel de Villebois-Mareuil, mort en brave au Transvaal, ayant été constitué à Marseille, l'un des administrateurs de notre Société, le colonel Faure-Durif, a été nommé président et notre secrétaire général, élu secrétaire. Enfin, une souscription ouverte à la Société pour le monument à élever à Mougins (Alpes-Maritimes) au regretté commandant Lamy, a produit près de 1 000 francs.

Comme les années précédentes, notre Société vient de distribuer de nombreux prix aux établissements d'instruction publique de Marseille et de la Provence, afin de répandre davantage le goût de la géographie; leur nombre s'est élevé à 55. Enfin, pendant l'année écoulée, les richesses de notre bibliothèque se sont augmentées encore de 350 ouvrages et de 5 atlas, sans compter 200 périodiques et un grand nombre de cartes. Nous ne saurions trop insister sur ce fait, que le local de la Société est ouvert tous les jours aux travailleurs étrangers et que le public y trouve un véritable bureau de renseignements, surtout au point de vue colonial.

Nous espérons donc, Messieurs, que vous voudrez bien apprécier que notre Société de géographie, avec un effectif total de

550 membres, continue dignement l'œuvre scientifique et patriotique qu'elle a entreprise il y a déjà 25 ans, et qu'elle désire étendre encore, avec le développement de Marseille, reine de la Méditerranée et port colonial de la France.

Société de géographie et d'archéologie d'Oran.

Rapport de M. Boury, secrétaire général,
Présenté par M. René Basset, directeur de l'École supérieure des lettres d'Alger, délégué.

Depuis le dernier Congrès qui a eu lieu à Paris l'année dernière, la Société de géographie et d'archéologie d'Oran a continué son œuvre dans les mêmes conditions que les années précédentes.

Elle a apporté tous ses soins à la rédaction de son *Bulletin,* dont l'importance et l'intérêt ne font que s'accroître. Indépendamment de ces faits, nous devons signaler que l'une des entreprises visées par la Société depuis sa création, c'est-à-dire le tracé du Transsaharien, vient d'être résolue légalement en sa faveur; c'est la légitime récompense due à ses efforts.

L'influence politique et économique de cette entreprise aura des résultats considérables pour notre pays par rapport à nos voisins de l'Ouest.

La Société a distribué des prix de géographie au lycée, au collège de jeunes filles et aux écoles primaires communales qui sont inscrites comme membres de la Société.

Un concours est ouvert annuellement : il porte sur des questions historiques, de géographie locale et économiques; trois lauréats sont proclamés et récompensés par des médailles.

Nous avions ouvert un autre concours d'un caractère spécial, pour une *Géographie du Maroc* à l'usage du public français. Un des membres de la Société, M. Canal, agent-voyer départemental en retraite, a été déclaré lauréat avec prime de 500 francs. — Cette géographie comble une lacune; la Société s'occupe activement de la faire éditer.

Dans un autre ordre d'idées, nous signalerons encore deux conférences faites sous le patronage de la Société de géographie; l'une sur la ville de Fez, par M. Mouliéras, vice-président de la Société, chargé d'une mission scientifique au Maroc ; l'autre sur la Chine, par M. Antoine, chargé du cours complémentaire à l'école de Karguentats.

Ajoutons enfin que la Société se propose de donner le plus d'éclat possible au xxiiie Congrès qui doit se tenir à Oran du 1er au 5 avril 1902. C'est un engagement pris, l'année dernière, par M. le colonel Derrien, notre dévoué président, au Congrès de Paris, où il reçut un accueil si cordial et si sympathique.

Nous exprimons le vœu que les membres du Congrès de Nancy viennent y constater par eux-mêmes la vitalité de leur sœur oranaise, qui leur assure l'accueil le plus chaleureux, heureuse de justifier l'honneur qui lui sera fait.

Société de géographie du Cher.

Rapport de M. Paul HAZARD, président, délégué.

M. Paul Hazard, président de la Société de géographie du Cher à Bourges, expose que cette association, fondée en 1884, est en voie de pleine prospérité ; le nombre de ses membres augmente sensiblement depuis plusieurs années et, par suite, les conférences ont pu devenir plus fréquentes ; confiées à des orateurs aussi distingués que possible, celles-ci sont extrêmement suivies.

En dehors de la refonte complète des statuts, rien de particulier à signaler dans l'existence de la Société durant l'année écoulée.

Société de géographie commerciale de Paris.

Rapport de M. Ch. GAUTHIOT, secrétaire général, délégué.

Voici le court résumé de l'exposé oral fait par le délégué de la Société de géographie commerciale de Paris :

L'Exposition universelle et le Congrès de géographie économique sont les deux faits qui ont exigé la mise en œuvre de l'activité de tous les membres de la Société en 1900 et l'emploi de toutes ses ressources matérielles et intellectuelles. Nous ne croyons pas utile de signaler ici tout ce qui a été accompli en vue du succès : il nous suffira de dire que les récompenses décernées à la Société et à ses collaborateurs et que le succès du troisième Congrès de géographie économique ont justifié nos espérances les plus optimistes. Grâce à M. Émile Levasseur, président du Congrès, et à M. Émile Cheysson, président de la Société, la seconde des sociétés de géographie françaises dans l'ordre de création a tenue son rang.

Et sa vie interne n'a point été interrompue par les grandes manifestations extérieures de sa force : séances générales, séances des trois sections parisiennes et des deux sections provinciale et coloniale, la stéphanoise et la tunisienne, visites organisées de l'Exposition, tout cela a marché régulièrement. Le *Bulletin,* il est vrai, s'est fait attendre en raison du travail exceptionnel de son rédacteur en chef ; mais le retard a été compensé par la valeur et le nombre des documents publiés. Le service de la correspondance est devenu chaque jour plus chargé et nul ne pense à réduire ce moyen de communication entre les membres, presque aussi utile que les déjeuners amicaux du 10 du mois. Le nombre des convives — rarement plus de 50 — n'atteint pas, heureusement toutefois, le nombre des lettres reçues, près de 4 000…[1].

Deux mots de plus, sur la situation matérielle de la Société, seront un témoignage de reconnaissance et un encouragement aux membres des Sociétés de géographie. L'association, grâce à ses membres défunts, MM. Castonnet des Fosses et Meurand, est devenue riche et possède une somme de plus de 120 000 francs. Son accroissement étant régulier, elle va pouvoir augmenter la dotation des services déjà existants, et qui tendent tous à la vulgarisation de la géographie économique et à l'extension de l'influence de l'industrie et du commerce français. C'est l'un de ces services, celui des bourses de voyage, qui sera augmenté le premier. La bibliothèque s'enrichira également.

En somme, l'année 1900 aura été spécialement heureuse pour la Société, qui souhaite à ses sœurs des membres aussi dévoués que ceux des collègues dont la Société de géographie commerciale a perpétué le nom par des médailles.

---

[1]. M. le délégué a fait part, à cet endroit de son exposé, de quelques idées personnelles sur les conférences et leur organisation par les sociétés.

Société de géographie de Rochefort-sur-Mer.

Rapport de M. REGELSPERGER, délégué.

Depuis 1879, époque de sa fondation, la Société de géographie de Rochefort a suivi régulièrement, d'année en année, son œuvre modeste mais utile. Son *Bulletin* a entamé la publication de son 23e volume, et il suffit d'en parcourir la collection pour reconnaître que des hommes de talent, des voyageurs, des savants appartenant à toutes les carrières, à toutes les spécialités, n'ont cessé de lui prêter leur collaboration. Dans ses réunions mensuelles, dans ses conférences publiques, elle s'est efforcée de maintenir le niveau de ses études et la diffusion des connaissances qui résident dans une ville constituant un foyer intellectuel sans cesse alimenté par les capacités si nombreuses que fournit sa population maritime, militaire, médicale, administrative, industrielle et coloniale. Pour vulgariser l'étude de la géographie, elle n'a négligé aucun moyen de propagande : ses bulletins trimestriels forment chaque année un volume très important, dont la matière, très variée, constitue une collection de travaux intéressants et originaux sur tous les pays du monde ; elle s'occupe beaucoup, en même temps, d'études sur Rochefort et la région environnante ; d'autre part, elle a institué des concours entre les instituteurs du département, entre les écoles communales de l'arrondissement, et elle a fondé un prix décerné annuellement à l'élève du lycée de Rochefort qui s'est le plus distingué par ses connaissances géographiques. En 1891, elle organisa le XIIe Congrès national des Sociétés de géographie, et elle s'est appliquée, en cette circonstance, à donner la preuve de son dévouement à la science géographique en France.

Il serait trop long d'énumérer les œuvres de ses collaborateurs : la collection des 23 volumes de son *Bulletin* en fournit le témoignage. Notons seulement, pour ne parler que des travaux postérieurs au dernier Congrès :

Deux études sur la *Ville de Marans, depuis son origine jusqu'en 1815* ; — des recherches sur l'état de l'*Égypte moderne* ; — la relation du *Naufrage de la goélette « la Levrette »* près de la pointe Chimare, à la Nouvelle-Grenade, le 14 janvier 1846 ; un héros rochelais : *Vacher* de la Caze, prince d'Amboule ; — un *Vieux Noël en patois pichotier*, de la région de La Rochefoucauld ; — des lettres très intéressantes écrites de *Tombouctou*.

La situation matérielle de la Société reste stationnaire : les vides qui résultent, parmi ses membres, des décès et départs de sociétaires, sont comblés assez régulièrement par l'admission de membres nouveaux ; mais nous avons le regret de constater une inexplicable indifférence pour des travaux peut-être jugés trop sérieux par l'esprit moderne, et qui maintient le nombre des sociétaires dans les environs de 200. Chose plus grave peut-être, cette étrange indifférence atteint également les pouvoirs publics, et c'est ainsi que la Société, après avoir vu disparaître une minime subvention départementale, vient de voir le Conseil municipal de Rochefort réduire à 100 francs par an la subvention de 500 francs précédemment accordée.

Société normande de géographie de Rouen.

Rapport de M. Georges MONFLIER, président, délégué.

Depuis le dernier Congrès, tenu à Paris en 1900, je suis heureux de vous rendre compte, Messieurs, que la Société normande de géographie n'a fait que prospérer. C'est vous dire que nous nous efforçons, à Rouen, de répondre aux désirs des plus difficiles.

Ai-je besoin de rappeler que, fondée en 1879 par M. Gabriel Gravier, notre Société eut des débuts modestes. Réunissant, à sa fondation, une trentaine de membres, elle en compte aujourd'hui plus de *huit cents*.

Notre Société donne huit grandes conférences par an.

Elle publie tous les trois mois un Bulletin qui, outre le texte des conférences rapportées *in extenso*, contient des travaux inédits et donne des renseignements sur le mouvement géographique et commercial.

Quelques jours avant chaque conférence, tout membre de la Société reçoit une carte d'entrée qui lui donne droit à deux places réservées. La carte étant au porteur, chacun peut en disposer à sa volonté.

Les membres du bureau, les membres à vie de la Société ont, outre leur carte, une entrée personnelle sur l'estrade.

La Société ayant pour objet l'instruction publique et générale, les sujets des conférences sont toujours choisis de façon à ce que les familles, les dames, les jeunes filles, les enfants et les personnes de toute opinion puissent y assister avec plaisir et profit.

Les dames, jeunes filles et enfants peuvent être inscrits personnellement comme membres de la Société.

Parmi les conférenciers qui se sont déjà fait entendre, nous citons : M. Albert Sorel, de l'Académie française; M. Larroumet, de l'Institut; Mme Jane Dieulafoy, M. Guimet, M. Hugues Le Roux, M. Gaston Deschamps, M. Édouard Rod, M. Max O'Rell, M. Georges Perrot, de l'Institut, directeur de l'École normale supérieure; M. Louis Léger, professeur au Collège de France; M. Marcel Dubois, maître de conférences à la Sorbonne; le docteur Fridjof Nansen, M. Chevrillon, M. Chailley-Bert, M. Doumer, M. Bellessort, M. Vandal, M. Hanotaux, M. de Lapparent, M. Doumic, M. Lintilhac, M. de Gerlache, M. Émile Levasseur, de l'Institut, professeur au Collège de France; l'explorateur Foureau, M. Melchior de Vogüé, de l'Académie française, etc.

En vous faisant connaître les noms des conférenciers que nous avons eu l'honneur de recevoir, ce sera vous dire le genre de conférences que nous donnons. Vous pouvez voir que la Société normande de géographie ne se borne pas à donner des conférences purement géographiques. Joignant l'agréable à l'utile, elle donne de temps à autre des conférences géographiques-historiques, d'autres sont purement économiques ou de statistique, enfin quelques-unes où la géographie se mêle agréablement à la littérature. C'est ainsi qu'elle entretient dans la ville de Rouen un foyer intellectuel qui lui assure le succès.

J'ajouterai en terminant qu'elle encourage l'enseignement de la géographie dans les lycées, École supérieure de commerce, écoles d'industrie pratique ou professionnelles en décernant des médailles et des diplômes aux élèves les plus méritants.

En un mot, elle s'efforce par tous les moyens en son pouvoir de servir les grands intérêts de la géographie.

Société de géographie de Saint-Nazaire.

Rapport de M. PORT, secrétaire général, délégué.

Je ne retiendrai pas longtemps l'attention du Congrès. Notre Société, comme plusieurs de celles dont mes collègues viennent de vous entretenir, n'a pas, dans son histoire de cette année, d'événements bien notables. Elle a vécu, ce qui est déjà remarquable, et, ce qui est mieux, elle a assuré son existence pour plusieurs années par un recrutement heureux qui a plus que triplé le nombre de ses membres.

Nos conférences ont été plus nombreuses que l'an passé et ont eu pour objet les questions ou les explorations les plus variées. Notre *Bulletin* a été développé et a pris rang parmi ceux des sociétés de provinces les plus estimés : nous n'en voulons pour preuve que les relations nouvelles qu'il a créées à notre Société.

La Société de géographie de Saint-Nazaire, tout en continuant à subventionner des œuvres nombreuses intéressant la géographie (publications, revues, comités de Madagascar, de l'Afrique française, etc...), a décerné des prix au collège et à toutes les écoles de garçons et de filles et a commencé à organiser des excursions, réservées exclusivement à ses membres.

En résumé, Messieurs, notre Société a conscience d'avoir fait, durant cette année, œuvres de labeur et de bonne propagande. Elle a institué en plus de son concours de monographies cantonales, qui est permanent, un concours spécial sur ce sujet local : « Étudier les conséquences probables ou possibles du projet dit de la Loire navigable sur le commerce et les importations de la ville de Saint-Nazaire ».

Appuyée de la façon la plus efficace par la Chambre de commerce et assurée du concours de la municipalité, la Société de géographie de Saint-Nazaire s'est donné à tâche de collaborer sous toutes les formes au mouvement de développement si rapide de Saint-Nazaire, dont les principaux ouvriers ou les créateurs ont été ou sont encore au nombre de ses membres et c'est pour cela qu'elle a en ce moment en chantier une notice commerciale sur le port de Saint-Nazaire.

Société de géographie de Toulouse.

Rapport de M. Guénot, secrétaire général, délégué.

La Société de géographie de Toulouse a été fondée en 1882 ; elle comptera bientôt vingt années d'existence qui, nous aimons à le croire, n'ont pas été sans utilité.

Le nombre de ses adhérents se maintient à peu près au même chiffre que par le passé. Il est de 650 environ.

Elle ne vit maintenant que de ses propres ressources. Comme elle a voulu demeurer indépendante et tenir ses travaux en dehors et au-dessus des luttes des partis, elle s'est vu supprimer successivement les subventions que lui accordaient les corps élus. Dans nos régions, où les passions sont vives, on ne peut admettre qu'une association, même exclusivement scientifique, n'arbore ostensiblement le drapeau du jour, sans la ranger immédiatement, *ipso facto,* parmi les adversaires de l'opinion dominante.

On ne peut que déplorer un pareil état d'esprit.

La Société continue néanmoins d'accorder des prix de géographie aux élèves du lycée et aux élèves des cours municipaux de langues étrangères.

Nos Bulletins bimensuels et nos Bulletins mensuels paraissent régulièrement.

Nos conférences sont toujours très suivies. Cette année a été particulièrement heureuse. Les communications ont été si nombreuses, que nous avons dû multiplier nos séances et nous réunir trois fois par mois au lieu de deux prévues par le règlement.

Parmi nos travaux, je me bornerai à signaler les plus originaux et ceux qui, en même temps, ont pu, dans une certaine mesure, contribuer à faire progresser la science.

M. de Malafosse, le premier découvreur et le premier vulgarisateur des Gorges du Tarn, nous a révélé une région nouvelle, jusqu'ici à peu près inconnue : le pays d'Aubrac et le plateau des lacs.

M. Trutat nous a entretenus de ses nombreuses explorations du massif du Canigou et des plaines du Roussillon, région que bien peu de géographes connaissent aussi bien que lui.

M. le Dr Delisle nous a raconté les pérégrinations d'une erreur en géographie à travers les livres et les cartes, à propos de la Montagne-Noire et du col de Naurouze.

Le Val d'Andorre a offert à M. Regnault une ample moisson de faits originaux dont il nous a fait bénéficier.

Deux sujets de géographie de pays étrangers : Le Mexique, sa situation politique et économique actuelle, De la condition de la femme dans l'Inde, nous ont valu des faits précis et des impressions personnelles de deux voyageurs français, MM. du Périer du Chatelet et Escande.

La Société poursuit encore, avec des vicissitudes diverses, la réalisation d'un certain nombre de projets dont elle a pris l'initiative : je citerai la construction du chemin de fer transpyrénéen, celle du canal des Deux-Mers à moyenne section, le reboisement des versants pyrénéens, la décimalisation et l'unification des mesures des angles et du temps.

Enfin, Messieurs, la Société a mis au concours le sujet suivant : Décrire la géographie de la seigneurie dont la commune, prise pour sujet, faisait partie avant la Révolution de 1789. Indiquer les diverses transformations subies depuis, soit dans les divisions administratives, soit dans les courants commerciaux, soit dans la situation économique, soit dans les attractions naturelles. Rechercher l'origine, l'orthographe et la signification des noms vulgaires ou patois donnés aux divers accidents géographiques et aux divers quartiers de cette même région.

En résumé, géographie physique, historique et économique aussi complète que possible d'une région donnée, en 1789 et en 1901.

Les concurrents n'ont pas été bien nombreux, il est vrai : huit seulement ont répondu à notre appel, mais quelques-uns d'entre eux nous ont adressé des mémoires des plus remarquables.

Nous nous félicitons de cette initiative qui est de nature à apporter un appoint sérieux à la géographie historique et descriptive de notre région.

Par ce rapide aperçu, vous pouvez voir, Messieurs, que nous continuons vaillamment, dans le Sud-Ouest, à poursuivre les fins visées par notre association, c'est-à-dire la vulgarisation et les progrès des sciences géographiques.

Société de géographie de Bourg.

Rapport de M. J. Corcelle.

Mon rapport sera court, parce qu'il n'est que la répétition des précédents, ou, si vous aimez mieux, la Société dont je suis chargé de représenter les travaux suit avec fidélité le programme qu'elle s'est tracé en 1882, date de sa fondation.

Elle doit cette régularité dans sa marche au dernier représentant du bureau primitif, à M. Georges Loiseau, notre secrétaire général, aujourd'hui maire de la ville de Bourg. Grâce à lui, notre Géographie du département de l'Ain paraît avec la régularité que comportent les circonstances.

Notre Société, par l'organe de son secrétaire général, a consacré à l'expédition du commandant Marchand à travers l'Afrique équatoriale une conférence qui a eu grand succès. Le grand explorateur est notre compatriote. Il est né et a été élevé à Choissey, et le département de l'Ain a été heureux de saluer en lui un de ses enfants, de vive réputation.

Notre *Bulletin* renferme un long travail de votre rapporteur, qui a trait, lui aussi, à la petite patrie de l'Ain.

Il est consacré à Henriette d'Angeville, la première femme de nationalité française qui ait réussi, sans trop de fatigue, à atteindre le sommet du Mont-Blanc. Le fait mémorable se passait en septembre 1838, et l'ascension présentait des difficultés réelles. Elles nous ont été révélées par le *Carnet vert* où l'héroïne avait consigné au jour le jour ses impressions, et que sa famille n'a livré au public que tout récemment. Notre travail s'appuie donc sur des renseignements inédits. Ai-je besoin de dire que l'héroïne du récit est originaire de Lompnes, canton d'Hauteville (Ain).

J'ajoute que nous commençons la dernière partie de notre œuvre régionale : la publication de la géographie agricole, industrielle et commerciale de notre département. Après cela, notre tâche sera achevée, et comme le bon ouvrier qui a fini sa journée, nous pourrons nous reposer avec la satisfaction du devoir accompli.

Société de géographie de Paris.

Rapport du baron Hulot, secrétaire général de la Société,
Présenté par M. P. Collesson, secrétaire du Congrès.

Depuis qu'elle a eu l'honneur de réunir à Paris la XXIe session du Congrès, la Société de géographie a obtenu un grand prix à l'Exposition universelle de 1900. C'est un hommage rendu à ses efforts qui tendent constamment vers le progrès scientifique, la diffusion des connaissances géographiques, l'étude méthodique de notre domaine national et colonial.

Nous avons eu l'occasion de définir l'objet scientifique et pratique et de résumer l'œuvre de la Société de géographie ; dans ce rapport nous indiquerons seulement les faits par lesquels la Société a manifesté son activité depuis le mois d'août 1900.

Au lendemain du Congrès de Paris, dont le *Compte rendu* forme un volume in-8°, tenu à la disposition des membres de la XXIe session, la Société envoyait un délégué à Marseille, pour recevoir M. F. Foureau, qu'elle avait mis en route ; peu après, elle saluait à Bordeaux les troupes de la mission saharienne, et plus récemment, à Pauillac, elle souhaitait la bienvenue à M. Gentil. Même accueil fut réservé, à Paris, aux capitaines Joalland et Meynier, qui eurent comme les premiers les honneurs de la Sorbonne. C'est à M. Gentil, un Lorrain, qu'appartient le mérite d'avoir dirigé notre politique sur les bords du Tchad, et ce restra la gloire du commandant Lamy, d'avoir conduit les troupes des trois missions à la victoire de Kousseri. Tombé sur le champ de bataille, Lamy n'a pu assister au retour triomphal de ses camarades commandés par le capitaine Reibell ; aussi la Société de géographie a-t-elle pris l'initiative d'une souscription dont le produit (9 000 francs) sera remis au colonel du 1er tirailleurs algériens, son régiment, pour y constituer une rente, qui, sous le nom de *Prix du commandant Lamy,* sera attribuée chaque année à un tirailleur méritant, ancien de services.

En dehors des deux séances solennelles de la Sorbonne, sept séances ont été consacrées à des explorations africaines ; ainsi, celles qui furent réservées à M. Bonnel de Mézières (Haut-Oubangui, M'Bomou, Bahr-el-Ghazal), à MM. Bernard et Huot (mission Chari-

Sangha). L'Asie a fait l'objet de trois conférences, dont la plus importante est celle de M. Bonin sur sa traversée de l'Asie centrale. L'Amérique du Nord a fourni le sujet de deux communications sur l'Acadie et sur les pêcheries de Terre-Neuve ; dans l'Amérique du Sud, l'attention s'est plus particulièrement portée sur la République Argentine et la Cordillière des Andes. En outre, il a été traité des Nouvelles-Hébrides, des abords du pôle Sud encore si mystérieux, de la Roumanie où le géographe et l'économiste trouvent à glaner, enfin de l'exploration de l'atmosphère telle que la pratique M. Teisserenc de Bort, à l'observatoire de Trappes.

A chaque séance de la commission centrale, présidée cette année par M. Ed. Anthoine, chef du service de la carte de France au ministère de l'intérieur, ont été communiquées les nouvelles reçues des différentes explorations en cours. Elles se trouvent consignées dans la *Géographie,* qui contient chaque mois un « mouvement géographique » mis à jour, et des mémoires d'explorateurs ou spécialistes intéressant la géographie sous les aspects les plus divers. C'est ainsi qu'ont paru des études sur la mesure d'un arc de méridien au Spitzberg et au Pérou, sur les cartes d'Europe en 1900, la réfection de la carte de France, la côte des Landes de Gascogne, le sol du Sénégal, la culture du café, la production du coton dans le monde, les houilles anglaises et chinoises, l'occupation et l'organisation des territoires du Tchad, etc... N'est-ce pas là une preuve que la Société de géographie s'occupe à la fois de géographie physique et mathématique, économique et coloniale ? Et comment en serait-il autrement ?

Il est juste de faire ressortir la part qui revient à M. Rabot dans la rédaction de ce Bulletin et de signaler en même temps la très heureuse direction qu'exerce M. le professeur Froidevaux sur la bibliothèque. En facilitant l'accès de celle-ci à des travailleurs, même étrangers à la Société, la Commission centrale fournit aux jeunes gens les moyens de préparer une thèse de doctorat et permet aux voyageurs de s'entourer des renseignements nécessaires à l'accomplissement de leurs missions.

Vingt prix ont été décernés en 1901 : quatorze pour des explorations, six pour des travaux de cabinet. La grande médaille a été attribuée au chef de la mission saharienne, M. Foureau, et ses collaborateurs ont reçu des exemplaires en argent de cette médaille.

Parmi les médailles d'or, nous sommes heureux de signaler celle qui a été remise à M. Thoulet, professeur à l'Université de Nancy, pour ses campagnes et ses études océanographiques. Elle a été fondée cette année même par M. J. Girard, vice-président de notre Commission centrale, qui depuis vingt-cinq ans est très activement mêlé à la vie de la Société. Plusieurs voyageurs africains ont obtenu semblable distinction : MM. le commandant Roulet (du Haut-Oubangui au Nil), Hostains et d'Ollone (exploration du Cavally), docteur Cureau (travaux géodésiques dans le Haut-Oubangui), capitaine Jobit (explorations au Congo français), Fourneau et Fondère (d'Ouesso à Libreville), capitaine Wœlfel (Soudan français). Le R. P. S. Chevalier (explorations et travaux cartographiques sur le Yang-Tsé-Kiang), MM. Nathorst (expéditions dans les régions arctiques), le colonel Berthaut (histoire de la carte de France), Deniker (ouvrage sur les races et peuples de la terre), Lejeaux (vingt-cinq années de collaboration aux travaux cartographiques de l'École d'État-major et de guerre), ont également reçu des médailles d'or. Des médailles d'argent ont récompensé les explorations et voyages de MM. le vicomte de Vaulserre (levé de la bouche du Yang-Tsé-Kiang), Paul Labbé (Asie russe), Ch. Michel (Abyssinie), docteur F. Weisgerber (Maroc), comte H. de La Vaulx (Patagonie), les recherches de M. Lugeon sur l'origine des vallées des Alpes, les bibliographies géographiques de M. Raveneau. Il faut également citer les volumes du prix Jomard, destiné à des travaux historiques et décerné à M. Dahlgreen pour ses études sur les navigations des Français dans les mers du Sud.

Aux récompenses que la Société décerne elle-même s'ajoutent les prix décernés en son nom au concours général des lycées de Paris et aux Écoles militaires de La Flèche et de Saint-Maixent. S'y rattachent encore les médailles à remettre aux lauréats du concours qu'elle a ouvert en 1900.

Le fonds des voyages s'est accru dn la somme de 2 000 francs, montant du legs fait à la Société par Mme Billet, en mémoire de son fils assassiné avec la mission Crevaux en 1882. Sur ce fonds, une subvention modeste a été accordée à M. Doutté, qui vient d'accomplir d'une façon digne d'éloges une fructueuse mission au Maroc.

Une autre fondation toute récente vient de créer à la Société de géographie un nouveau courant de recherches. En souvenir de son mari, Mme Georges Hachette a affecté un revenu annuel de 1 300 francs : 1° à la constitution d'une bourse de 1 000 francs ; 2° aux frais de publication d'un travail qui sera obligatoirement fourni par le titulaire, ainsi qu'à la frappe d'une médaille d'argent. Cette *bourse de voyage* sera donnée dès 1902, à un jeune Français, pour une enquête géographique conduite de préférence en France ou dans les régions soumises à l'influence française. A égalité de titres, le choix portera sur celui des candidats dont le travail paraîtra devoir exercer la plus heureuse influence au point de vue des intérêts nationaux.

Ces indications suffiront à prouver que, si la Société de géographie ne peut espérer équiper et subventionner fréquemment une mission comparable à la mission saharienne, dont elle publiera du reste, sous peu, tous les travaux, elle n'en multiplie pas moins ses moyens d'action, grâce à des concours généreux, et se trouve en mesure de remplir la tâche qu'elle s'est donnée.

Société de topographie de France.

Rapport de M. Fauvel, délégué.

La Société de topographie de France a été fort éprouvée depuis un an par suite de la mort de son président, le général Tricoche, ancien député des Vosges, et de son cher secrétaire général, M. Drapeyron, d'heureuse mémoire. Dans tous les congrès vous aviez l'habitude de le voir parmi vous et de goûter ses paroles. Sa perte a été pour nous très sensible. Il n'a pas voulu que l'œuvre dont il avait été l'âme et l'un des fondateurs subît un moment d'arrêt, il a daigné l'encourager en lui laissant un legs de 6 000 francs. Malgré des épreuves de toutes sortes, nos travaux pratiques ont continué sous la haute direction de M. Perrin, secrétaire du conseil. Pendant six mois de l'année et tous les dimanches, des excursions sont faites sur le terrain aux environs de Paris avec un zèle et un succès dignes d'éloges.

En outre, une dizaine de cours sont professés le soir dans les diverses écoles de la ville de Paris aux adultes qui sont ainsi tout préparés quand ils entrent au service militaire. Plus de 200 cours ont été organisés en province par des officiers et des instituteurs qui ont bien voulu nous prêter leur gracieux concours. Nous avons obtenu d'excellents résultats, comme le témoignent les travaux des élèves dont nous récompensons tous les ans les meilleures compositions en séance solennelle tenue à la Sorbonne.

Par suite des pertes que nous avons faites, nos conférences de sections ont été plus rares. Celles qui ont lieu au Cercle militaire pour les applications de la topographie ont été fort suivies.

La conférence donnée par M. Dupont à la mairie du VIe sur son voyage à Besançon a montré comment on peut étudier à tous les points de vue une région. Nous espérons continuer nos travaux comme par le passé sous l'impulsion du général Canonge, notre nouveau président, de façon à propager dans toute la France la topographie qui est la base de la géographie.

Notre Bulletin trimestriel renferme d'intéressants articles que vous pourrez toujours consulter avec profit. En résumé, notre Société grandit grâce au concours dévoué des membres de son conseil et de ses professeurs. Elle n'a qu'un but : étudier la structure du sol pour l'approprier à la défense du territoire.

Société de géographie d'Alger.

Rapport de M. Armand Mesplé, président, délégué.

La Société de géographie d'Alger et de l'Afrique du Nord poursuit sa marche ascendante.

Fondée depuis cinq ans environ, elle compte *652 membres,* dont 103 ont été reçus d'août 1900 à août 1901. De nombreuses personnalités militaires ou civiles s'y sont fait inscrire : parmi les explorateurs, le commandant Reibell et M. le capitaine Métois, de la mission Foureau-Lamy ; Mercuri, le compagnon de l'infortuné de Béhagle, etc.

Elle a eu le regret de perdre quelques-uns de ses membres les plus distingués : le 6 octobre 1899, notre sympathique collègue Paul Blanchet, qui avait échappé aux plus grands dangers dans l'Adrar, était emporté par la fièvre jaune à Dakar. Le 4 avril 1901, Mgr Hacquard, vicaire apostolique du Soudan, périssait, près de Ségou, dans le Niger; la mort de M. Drapeyron, directeur de la *Revue de Géographie* et l'un de nos fondateurs, ainsi que celle de M. Dormoy, inspecteur général de la colonisation, ont fait parmi nous des vides difficiles à combler.

Le *Bureau* a dû être reconstitué par suite du départ du président, l'amiral Servan. Par la largeur de ses vues, par sa science, par son affabilité, l'amiral Servan s'était acquis le respect et l'affection de tous les membres de la Société.

Il a été remplacé par M. Armand Mesplé, agrégé d'histoire et de géographie, professeur à l'École des Lettres, qui remplissait depuis la fondation les fonctions de premier vice-président. Il a pour collaborateurs :

M. Paysant, premier vice-président, trésorier-payeur général d'Alger ;

M. Pelleport, deuxième vice-président, sous-intendant militaire en retraite ;

M. le capitaine Jugue, secrétaire général, capitaine d'état-major d'artillerie ;

M. Demontès, secrétaire général adjoint, professeur agrégé au lycée d'Alger ;

M. Perié, secrétaire, archiviste-bibliothécaire départemental, à Alger ;

M. René Garnier, secrétaire, avocat à Alger ;

M. Rolland, trésorier, directeur des contributions directes et du cadastre ;

M. Dujardin, archiviste-bibliothécaire.

Les six réunions mensuelles ont été portées à huit par suite de la création d'une troisième *section* : celle d'histoire et d'archéologie, qui a élu pour président M. le commandant Rinn, conseiller honoraire du gouvernement.

La section technique a été privée de son distingué président, M. le commandant Mayer, nommé colonel en France, et a élu à sa place M. Ficheur, professeur à l'École des Sciences, bien connu par ses travaux sur la géologie algérienne ; la section de colonisation a conservé à sa tête M. Rivière, directeur du Jardin d'essais.

De remarquables conférences publiques ont été faites, sous les auspices de la Société, par des voyageurs : *Du Tidikelt au Touat*, par M. le commandant Laquière; *Au Chari*, par M. Toussaint Mercuri; *De l'Algérie au Congo par le Tchad*, par M. le capitaine Métois; *De Tanger à Fez*, par M. Mouliéras; *les Ruines de Timgad*, par M. Mermet; *la Crète*, par M. Gaulis; *Une mission au Maroc*, par M. Montet; *la Syrie*, par M. Gaulis.

Dans les réunions de la Société et dans celles des sections, de nombreuses et très intéressantes *communications* ont été faites que, faute de temps et d'espace, il est impossible d'énumérer.

Les *Bulletins* qui ont paru dans le cours de cette année ont pris les proportions de volumes et renferment nombre d'articles originaux; sans parler des conférences citées plus haut, on peut signaler : *Les Rapports de l'astronomie et de la géographie*, par M. Trépied ; *la Météorologie générale et la climatologie algérienne*, par M. Thévenet ; *Tables chronologiques*, par M. Delpech ; *Contribution à l'étude de la langue peuhle*, par M. Robert Arnaud ; *Épigraphie africaine*, par M. le capitaine Godchot ; *Au Mossi*, par Mgr Hacquard; *la Mission Gentil*, par M. René Garnier ; *les Riras d'Adélia*, par M. Rinn ; *l'Hygiène au Maroc*, par M. le docteur Raynaud ; *la Sériciculture, culture du figuier en Algérie*, par M. Lecq ; *Voyage aux îles Baléares*, par le capitaine Duguyot; *Découvertes géologiques dans la région d'Igli*, par M. Ficheur, et *les Effets des lois de naturalisation en Algérie*, par M. Demontès ; *la Plaine de Marakesch*, par M. Demontès; *le Savonnier arborescent*, par M. Rivière; *les Lettres sur le Maroc*, de M. Doutté.

M. René Garnier, avec l'aide de M. Saurel a organisé des *excursions* qui ont eu le plus grand succès : l'une à la Bouzaréa (observatoire), une autre aux ruines de Tipaza, une enfin aux îles Baléares.

A tous les points de vue, la Société est en pleine *prospérité* : le nombre de ses membres ne cesse de s'accroître, son champ d'action s'élargit par la constitution de sections nouvelles; grâce à sa situation exceptionnellement favorable, elle a pu entendre, dès leur retour, de hardis explorateurs : ses Bulletins acquièrent de plus en plus d'autorité ; les excursions scientifiques qu'elle organise sont très suivies. Les progrès qu'elle a accomplis en quelques années sont tels, qu'elle peut concevoir les plus *hautes espérances*.

Société de géographie de Toulouse.

Rapport de M. Guénot, secrétaire général, délégué.

La Société de géographie de Toulouse continue, avec succès, son œuvre de vulgarisation.

Bien que son règlement ne prévoie que deux séances par mois, elle est fréquemment obligée d'en donner trois et parfois même quatre pour satisfaire les conférenciers et leur auditoire.

Ses séances sont toujours très suivies. La Société n'est pas encore parvenue à trouver une salle assez vaste pour contenir le nombre des auditeurs qui répondent à son appel, bien que son amphithéâtre actuel contienne plus de 600 places.

Le nombre de ses membres tend à se maintenir; il est actuellement de 700.

Les excursions, dans la région du Sud-Ouest, sont toujours très appréciées. Il n'est guère de curiosités, ou d'accidents géographiques, qu'elle n'ait convié ses adhérents à visiter.

Les travaux de géographie locale, auxquels elle attache une grande importance, en raison de leur originalité, ne lui paraissent pas assez nombreux. Les travailleurs désintéressés sont rares. Afin de les encourager, la Société a institué un concours annuel qui a donné des résultats intéressants. Le sujet du concours, assez complexe, était le suivant : Étudier une région quelconque du Sud-Ouest au point de vue historique et géographique, et faire un rapprochement entre la situation économique de ce pays en 1880 et de nos jours. Sept mémoires, dont quatre assez remarquables, ont répondu à l'appel de la Société.

L'installation actuelle de la Société, dans un magnifique palais Renaissance, ne laisse rien à désirer. Des legs importants, sa reconnaissance comme société d'utilité publique, facilitent sa mission et assurent son avenir. Elle a deux publications périodiques, l'une paraissant tous les quinze jours et donnant immédiatement le compte rendu des séances, l'autre bimensuelle, contenant des mémoires ou des conférences reproduits *in extenso*. Ces publications s'efforcent de suivre le mouvement géographique contemporain. Les questions de géographie économique y sont traitées avec autorité et il est peu de travaux publics en projets intéressant la région qui n'aient été étudiés par elle.

Société de géographie commerciale du Havre.

Rapport de M. Favier, secrétaire général de la Société, délégué.

La Société de géographie commerciale du Havre a été fondée en 1884. Elle comprenait à ses débuts une centaine de membres, se développait rapidement et dépassait bientôt le chiffre de 700 adhérents, autour duquel elle oscille depuis dix ans.

Elle a porté longtemps la marque de ses origines. Créée à une époque difficile, alors que la politique coloniale du Gouvernement était une arme aux mains de l'opposition, elle s'était donné pour principale mission de faire, au moyen de conférences, l'éducation de l'opinion publique en matière d'expansion coloniale.

C'est un résultat atteint aujourd'hui. Dès lors, la Société de géographie commerciale du Havre est restée un centre de diffusion et de vulgarisation des connaissances géographiques. Elle tient régulièrement ses assemblées générales et ses réunions de comité, décerne des prix à nos deux lycées, des médailles à ses plus actifs correspondants, attire chaque année une centaine de jeunes gens à ses concours, apporte tous ses soins à la rédaction de son *Bulletin*, enrichit toujours davantage sa bibliothèque de circulation.

Cependant la Société avait de plus grandes ambitions ; elle aurait voulu devenir un centre d'études. Nous avons fait de nombreuses écoles avant d'arriver au succès.

D'abord nous avions, dans le comité lui-même, organisé des sections chargées de préparer le travail ; mais, il faut bien le reconnaître, ces sections n'ont jamais existé que sur le papier. Nous nous trouvions restreints aux réunions mensuelles du comité, mais l'expérience révéla un nouvel écueil : elles risquaient de devenir languissantes. Beaucoup de bonnes volontés latentes, mais peu de volontés agissantes : les orateurs, les auteurs de communications étaient toujours les mêmes et l'on sait qu'il ne faut abuser de rien, pas même des bonnes choses.

Enfin, nous avons organisé des conférences qui méritent proprement ce nom, je veux dire des causeries où chacun peut interroger l'orateur et discuter ses opinions. Nous présentons un conférencier nouveau à chaque séance et ainsi persiste l'intérêt de curiosité. Nous donnons ces séances presque sans frais, au siège même de la Société, dans une salle que nous avons ouverte l'an dernier et qui peut contenir 200 personnes. Treize conférences ont eu lieu cet hiver. Les titres de quelques-unes vous donneront une idée de nos travaux :

Les produits commerciaux de l'Indo-Chine, par M. Bachelet, résident en Annam ;

L'Afrique du Sud, par M. Harou, négociant à Capetown ;

Trois mois au cap N'ôme, par M. Paul Vallois, négociant au Havre ;

La classe commerçante chinoise, par M. Hauchecorne, interprète attaché à la légation de Pékin ;

Le développement économique et social du Japon, par notre compatriote M. André Siegfried ;

La Birmanie, par M. Burghard, professeur au lycée du Havre, chargé d'une mission autour du monde par l'Université de Paris, etc.

Nous avons enfin créé un cours de topographie militaire qu'ont professé avec dévouement et talent MM. les lieutenants Lottin et Grard, du 129e régiment d'infanterie. Ce cours est public et gratuit ; mais il s'adresse surtout aux futurs dispensés, parmi lesquels se recruteront nos officiers de réserve.

Si la modestie interdit aux institutions comme aux individus de faire leur éloge, elle ne leur défend pas d'affirmer leur vitalité.

Aussi rendrai-je seulement justice à notre Société en disant que son œuvre est bien vivante.

Société languedocienne de géographie de Montpellier.

Rapport de M. L. Melavialle, secrétaire général.

Présenté par M. Flahault, délégué.

Dans le courant de l'année dernière, la trente-troisième de son existence, la Société languedocienne de géographie a continué paisiblement le cours de ses travaux.

Par ses Chroniques et son Bulletin trimestriels, par ses conférences, elle a tenu le public au courant des principales découvertes et des plus importantes publications intéressant la géographie.

Elle s'est attachée surtout, comme précédemment, à apporter à la science géographique des contributions originales, portant spécialement sur la région languedocienne.

Comme articles d'intérêt général, elle a publié :

Duponchel (A.). — *Exploration agricole et colonisation du Soudan nigérien.*

Bursaux. — *Notes relatives à la construction d'un chemin de fer en pays désertique* (ligne de Sfax à Gafsa et Metlaoui), avec carte.

Bordier. — *La Tunisie en 1900*, conférence de M. le commandant Désiré Bordier, du Service territorial des affaires indigènes de Tunisie, correspondant du ministère de l'instruction publique et membre de la Société.

Flahault (G.). — *Premier essai de nomenclature phytogéographique.*

Comme études régionales et locales, elle a donné :

Rouville (P. G. de). — *Conditions physiques du département de l'Hérault,* avec *Carte viticole en relief* du département, dressée à l'occasion de l'Exposition de 1900 par la Société centrale d'agriculture de l'Hérault.

Viala (F.), Ingénieur des mines. — *Cité romaine et mine d'or du Pech-Mélian (Aude).*

Gros (G.). — *La Salvetat et ses environs,* avec illustrations.

Calvet (J.). — *La Montagne Noire,* avec illustrations.

Sahuc (J.). — *Sources historiques et bibliographies de l'arrondissement actuel et de l'ancien diocèse de Saint-Pons-de-Thomières.*

Grasset-Morel. — *Montpellier, ses sixains, ses îles et ses rues.*

Elle continue la publication de la *Géographie générale du département de l'Hérault.* Deux volumes ont déjà paru : I. *Orographie, Géologie, Hydrologie, Minéralogie et Météorologie ;* II. *Flore et Faune.* Le troisième, *Histoire,* a commencé de paraître, par son premier fascicule : *L'Hérault préhistorique. L'archéologie* est en préparation. Une carte générale de l'Hérault à 1/200 000ᵉ, de nombreuses cartes particulières à 1/500 000ᵉ et des illustrations accompagnent cette publication.

Société académique de Brest.

Rapport de M. GOETT, vice-président de la Société académique de Brest.

La Société académique de *Brest* est moins une académie proprement dite qu'une sorte d'Institut, comprenant plusieurs académies, ou plutôt plusieurs sections, pour employer une expression moins ambitieuse. Ce sont des convenances locales qui l'ont voulu ainsi. Entre ces sections règne une émulation féconde. Elles travaillent, elles produisent et constituent, à elles toutes, un précieux foyer de vie intellectuelle.

Malheureusement, si les sections de littérature, d'histoire, de sciences proprement dites, ont continué d'être florissantes, celle de géographie, à cause de vides faits par l'absence ou par la mort, s'est laissée aller, peu à peu, à quelque découragement : des membres bien compétents, ayant bien le feu sacré, lui faisaient peut-être défaut. Il n'en est plus ainsi aujourd'hui. Des officiers de marine, des professeurs y échangent leurs vues, y associent leurs efforts, y apportent le trésor de leurs connaissances et de leurs observations, si bien qu'ils s'entraînent réciproquement au travail, et qu'il y a lieu de beaucoup attendre d'une collaboration aussi active et aussi éclairée.

Rien ne le prouve mieux que ma présence ici. D'une part, en effet, j'ai été chargé de vous apporter une preuve de notre vitalité, en venant vous lire un mémoire qui atteste combien nous nous intéressons aux problèmes de la géographie. D'autre part, mes collègues espèrent bien que je leur apporterai de ce congrès, où il me sera donné d'entendre et d'admirer tant d'hommes éminents, un peu de ce zèle, de cette foi qui les anime et leur fera remuer force idées, débattre force questions, pour le progrès de la science et le bien de notre pays.

Société de géographie de l'Est.

Rapport de M. P. COLLESSON, secrétaire général.

Je ne retiendrai pas longtemps votre attention, Messieurs ; des communications plus importantes nous attendent ; laissez-moi seulement vous dire quels ont été nos travaux depuis le dernier Congrès.

Tout d'abord notre premier soin a été la préparation de la réunion actuelle ; si nous avons réussi, vous nous le direz dans quelques jours ; nous avons fait de notre mieux.

La vie de la Société a été celle des peuples heureux, elle n'a pas d'histoire. Les conférences, les excursions et le *Bulletin* sont nos moyens d'action ordinaires.

Depuis le mois d'août dernier, nous avons entendu tour à tour : MM. Rambaud, Oesterby, Gallois, Bastard, Arctowsky, d'Ollone, Paul Labbé, Delhorbe, André, Foureau et Blondel.

Des excursions ont eu lieu dans les environs de Nancy, dirigées toujours par un personnage compétent en géographie.

Le *Bulletin* paraît assez régulièrement tous les trois mois et nous l'échangeons avec de nombreuses sociétés françaises et étrangères.

Pendant les vacances de Pâques dernières, le Congrès des Sociétés savantes s'est réuni à Nancy, et la Société a été brillamment représentée par plusieurs de ses membres.

Nos sections de Bar-le-Duc et d'Épinal sont en bonne voie et profitent de nos conférenciers et de notre *Bulletin*.

Je n'ajouterai qu'un mot, Messieurs, pour répéter très mal ce qu'a dit si bien M. Pfister, notre président : soyez les bienvenus à Nancy !

Jeudi 1ᵉʳ août.

SÉANCE DE L'APRÈS-MIDI

Salon Carré de l'Hôtel de Ville.

Président : M. Ch. Gauthiot,
Délégué de la Société de géographie commerciale de Paris.
Assesseurs : MM. Husson, délégué d'Alger ; Manès, délégué de Bordeaux.

L'Enseignement colonial.

Communication de M. Henri Lorin.

(*Résumé.*)

M. Henri Lorin parle de l'enseignement colonial. Il est indispensable que la France forme l'opinion et le personnel sans lesquels elle serait inutilement engagée dans la politique coloniale ; que toutes les personnes compétentes — et ici le rôle des sociétés de géographie sera considérable — éclairent d'abord l'opinion, publique et parlementaire, qui n'a sur les choses coloniales que des données imprécises ou fausses, par suite de la diffusion insuffisante d'un enseignement bien compris. Quant à la formation du personnel, on peut souhaiter que l'enseignement technique spécial devienne un jour inutile, l'éducation par le milieu, comme en Angleterre, étant assurément la meilleure ; mais, en attendant, que dans les grandes villes quelques cours pratiques, œuvre « d'extension universitaire », soient institués pour fournir aux candidats à la vie coloniale les notions élémentaires dont ils ont besoin : géographie, hygiène, cultures et produits des colonies, rudiments de topographie et de construction. Les jeunes gens munis de ce bagage seront bien préparés à profiter sur place, avec le minimum d'incertitude, des indispensables leçons de la pratique. Une discussion très intéressante s'est engagée sur ces idées.

Sur la géographie des rivages.

Communication de M. le lieutenant de vaisseau Devoir.

> Les mêmes lieux ne sont pas toujours de la terre ou toujours de la mer ; la mer vient où était jadis la terre ferme, et la terre reviendra où nous voyons aujourd'hui la mer ; il faut croire d'ailleurs que ces phénomènes se succèdent dans un certain ordre et une certaine périodicité.
> (Aristote. *Météoriques*, I, 15. — *Traduction B. Saint-Hilaire.*)

> Que la mer ait anciennement, et pendant des périodes plus ou moins longues, couvert, puis laissé à sec, en se retirant, une bonne partie des continents, le fait n'a rien en soi d'inadmissible.
> (Strabon. *Géographie*, l. I*er*, ch. III. — *Traduction Tardieu.*)

Les géographes grecs et romains, divisés sur beaucoup de questions, étaient unanimes à admettre l'existence de variations continuelles dans la forme des rivages ; Aristote, au premier chapitre de sa *Météorique,* en entrevoit déjà la périodicité.

Les données de la science moderne viennent, après vingt siècles, corroborer l'opinion émise par l'illustre philosophe ; les faits d'observation sont encore peu nombreux, ils nous permettent néanmoins de soulever un coin du voile qui recouvre les anciens rivages et leur histoire.

Les grands mouvements continentaux à longue période ont généralement des zones d'action assez étendues pour que les déplacements relatifs soient peu sensibles, et n'attirent guère l'attention des hommes ; les peuples primitifs les ignorent ; avec les puissants moyens d'investigation dont dispose notre époque, nous commençons à peine à les déterminer.

Par contre, les ébranlements brusques, affaissements ou soulèvements, laissent une profonde empreinte sur la mémoire de ceux, barbares ou civilisés, qui en furent témoins ; le souvenir des cataclysmes se transmet aux générations qui se succèdent, et hante encore les esprits après bien des siècles écoulés.

Si des traditions populaires, si quelques restes des anciennes doctrines sacerdotales nous disent que de brusques mouvements du sol ont intéressé telles ou telles régions, ces données, quelle qu'en soit l'imprécision, méritent d'être soigneusement recueillies ; elles peuvent former le point de départ de recherches importantes, par lesquelles la science apportera quelque lumière dans la nuit des âges lointains.

La géologie moderne attribue aux variations des reliefs l'une des causes suivantes : oscillations à longue période de l'écorce terrestre, action des eaux pluviales, fluviales ou solidifiées ; aux confins maritimes, il faut de plus tenir compte de l'érosion océanique.

Le sol garde heureusement, en beaucoup de points, des traces des anciens mouvements, aussi l'étude des assises rocheuses et l'archéologie seront-elles nos soutiens, toutes les fois que nous ne pourrons nous appuyer sur des bases historiques sérieuses.

Avant de nous occuper des rivages occidentaux des Gaules (sujet principal de la présente note), il est intéressant de rappeler une antique tradition qui nous fait remonter bien au delà des premières dynasties égyptiennes, et de ce fameux temple du Soleil dont l'origine se perdait dans la nuit des temps, pour ceux qui gravèrent les hiéroglyphes de la pyramide de Khéops.

Platon, dans un passage célèbre du *Timée,* rapporte un entretien qu'eut Solon avec les prêtres de Saïs. Ceux-ci disaient que, neuf mille ans auparavant, les rois d'une île située à l'occident des Colonnes d'Hercule, et surpassant en étendue la Libye et l'Asie, avaient porté la guerre sur les rives de la Méditerranée. Ils avaient été repoussés par les ancêtres des Athéniens ; mais, au moment où ils regagnaient leur île, que l'on nommait Atlantide, il était survenu de grands tremblements de terre et des inondations ; en un jour et une nuit, l'Atlantide avait disparu ; les boues formées par l'île effondrée avaient rendu innavigable la mer qui en recouvrait les débris.

Le récit de Platon a été pendant longtemps traité de pure fable ; on n'accordait aucune valeur aux dires de certains navigateurs anciens et du moyen âge qui signalaient de vastes espaces couverts d'herbes marines tantôt flottantes, tantôt semblant reposer sur des hauts-fonds ou des écueils inconnus aujourd'hui.

Nous sommes devenus moins sceptiques ; pour quelques archéologues, notamment Philippe Salmon et G. Hervé, la brusque disparition d'un continent atlantique peut seule expliquer certains faits importants, entrés depuis longtemps dans le domaine de la science.

Il est, en effet, prouvé que le climat ouest-européen a subi une variation rapide, à une époque encore indéterminée, mais géologiquement voisine de nous. Le renne, qui fournissait aux troglodytes magdaléniens des bords de la Vézère et de l'Ariège, la nourriture, le vêtement et l'une des matières premières des instruments et des armes, disparaît brusquement ; il est aujourd'hui confiné dans les régions arctiques. Les hommes qui vivaient de cet animal le suivirent dans son exode ; leurs actuels descendants, Esquimaux et Lapons, se servent encore d'outils semblables à ceux récoltés au Mas-d'Azil et aux Eyzies. Le changement d'habitat du renne ne peut être que la conséquence d'une élévation de température, élévation dont on peut rechercher la cause dans l'effondrement du continent atlantique.

Supposons une immense barrière, continue ou presque continue, reliant autrefois l'Espagne à l'Amérique du Nord, le Gulfstream, arrêté dans sa course, ne peut apporter aux régions que nous habitons aujourd'hui les énormes quantités de chaleur qu'il a emmagasinées dans le golfe du Mexique ; l'Ouest européen est en pleine période glaciaire. La barrière venant à disparaître, le courant chaud s'élance librement vers le nord, et donne à des contrées jadis presque désertes, un climat favorable au développement de la population et à son progrès vers de plus hautes destinées.

Il est à remarquer qu'une tradition analogue se retrouve chez des peuples américains bien antérieurs à la conquête aztèque ; les anciens récits parlent d'un cataclysme appelé « Submersion dans le grand lac »[1] ; le sanglant fanatisme, la crainte superstitieuse qui forment le fond des religions mexicaines, ne sont-ils point un obscur souvenir de ces désastres lointains ?

Pendant bien des siècles, la légende est muette, les brumes de l'Océan enveloppent en même temps les rivages et leur histoire ; la puissance de Rome n'est plus quand s'ouvre le cycle breton, si particulièrement intéressant pour nous.

La disparition d'Ys domine toute la légende armoricaine.

Chose étrange, ce peuple que l'on représente comme si profondément attaché aux souvenirs de son passé, a oublié sa primitive histoire, il ignore la perte de l'indépendance, la destruction de la flotte vénète, la cruauté de César ; il ne sait rien des œuvres, monu-

---

[1]. Cf. Roisel, *les Atlantes*.

ments ou routes, construites par l'envahisseur, et ne parle de la rude architecture de ses ancêtres que pour en attribuer l'origine à des génies plus ou moins malfaisants.

Une puissance nouvelle, celle du christianisme, a conquis entièrement les peuplades bretonnes, les croyances antérieures persistent, mais leur lente fusion avec les doctrines des évangélisateurs donne aux Armoricains un caractère tout particulier, dont leurs légendes portent l'empreinte ; toutes ou presque toutes sont tendancieuses ; elles se contentent de mettre en lumière la puissance de tel ou tel thaumaturge.

Ce que nous savons de la ville engloutie est bien peu de chose ; la colère du ciel s'abat sur Ys, comme jadis sur Sodome et sur Gomorrhe ; seuls quelques justes sont épargnés.

Pour le vieil aède breton, Ys la corrompue méritait le châtiment de ses crimes ; saint Gwennolé avait d'ailleurs prédit sa ruine.

Des digues protégeaient la ville contre la mer ; pendant une nuit de débauche, la fille perverse de Gradlon-Meur prit au cou de son père la clef d'or qui ouvrait les écluses ; depuis cette nuit, l'Océan recouvre « l'endroit du sommeil de la ville basse » (Sizun).

Cette légende est, en réalité, bien sobre de documents : c'est un drame à deux personnages importants, saint Gwennolé et l'Océan ; le roi Gradlon-Meur, sa fille Ahès ou Dahut, le peuple d'Ys, sont soumis aux prophéties de l'un, aux fureurs de l'autre, la cause réelle de la catastrophe est intentionnellement laissée dans l'ombre.

Au point de vue scientifique, nous ne pouvons retenir qu'un fait brutal : la disparation d'une ville importante ; nous savons de plus qu'une voie romaine allait de Carhaix (Ker Ahès, la ville d'Ahès, *Vorganium*?) aux environs d'Audierne et de la pointe du Raz (Beg ar Raz Sizun — *Gobœum promontorium*) et que d'importantes substructions se voient encore en divers points de la région du Cap, notamment près de l'étang de Lamaule, entre les pointes du Raz et du Van ; on les désigne dans le pays sous le nom de Moquerguerys (murailles de la ville d'Ys) ; les pêcheurs prétendent distinguer sous les flots des ruines d'édifices.

La position d'Ys est d'ailleurs des plus incertaines, les écrivains bretons placent, pour la plupart, la ville détruite au nord de la pointe du Raz ; un passage de Strabon, citant Artémidore, permet une autre hypothèse, par rapprochement avec une tradition locale.

Le géographe grec mentionne dans l'Ouest armoricain un port « des Deux-Corbeaux », situé à faible distance du promontoire Gobœum. A l'entrée du port d'Audierne (en breton : *Oddiern*, pour *Od tyern*, le Chef du rivage), existe un plateau rocheux balayé par les lames et sur lequel se remarque, dit-on, des restes de murailles, dont les blocs énormes semblent avoir été réunis par du *ciment*.

D'après la légende, on voit parfois s'y poser *deux corbeaux*, ce sont les âmes de Gradlon et d'Ahès, qui reviennent errer dans ces lieux.

Si la ville d'Ys avait l'importance que lui accordent les vieilles poésies bretonnes, son origine — sans doute phénicienne — remontait vraisemblablement à quelques siècles avant l'époque où écrivait Artémidore[1]; celui-ci parle du port, sans parler de la ville; Ys et le port des Deux-Corbeaux ne formaient donc qu'une seule cité, et c'est à Audierne même qu'il convient de rechercher les traces de la ville disparue.

Cette curieuse coïncidence mérite en tous cas d'être signalée.

Une autre grande ville, Tolente, citée par Albert le Grand d'après des traditions dont il ne donne point l'origine, disparaît au VIIe siècle, sans que l'on connaisse la cause et les détails de cette disparation; elle était située, suivant les uns, aux environs de Plouguerneau, suivant d'autres, à quelques kilomètres plus à l'ouest, dans la baie des Anges (entrée de l'Abervrac'h); il n'en a pas été jusqu'à présent trouvé de traces.

A partir du IXe siècle, nous entrons dans l'histoire; le cataclysme qui engloutit la forêt de Scissey et sépara du continent les rochers de Saint-Michel du Péril et de Tombelaine se produisit vers 890; sa zone d'action paraît s'être étendue de la pointe nord-ouest du Cotentin à la baie de Saint-Brieuc. Jersey et les plateaux des Chausey et des Minquiers furent séparés de la terre ferme; des lignes de hauts-fonds, couverts de moins de 10 mètres d'eau indiquent la direction des anciens isthmes; d'après un cartulaire, la communication entre Jersey et le continent se faisait, au commencement du IXe siècle, par un pont formé de simples planches.

On dit encore que le château de Trémazan[2], qui date du XIIIe siècle

---

[1]. Cette légende semble d'ailleurs indiquer une influence orientale; il ne faut pas oublier que les Phéniciens parcouraient la côte ouest des Gaules à la recherche de l'étain dès le Xe siècle avant notre ère.

[2]. Canton de Plondalmézeau (Finistère).

et près duquel se voient d'ailleurs les restes d'une route romaine, fut construit à deux lieues de l'Océan. De nos jours, ce château est à 300 mètres de la laisse de haute mer, et le fond de ses douves à moins de 10 mètres au-dessus du niveau moyen.

Si la tradition est sincère, l'immense barrière des Roches de Portsall devait former il y a six cents ans la limite extrême de la terre ferme; l'aspect de cette région devait se rapprocher beaucoup de celui que présente actuellement la partie nord du canton de Lesneven, plus élevée de 20 mètres environ.

Quelques siècles plus tard, en 1530, un raz de marée ruinait à jamais la cité de Tréoultré-Penmarch dont la prospérité rivalisait avec celle de Nantes. La mer enlevait les parties les moins résistantes du plateau qui forme maintenant les Étocs; le poisson qui faisait la richesse de la ville abandonnait les bancs bouleversés par le cataclysme.

De nombreuses constructions, pour la plupart effondrées, montrent encore que cette région, maintenant désolée, fut autrefois habitée par une population dense et industrieuse.

Voilà ce que les traditions et l'histoire locale nous disent des principaux mouvements du sol en Armorique; un fait s'en dégage : à chacun de ces mouvements, l'Océan gagne sur la terre ferme ; à part quelques amoncellements de sables et de galets, il ne rend rien de ce qu'il a gagné; les traditions ne mentionnent aucun soulèvement.

C'est maintenant le sol lui-même que nous allons interroger, il nous répondra, comme la légende : sur les côtes armoricaines, l'Océan va toujours plus loin.

Nous demanderons à la géologie quelques indications sur les périodes les plus anciennes, mais c'est surtout l'archéologie qui nous fournira les plus précieux documents, en nous renseignant sur les époques relativement voisines de nous.

Les grandes plages de la partie nord-ouest du Finistère, Tréompan et Bertheaume entre autres, enferment dans leurs sables de gros troncs d'arbres que le ressac des grandes tempêtes fait parfois découvrir à basse mer : des chênes, des bouleaux noircis montrent encore leurs fibres et leur écorce ; à Argenton on trouve, parmi leurs débris, des coquilles d'eau douce, les troncs ont parfois près d'un mètre de diamètre.

Le bouleau est actuellement très rare sur nos côtes ; le chêne végète près de la mer, et à faible altitude au-dessus de son niveau moyen, le terrain où grandirent les arbres ensablés de nos plages devait donc être assez éloigné de l'ancien rivage et le dominer de 30 ou 40 mètres.

Cette donnée à une grosse valeur; elle établit, à elle seule, l'existence d'un mouvement relatif de l'Océan et de la terre ferme, mouvement dont le sens n'a pas changé depuis un grand nombre de siècles.

L'oscillation lente et plus ou moins régulière n'exerce pas seule une influence sur la forme des rivages; l'action érosive de la mer intervient aussi d'une façon puissante.

Les lames battent incessamment les roches; les dures chaînes granitiques elles-mêmes ne peuvent résister à ces chocs; désagrégées, elles deviennent incapables d'arrêter le progrès de l'Océan.

Peut-être faut-il voir, dans la rupture de ces digues naturelles, la cause de quelques-uns des cataclysmes dont les légendes ont conservé le souvenir, tout en passant sous silence l'influence des oscillations séculaires qui les avaient préparés.

L'étude de ces derniers mouvements n'a été commencée qu'au XVIIIe siècle, les repères établis par Celsius et Linné ont permis de prouver de façon irréfutable le fait suivant : la péninsule scandinave subit un balancement autour d'un axe se confondant sensiblement avec le 57e parallèle; le Sud de la Suède s'enfonce, pendant que se relève le fond du golfe de Bothnie; à Tornéa, l'exhaussement mesuré est de 133 centimètres par siècle.

Les travaux des deux illustres savants ont en réalité créé une nouvelle branche de la géographie, particulièrement intéressante pour les confins maritimes, et que l'on pourrait appeler la « cinématique des rivages ». Sur nos côtes, comme sur celles de la Scandinavie, la forme des rivages varie incessamment.

L'étude des formes actuelles doit procéder de l'étude des formes antérieures, et permettre d'entrevoir, dans une certaine mesure les formes futures; laissant au géologue les époques passées, et se tenant en dehors de toute recherche des causes, le géographe doit soigneusement noter les effets, et du temps présent tourner les yeux vers l'avenir.

Nous devons aux savants du commencement du XIXe siècle, et notamment à Léopold de Buch, une notion féconde en conséquences, celle de la fixité du niveau moyen *pour un lieu déterminé*.

Nous avons par là même un plan de comparaison, à partir duquel pourront s'évaluer les mouvements. En 1848 Robert Chambers propose le terme « déplacement de lignes de rivages », généralement adopté depuis ; les abaissements sont des déplacements positifs, les soulèvements des déplacements négatifs. De hautes personnalités scientifiques, Élie de Beaumont, Suess et les géologues de l'école autrichienne s'intéressent passionnément à cette étude, mais les observations ne peuvent, malheureusement, donner de résultats qu'au bout d'un grand nombre d'années ; — celles inaugurées par Celsius et Linné sont un fait presque unique dans l'histoire de la science, les mesures par nous commencées ne pourront servir qu'à nos descendants.

C'est pourquoi, dans l'état actuel des choses, nous ne pouvons recourir, pour soulever faiblement l'un des coins du voile qui nous cache le passé, qu'à de lointains et obscurs témoins des vieux âges, aux instruments enfouis dans le sol, aux monuments qu'édifièrent les hommes d'autrefois.

La presqu'île armoricaine est particulièrement riche en vestiges des anciennes civilisations ; les populations néolithiques et celles qui connurent le bronze ont dressé, dans beaucoup de nos cantons, des monuments de pierre brute ; plus tard les Romains y eurent de nombreux établissements.

Les monuments mégalithiques sont pour la plupart placés sur des crêtes, à courte distance des points culminants : on en connaît pourtant de faiblement émergés comme le menhir de Donges près Saint-Nazaire, et les dolmens du groupe sud de Locmariaker ; d'autres sont partiellement immergés, le cromlech de l'Orlénic à l'entrée du Morbihan, les alignements de Saint-Pierre-Quiberon, sont dans ce cas.

On a retrouvé, sous 3 mètres de sable, des dolmens enfouis dans la grève de Locmariaker ; combien d'autres, sans doute, de nous inconnus sont depuis des siècles recouverts ou détruits par les flots !

L'existence des monuments immergés ou à faible altitude est un puissant argument en faveur de notre thèse ; le terrain sur lequel ils reposent dominait peut-être la ligne de rivage de 20 ou 30 mètres ; les emplacements avaient été certainement choisis de façon que les monuments ne puissent être détruits par les lames des grandes tempêtes.

L'état actuel de nos connaissances ne permet pas de fixer, même approximativement, la durée des périodes dites du bronze et de la pierre polie, en une région déterminée ; on s'accorde pourtant à faire remonter la pleine civilisation du bronze, dans le Nord et l'Ouest des Gaules, à 15 siècles environ avant notre ère ; les plus anciennes sépultures néolithiques ont peut-être 30 siècles de plus ; il est à craindre qu'aucun chronomètre sérieux ne soit jamais trouvé.

Toutes les îles du littoral armoricain possèdent de nombreux monuments mégalithiques ; dans les plus petites d'entre elles, Molène, Quéménès, Sein, l'île aux Moutons, il n'est pas rare de rencontrer, à côté de sculptures dolméniques d'un tracé relativement complexe, des menhirs de 10 à 15 tonneaux ; à Ouessant, au contraire, les constructions préhistoriques sont en très petit nombre et de dimensions restreintes.

Remarquons à ce propos qu'Ouessant est séparé du plateau voisin de Molène par une profonde vallée sous-marine, aux flancs abrupts, dont le thalweg ne s'élève en aucun point jusqu'au plan horizontal mené à 50 mètres au-dessous du niveau des plus basses mers ; au contraire, entre les autres îles bretonnes et la terre ferme, les bras de mer ont une profondeur toujours inférieure à 30 mètres, et généralement beaucoup moindre.

L'abondance des monuments qui couvrent ces dernières permet de penser qu'elles étaient occupées, d'une façon permanente, par une population assez dense, tandis qu'Ouessant n'a été habité aux époques préhistoriques que par des groupes de faible importance numérique, incapables d'élever des monuments aussi grandioses que ceux de Quéménès et de Béniguet.

Les navigateurs néolithiques ne devaient point se hasarder souvent sur les eaux toujours agitées du Fromveur ; seules des barques entraînées par les violents courants de ces parages abordaient à l'île de la Terreur (Enez Heussa, nom celtique d'Ouessant) ; ce n'est que plus tard, peut-être à l'époque gauloise, après de sérieux progrès réalisés dans l'art nautique, que des communications régulières purent s'établir. L'architecture mégalithique était alors à son déclin, aussi Ouessant ne garde-t-il que des monuments de très médiocres dimensions, et quelques sépultures.

Les îlots des archipels de Molène et des Glénans sont actuellement peu étendus; quelques-uns nourrissent une très faible population, les autres sont complètement inhabités.

Il ne pouvait en être de même à l'époque où furent dressés les groupes mégalithiques dont nous voyons les restes; il existe plus de 60 monuments dans la seule île de Molène, où les coquilles amoncelées par les habitants qui en faisaient leur nourriture, il y a quelque 5000 ans, forment un vaste « Kjök kenmodding » de 60 mètres de longueur sur 8 de largeur et 4 de hauteur.

L'étendue habitable des îles a donc diminué dans de notables proportions depuis l'époque néolithique; quelle peut être la cause de cette diminution, sinon une oscillation séculaire faisant lentement immerger cet extrême lambeau de notre continent? Aux temps de la pierre polie, toutes les îles sauf Ouessant étaient sans doute partie intégrante de la terre ferme; à l'époque du bronze, des chenaux s'étaient déjà creusés, mais les communications restaient encore relativement faciles; ce n'est que bien plus tard que le plateau de Molène — le mouvement de descente continuant — s'est trouvé isolé et que les sommets sont devenus des îles dont l'étendue ne peut cesser de diminuer.

J'apporte à cette proposition l'appui d'observations personnelles poursuivies régulièrement depuis une dizaine d'années; les monuments mégalithiques, si nombreux dans les cantons de Ploudalmézeau et de Crozon (arrondissements de Brest et de Châteaulin), ne sont point placés au hasard sur les divers sommets : ils jalonnent des lignes d'orientation constantes; des relevés topographiques précis ne laissent aucun doute à ce sujet, *pour les régions explorées*.

Les orientations adoptées par les architectes mégalithiens dérivent d'observations astronomiques très simples : elles correspondent aux directions des levers solsticiaux et équinoxiaux; chose remarquable, les premières, déterminées à des époques de l'année où le point de lever varie fort peu d'un jour à l'autre, sont fort exactement repérées; pour les équinoxes où le déplacement azimutal de ce point est rapide, l'erreur atteint parfois 3 ou 4 degrés. Ces directions astronomiques ou capitales couvrent le sol d'un véritable quadrillage; les lignes sont tracées de façon que chacune d'elles passe dans le voisinage de plusieurs points culminants; fait particulièrement important, elles se prolongent dans l'extrême nord-ouest du département jusqu'aux îles et îlots de l'archipel de Molène. Quelques-unes traversent les groupes mégalithiques des îles; d'autres suffiraient à déterminer la position de certains écueils sur lesquels se sont dressés, il y a bien des siècles, des menhirs et des dolmens.

Une autre remarque importante est la suivante : les monuments sont voisins de la côte ferme dans la partie qui ne fait pas face aux îles; ils sont très rares à l'ouest de l'archipel.

Cette intime liaison entre les monuments insulaires et continentaux semble témoigner en faveur d'une union complète entre toutes les terres, union détruite depuis par l'Océan, qui monte toujours.

Les traces de l'occupation romaine sont manifestes dans quelques îles; elles conduisent à des conclusions identiques. Une voie a été récemment découverte dans la petite île de Houat (archipel du Morbihan); les ingénieurs militaires romains auraient-ils pris la peine d'établir une route sur ce rocher exigu pouvant à peine nourrir 200 ou 300 habitants? Non assurément; cette route devait aboutir à la terre ferme, sans doute à la région qui forme maintenant la partie sud de la presqu'île de Quiberon. Le passage de la Teignouse a de nos jours une profondeur moyenne de 10 mètres; la grande fosse qui s'étend au sud du phare prouve que les eaux se sont brisées pendant bien des siècles sur la chaîne rocheuse qui unissait Quiberon aux îles, avant de la franchir.

La voie romaine devait suivre la ligne de faîte de cette chaîne et dominer le niveau moyen d'une dizaine de mètres; on peut donc estimer que l'effondrement est de 20 mètres environ depuis 17 siècles.

L'action érosive, peu importante tant que la barrière arrêtait l'élan des lames, est assurément devenue beaucoup plus puissante, dès que l'abaissement progressif a permis le passage des eaux aux grandes marées.

L'oscillation séculaire agissant seule eût produit une dénivellation moindre, peut-être de moitié; si nous nous basons sur ce chiffre, quelle qu'en soit l'incertitude, nous trouvons que la côte — le mouvement étant supposé de vitesse constante — s'est abaissée de 20 mètres environ depuis l'apogée de la civilisation du bronze, de 30 à 40 mètres depuis les plus anciennes constructions mégalithiques.

S'il en est ainsi, les hommes de l'époque néolithique ont vu Belle-Ile et Groix, les Glénans et l'archipel de Molène unis au continent; les importateurs du bronze pouvaient encore, bien des siècles plus tard, colporter à pied sec les produits de leur industrie jusqu'aux falaises qui bordaient au sud le passage du Fromveur. Ouessant et Sein, les *seules* îles mentionnées par les géographes anciens, étaient déjà séparées de la terre ferme ; cette dernière comprenait toutefois non seulement l'île actuelle, mais encore tout le plateau rocheux qui forme aujourd'hui la redoutable chaussée, et se termine au phare d'Armen.

Il semble même que le plateau de Molène ne s'est définitivement séparé du continent qu'à une époque relativement récente ; au cours d'une exploration faite en septembre dernier avec l'éminent président de la Société archéologique du Finistère, M. P. du Chatellier, nous avons récolté dans l'île de Béniguet de nombreux fragments de poterie romaine nettement caractérisée ; le sol de certains champs en est presque couvert. Béniguet avait, il y a 15 ou 17 siècles, assez d'importance pour que l'envahisseur y eût un établissement, ce n'était donc point alors une île sablonneuse et presque déserte.

Là comme sur toutes nos côtes, les assises rocheuses se sont abaissées, sables et galets sont montés à l'assaut des crêtes effondrées.

On peut penser qu'aux IIe et IIIe siècles de notre ère le chenal du Four n'existait pas encore, au moins dans la partie comprise entre Béniguet et Kermorvan. C'est peut-être sur les rives de l'un des golfes limités par l'isthme de la Vinotière que se trouvait ce fameux port Staliocan, mentionné par Ptolémée et que certains auteurs bretons placent dans la crique de Pors-Liogan, au nord de la pointe Saint-Mathieu. (Suivant Kerdanet, on remarquait encore au XVIIe siècle, dans les falaises de Pors-Liogan, « des anneaux de cuivre ayant servi à l'amarrage des bateaux ».)

L'occupation romaine nous fournit encore un important document : il y a quelques mois, on découvrait à Locmariaker, sous 3 mètres de vase marine, au niveau des plus basses mers, un atelier de potier. Cette découverte indique nettement un déplacement positif de la ligne de rivages ; le golfe actuel du Morbihan n'existait pas aux premiers siècles de notre ère, il ne formait en réalité que l'estuaire commun aux deux rivières de Vannes et d'Auray ; le cromlech de l'Orlénic était complètement émergé, et la voie romaine conduisait de Dariorigum par Quiberon, Houat et Hœdik jusqu'aux roches des Grands-Cardinaux.

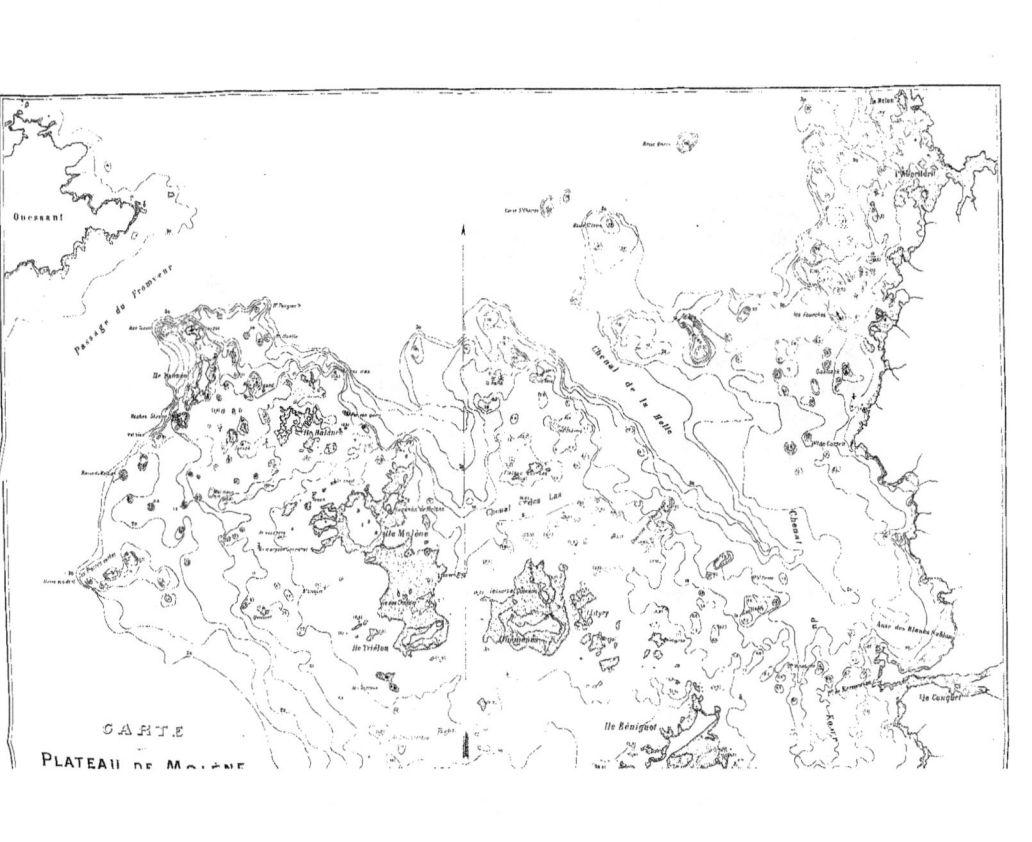

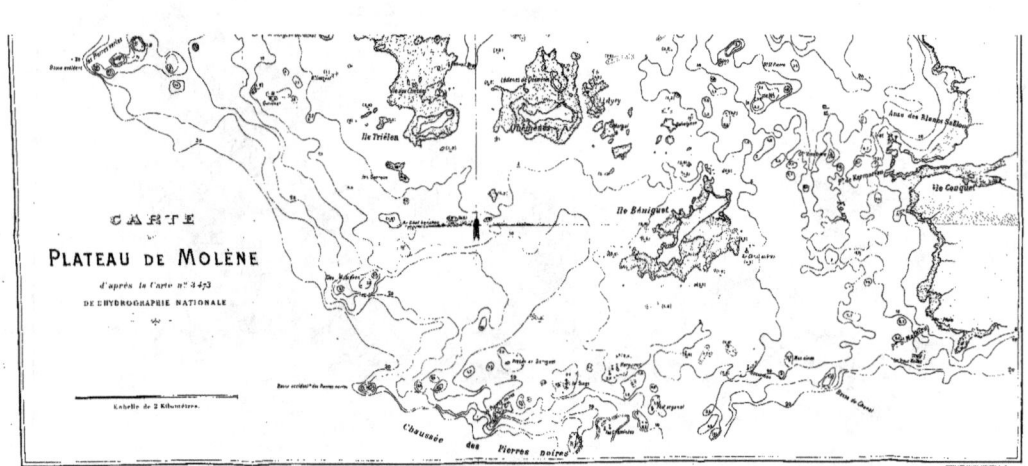

La grande bataille navale livrée par César à la confédération armoricaine, l'an 56 avant notre ère, n'a donc pu avoir pour théâtre que la *baie actuelle de Quiberon,* dont les sables recouvrent les débris de la flotte vénète.

Je me bornerai à ces quelques faits archéologiques et demanderai un dernier argument à la configuration même du relief sous-marin de certaines régions.

Il suffit de jeter les yeux sur une carte détaillée des Chausey ou des Glénans pour ressentir une singulière impression, on croit voir s'immerger les assises rocheuses et la mer enlever à chaque instant les parties les moins résistantes.

L'impression est encore plus profonde pour qui peut suivre les mouvements des eaux pendant toute la montée de la marée : la submersion, qui a mis tant de siècles à s'accomplir, se reproduit devant les yeux en quelques heures ; ainsi l'embryologiste retrouve, pendant la gestation, tous les états de la matière vivante dont l'évolution a duré des millénaires.

L'étude de l'archipel de Molène conduit à des conclusions analogues ; si l'on trace sur une carte marine des courbes isobathymétriques à faible équidistance, 5 mètres par exemple, on remarque de profondes différences dans les formes de ces courbes en diverses régions de l'archipel.

Dans le chenal actuel de la Helle, elles s'infléchissent progressivement vers le sud-est ; c'est une vallée qui s'élève en pente douce vers l'embouchure du ruisseau des Blancs-Sablons ; dans la partie sud, au contraire, elles s'enchevêtrent et donnent l'idée d'un bouleversement produit par un torrent impétueux.

Nous reconnaissons nettement deux actions différentes : l'oscillation séculaire a fait lentement immerger la vallée de la Helle, puis, quand la ligne actuelle des fonds de 15 mètres est venue affleurer la surface du niveau moyen, l'érosion a fait son œuvre, désagrégeant et dispersant les roches de la partie sud du Four, pendant que la grande houle du large accumulait les sables au pied des solides assises granulitiques des Blancs-Sablons.

Du jour où les lames ont pu franchir l'isthme formé par l'oscillation séculaire, l'œuvre de destruction a rapidement progressé ; la région comprise entre Béniguet et le continent s'est trouvée la première au niveau critique, puis est venu le tour des espaces occupés aujourd'hui par les chenaux des Las et du nord-ouest de Molène.

L'érosion gagne lentement entre Triélen et Quéménès d'une part, entre Quéménès et Béniguet de l'autre, pendant que le mouvement de descente transforme en îles, à marée haute, les anciens « Ledénès » ou presqu'îles.

A partir d'une certaine profondeur, 15 mètres peut-être, l'action perd de sa puissance, et les roches parvenues à une forme presque immuable continuent à s'immerger de plus en plus.

Regardons maintenant les courbes aux environs de la terre ferme : elles nous indiquent des vallées sous-marines moins vastes que celle de la Helle, mais aboutissant de même à des embouchures de ruisseaux.

En bien des points, de puissantes murailles verticales s'opposent aux progrès de l'Océan, les granits de la rive sud de la baie de Douarnenez, les schistes et les grès du cap de la Chèvre résistent à l'assaut des lames ; l'aspect de ces parties de la côte ne changera guère pendant bien des siècles.

L'extrémité nord-ouest du Finistère subira au contraire de profondes modifications, si le déplacement des lignes de rivage reste de même sens qu'aujourd'hui pendant une longue période ; en regardant la rapide décroissance des surfaces de niveau dans l'archipel de Molène, on pense à l'époque où les sommets des îles ne seront plus que des écueils redoutables, et où les flots recouvriront entièrement l'ancien plateau.

Nous assistons à ces grands mouvements de l'écorce terrestre, impuissants, et encore inhabiles à les évaluer. Dans la nuit des âges disparus, une faible lueur nous guide : quelques pierres dressées par des hommes dont nous ne saurons jamais les noms, quelques pans de murs, œuvres de l'envahisseur romain, voilà tout ce que nous possédons.

Rappelons-nous, toutefois, que la science n'a pas plus de limites dans le temps que dans l'espace ; travaillons pour que nos lointains descendants, marchant hardiment dans la route par nous tracée, disent un jour de leurs devanciers: ils ont pensé.

Nous nous devons à nous-mêmes de leur préparer la tâche future, faisons pour eux ce que nous voudrions que nos pères, imitant l'exemple de Celsius et de Linné, eussent fait pour nous-mêmes.

Des marégraphes précis et robustes, installés en divers points de la côte, renseigneront ceux qui viendront après nous sur les mouvements de ce littoral que nous aurons foulé.

Je terminerai en soumettant ce vœu au Congrès national des Sociétés de géographie.

Vendredi 2 août.

SÉANCE DU MATIN

Président : M. Mercimer, délégué de la Société de géographie de Lille.
Assesseurs : MM. Joppé, délégué de Douai ; Rampal, délégué de Marseille.

Unification des signes conventionnels. — Unification de l'échelle, au moins pour les pays où l'on a admis le système métrique. — Respect des anciennes dénominations, même non traduites, du vieux langage ou du patois.

Communication de M. E. Fauvel Le Fourdrey, délégué de la Société
de topographie de France.

*
* *

En matière de cartographie, la question des signes conventionnels présente une importance capitale. Ces signes constituent en quelque sorte la clef des cartes, et la connaissance détaillée de ces indications devient encore plus indispensable lorsqu'on étudie les cartes étrangères, dont les notations et écritures diverses sont exprimées dans une langue qui peut ne nous être pas toujours familière. Mais s'il est difficile de songer à faire établir toutes les cartes dans une seule et même langue internationale, il serait, par contre, très possible, au moyen de l'unification des signes conventionnels les plus usuels tout au moins, de créer pour une partie importante de la cartographie un code universel facilitant dans une large mesure la lecture des cartes des différentes nations.

Il ne saurait en être de même pour les désignations de toute nature inscrites en langage courant sur les diverses cartes, qui ne sont pas toujours traduisibles dans une langue étrangère.

Les signes conventionnels rentrent dans la partie de la carte formant image et destinée à compléter le dessin adopté pour la représentation de la forme et des accidents du terrain. Ils présentent de nombreuses variantes, même sur les cartes les plus récemment établies, comme on peut s'en assurer en passant en revue les principales cartes étrangères.

L'Allemagne possède deux types, l'un au 25 000e, le second au 100 000e. Le premier comprend environ 150 signes conventionnels faciles à lire. Sur la seconde carte, ces notations, dérivées des signes du 25 000e, sont un peu moins nombreuses, mais restent très claires. Ces deux cartes peuvent être considérées comme monochromes, seuls les cours d'eau un peu importants et les divisions administratives étant passés en couleurs à la main.

En Autriche, nous ne trouvons qu'une seule carte, au 75 000e, éditée en noir par photogalvanoplastie. On y trouve plus de 300 signes conventionnels combinés avec une trentaine de types variés d'écriture, ce qui rend la lecture de ce document assez laborieuse.

L'Italie a établi deux cartes aux échelles du 50 000e et du 100 000e; elles sont monochromes l'une et l'autre et comprennent une centaine de signes conventionnels qui ne se différencient pas toujours assez facilement.

L'Angleterre ou, pour parler plus exactement, le Royaume-Uni, présente trois types différents établis au 63 360e (anciennes mesures): l'Angleterre proprement dite (projection conique), l'Écosse et l'Irlande (système polyédrique). Ces trois cartes, tirées en noir par gravure sur cuivre, comprennent des signes très nombreux, compliqués par l'adoption de pointillés qui n'ont le plus souvent d'autre résultat que de jeter la confusion dans ces documents.

En dernier lieu, nous citerons l'Espagne, dont la carte au 50 000e, gravée sur pierre et tirée en cinq couleurs, comprend 150 signes conventionnels très judicieusement choisis et complétés par l'emploi de 14 types d'écriture.

Il ne serait donc pas hors de propos de tenter d'obtenir pour toutes les cartes l'unification des signes conventionnels.

Le problème ne nous paraît pas impossible à résoudre. On peut, dans une certaine mesure, pour des sciences tributaires de la géographie par les éléments d'information de toute nature qu'elles trouvent dans les cartes, considérer qu'il vaudrait mieux ne pas unifier complètement la langue géographique.

Nous estimons par contre qu'il serait avantageux d'adopter des séries de signes conventionnels se rapportant tous à deux types uniques et qui, tout en facilitant le maintien des anciennes dénominations, par ce fait qu'ils en préciseraient les significations, rendraient la lecture et la traduction des cartes plus faciles, plus sûres et partant beaucoup plus rapides.

Nous n'avons pas la prétention d'apporter une solution définitive de la question. D'autres plus qualifiés que nous le feront avec succès. Nous nous bornerons, pour ne pas abuser de votre bienveillante attention, à esquisser dans ses grandes lignes les conditions du problème.

Nous avons parlé de séries différentes de signes conventionnels. Une seule et unique série serait, nous objectera-t-on, le but à poursuivre, puisque dans le cas présent nous parlons d'unification.

La solution ne nous paraît pas être simplifiée à ce point.

Nous disposons, pour exprimer sur nos cartes les détails que nous voulons pouvoir y retrouver, deux genres de ressources bien différents qui nous entraînent forcément à étudier deux types de signes conventionnels. Le premier type comprendra les notations spéciales aux cartes monochromes (en noir par conséquent); le deuxième système s'appliquera pour les cartes établies en couleurs. Sans doute on devra autant que possible utiliser dans la plus large mesure toutes les indications pouvant être rendues communes aux deux systèmes, mais on se trouvera très vite limité dans cette voie, même en ayant recours à des types d'écriture étudiés à ce point de vue particulier.

La meilleure solution consisterait à combiner, pour chaque nature de cartes (cartes en noir, cartes en couleurs), une série de notations et de types d'écriture s'adaptant aux différentes échelles sans autres modifications que celles que pourraient nécessiter l'agrandissement ou la réduction du dessin. Il va de soi que la représentation de ces signes devrait rester distincte et facilement reconnaissable aux plus petites échelles admises. Nous obtiendrions ainsi l'unification des notations dans toutes les cartes d'un même pays en attendant que le système soit adopté par les autres nations.

Le problème, on le voit, est plus difficile à résoudre dans les cartes monochromes que dans les cartes en couleurs. Toutefois, soit que l'on choisisse le tirage en noir, soit que l'on emploie les reproductions en couleurs (cinq teintes en général), on peut, par un choix judicieusement établi de types d'écriture, simplifier sensiblement le protocole des signes conventionnels. Nous avons déjà rappelé plus haut que dans les cartes les plus récentes, l'Autriche et l'Espagne ont eu recours à ce procédé. La première de ces puissances a dépassé le but ; elle emploie plus de 300 notations, mais il faut remarquer que le figuré du terrain en souffre un peu. Ces signes conventionnels, qui d'ailleurs nuisent à l'ensemble, sont trop nombreux. On a voulu grouper trop d'indications sur la carte; indications souvent inutiles eu égard au peu d'intérêt qu'elles présentent, nuisibles parfois en ce qu'elles surchargent ce document.

En Espagne, au contraire, l'adoption du tirage en couleurs permettant de limiter à 150 les signes conventionnels et de réduire à 14 les types d'écriture, a produit une carte dans laquelle la quantité des détails ne nuit en rien soit à l'ensemble, soit à la clarté. Si on admet qu'il s'y trouve encore un certain abus de détails, tels que les indications de toutes les natures de cultures, on voit que l'on peut encore réduire dans une certaine mesure le nombre des signes conventionnels véritablement utiles.

L'Italie a essayé, avec une carte monochrome, de n'employer qu'une centaine de notations différentes ; mais on doit reconnaître que, soit pour cette raison, soit du fait d'autres défectuosités[1], l'ensemble de la carte manque de netteté.

On se trouve conduit, avant de fixer le protocole des signes conventionnels, à étudier les échelles à adopter et à faire un choix entre les cartes monochromes et les tirages en couleurs.

Quels que soient les motifs de la préférence que beaucoup de géographes réservent aux cartes en noir, on voit immédiatement que la carte en couleurs doit nécessairement obtenir la préférence en raison de la facilité avec laquelle elle permet de résoudre le problème. Nous ne pourrons pas toutefois nous dispenser de prendre en considération l'échelle de la carte minute et celle des cartes que l'on veut en déduire par voie d'agrandissement ou de réduction.

---

1. Courbes de niveau, talus, etc., trop accentués; écritures un peu négligées, etc.

C'est ainsi que l'étude de l'unification des signes conventionnels nous entraîne à examiner cette seconde question.

L'unification des échelles, si elle n'était pas si intimement liée à celle des signes conventionnels, apparaîtrait au premier abord comme une nécessité moins impérieuse. Nous devons avant tout, pour simplifier la question (simplification qui nous est imposée par la force des choses, tant que le système métrique n'est pas devenu d'un emploi général), faire des réserves pour tous les pays, peu nombreux d'ailleurs, où le système métrique n'est pas encore adopté [1].

Et cependant de ce côté la question pourrait faire un grand pas dans la voie de l'unification ultérieure des échelles, en ce qui concerne les cartes géographiques et chorographiques proprement dites, si on arrivait à une entente commune pour la division centésimale du quart de la circonférence et pour le choix du système de construction dit polyédrique ou polycentrique. Dans toutes les cartes établies suivant ce système, l'adoption de la division centésimale de la circonférence permettrait de relever et de rapporter tous les points directement, comme si on se trouvait en présence de coordonnées rectangulaires. On n'aurait plus qu'à mentionner sur la carte, en outre de l'échelle construite en mesures du pays, une seconde échelle en grades et parties décimales de grades complétée par l'indication de la valeur en mètres, à la latitude et à la longitude données, des longueurs d'arcs de méridien et de parallèle de 1 seconde d'étendue.

Dans les pays qui ont adopté le système métrique, il conviendrait de constituer une série de cartes à diverses échelles permettant tout à la fois le développement ou la réduction de la minute dans des rapports simples et présentant très distinctement, dans tous les cas, le détail de tous les signes conventionnels adoptés.

L'unification de l'échelle rendrait de grands services pour l'étude des régions situées dans le voisinage des frontières des divers États; elle constituerait, en outre, un acheminement vers l'adoption définitive, par tous les peuples sans exception, de notre système métrique.

---

[1]. Parmi les cartes étrangères que nous avons examinées dans la 1re partie de cette communication (Allemagne, Autriche, Italie, Royaume-Uni, Espagne), il n'y a que les cartes anglaises qui ne soient pas établies suivant le système métrique.

On devrait constituer une série d'échelles choisies permettant soit le développement, soit la réduction des cartes-minutes dans des rapports simples et faciles à réaliser et s'appliquant aux cartes géographiques, chorographiques ainsi qu'aux divers travaux de topographie.

Pour nous en tenir aux deux premières catégories qui rentrent plus spécialement dans le programme de ce Congrès, nous estimons que toutes les cartes à grande échelle, dont le besoin se fait sentir plus impérieusement en France et qui ont été entreprises dans presque toute l'Europe (Allemagne, Autriche, Italie, Suisse, Angleterre, Belgique, Hollande, Espagne, Danemark, etc.), qui nous a devancés dans cette voie, devraient avoir pour base commune une carte au $50\,000^e$, en couleurs. Les minutes seraient établies au $10\,000^e$ ou tout au moins au $20\,000^e$.

L'échelle du $10\,000^e$ est en effet reconnue comme étant la plus pratique pour la reproduction du terrain dans les conditions de détails et de précision nécessaires aux divers services, puisqu'elle permet de figurer tous les objets avec leurs formes et leurs dimensions exactement réduites.

Elle donne en outre la facilité de réduire le nombre des signes conventionnels qui surchargent les autres cartes. Dans les terrains ingrats, l'échelle des minutes pourrait être abaissée au $20\,000^e$ sans inconvénients.

Nous ne pouvons pas parler des échelles des cartes sans rappeler, très succinctement d'ailleurs, que la même unification devrait également être appliquée pour la représentation du relief.

L'Allemagne figure des courbes d'équidistance à 5 mètres, avec tracé plus accentué pour les courbes maîtresses espacées de 20 mètres. Dans certains cas, des courbes de détail sont esquissées sur la carte.

En Autriche, le figuré du terrain est exprimé à la fois par des courbes et des hachures, mais l'équidistance varie suivant les contrées ou en raison de l'inclinaison des pentes.

L'Italie emploie le système des courbes. L'équidistance est réglée à 10 mètres avec courbes maîtresses de 50 en 50 mètres sur les cartes au $50\,000^e$; sur la carte au $100\,000^e$, les courbes sont espacées à 50 mètres.

Les cartes du Royaume-Uni sont exécutées en hachures et courbes équidistantes de 100 pieds pour l'Angleterre, et en hachures seulement pour l'Écosse et l'Irlande.

En Espagne, les courbes sont également espacées à 20 mètres d'intervalle.

Il faudrait en outre obtenir que le nivellement des différents pays soit effectué sur une base unique ou tout au moins indiquer sur les diverses cartes la cote du point initial par rapport à un repère unique.

Les cotes initiales des cartes que nous venons de passer en revue sont, dans l'ordre où nous les avons énumérées : le repère de l'observatoire de Berlin ; le niveau moyen de l'Adriatique à Trieste ; le niveau moyen de la Méditerranée ; le niveau moyen de la mer à Liverpool ; le niveau inférieur de la haute mer au phare de Soolbay (près Dublin) et le niveau moyen de la mer à Alicante.

**

Les signes conventionnels présentent une grande importance pour la lecture des cartes, mais les indications de noms de lieux et d'objets représentés sur ces documents remplissent un rôle beaucoup plus varié et beaucoup plus considérable encore.

Ces notations s'adressent non seulement au géographe, au géologue, à tous ceux, en un mot, qui font usage de la carte au point de vue de la forme du terrain et de toutes les modifications qu'il éprouve à la surface ; elles ont en outre une grande importance pour l'étude de l'historique d'une région, des habitudes, mœurs et usages du lieu, et fournissent ainsi nombre d'indications que l'on chercherait vainement ailleurs.

On retrouve dans les dénominations appliquées aux divers objets, accidents de terrain, modifications résultant du travail de l'homme, etc., une foule d'indications qui, si elles ne nous révèlent pas de prime abord des faits ou des particularités oubliés, nous mettent sur la voie et font retrouver des détails souvent complètement tombés dans l'oubli sur l'histoire, les mœurs, la manière de vivre, etc., de nos aïeux.

En songeant aux indications qui peuvent ainsi être recueillies, nous devons insister pour que les anciennes dénominations soient toujours respectées non seulement dans leur signification, mais encore dans la vieille orthographe, qui seule permettra de retrouver cette véritable signification.

Il est parfois dangereux, il ne faut pas se le dissimuler, de remplacer les antiques dénominations exprimées dans une langue ou dans un patois dont nous ne saisissons pas les nuances et dont la signification nous échappe, par des traductions ou des équivalences ou même de simples interprétations dont on ne peut être sûr, à moins de posséder une connaissance approfondie de la langue, des usages et de la prononciation du pays. On doit s'abstenir de ces traductions souvent fantaisistes qui, en défigurant complètement le nom de l'objet, n'ont plus aucun rapport avec le fait, le souvenir ou l'idée que la vieille désignation rappelle. On doit sur ce point réclamer sans hésitation le respect absolu des anciennes dénominations en poussant le scrupule jusqu'au maintien de la vieille orthographe. Vienne, à un moment donné, une personne au courant des anciens usages, de la langue primitivement parlée dans la région, etc., il lui sera très facile, si l'ancienne indication a été conservée intacte, de retrouver le fil conducteur qui lui fera découvrir le fait intéressant rappelé dans cette dénomination. Si malheureusement on a péché par excès de zèle, en remplaçant le vieux terme par une traduction ou une équivalence hasardée, on ne pourra plus rien retrouver. Nous ne nous posons pas en ennemi irréductible de la traduction, à la condition toutefois, qu'elle soit faite avec méthode et discernement. Avec méthode, en ce sens qu'il ne faut pas transcrire dans les documents concernant une même région d'anciennes dénominations traduites en partie seulement, remplacées par des indications qui n'ont souvent qu'un rapport très lointain, pour ne pas dire absolument opposé, à la signification de l'ancienne appellation. Avec discernement, attendu que le traducteur aura dû se pénétrer préalablement des anciens usages du pays, faire une distinction dans l'origine des dénominations les plus usitées dans la contrée, selon qu'elles rappelleront la forme ou l'aspect physique du sol ou le voisinage d'un lieu connu, ou même la situation relative, l'orientation de certains lieux, ou encore leur constitution ou leur production, ou encore la simple dénomination du lieu lui-même, soit dans une langue ou un idiome disparus, soit dans le patois de la région. En opérant ainsi, on ne s'exposera pas à traduire avec des sens tout à fait différents, les indications se rapportant à des objets de même nature, et à se laisser ainsi induire en erreur par la prononciation défectueuse des gens du pays et les altérations qu'ils auront inconsciemment fait subir aux anciennes désignations. Dans le plus grand nombre des cas, il serait préférable (si l'échelle le permettait) de placer la traduction entre parenthèses à côté de l'ancienne dénomination qui doit toujours être conservée. Mieux vaut, à tous les points de vue, s'abstenir que de donner une traduction inexacte.

Il nous serait facile de citer à l'appui de ce que nous venons d'exposer de nombreux exemples de ces détournements de signification, mais les limites d'une semblable communication seraient dépassées et nous craindrions d'abuser de votre bienveillance en vous signalant des détails que vous connaissez tous.

Nous vous demanderons, en terminant, de fixer sur ce point deux règles importantes desquelles on ne devrait jamais s'écarter, tout en laissant aux géographes de chaque contrée l'étude des détails de la question.

La personne qui est appelée à relever des indications de cette nature doit avoir pour premier soin de rechercher et de noter exactement l'orthographe étymologique. Ce n'est qu'à défaut de renseignements précis sur ce point essentiel qu'elle pourra se hasarder à essayer de la traduction. Il lui faudra alors étudier la région parcourue, se faire renseigner sur les anciennes coutumes, sur l'origine de la langue parlée autrefois dans la contrée et la formation du patois local pour arriver à traduire ou à rendre par des équivalents la désignation de l'objet considéré.

En tout cas, on doit faire une distinction entre les divers genres de mots qui entrent dans les désignations topographiques ou même entre les différentes parties des dénominations qui comprennent fréquemment un terme général s'appliquant à tous les objets de même nature ou de même position ou destination. Cette partie de l'indication pourrait, selon les cas, être traduite ou omise suivant qu'elle peut être séparée de la partie principale du mot ou qu'un long usage lui a fait prendre corps avec le nom de manière à ne former qu'un seul et même mot.

On pourrait d'ailleurs sur les cartes particulières à chaque région indiquer en légende les principales dénominations communes aux divers objets ou accidents de terrain, accompagnées de leur traduction s'il y a lieu. La carte ainsi déchargée d'une partie des écritures y gagnerait encore à tous les points de vue.

Quant aux noms de lieux dont l'origine est incertaine, à la désignation desquels on ne saurait assigner une racine, on se trouve forcément obligé de les orthographier d'une manière toute de convention. C'est dans ce cas qu'il faudrait tenter d'imposer des bornes à la fantaisie, au caprice du géographe et c'est précisément la difficulté que l'on rencontre pour y arriver qui fait toucher du doigt les inconvénients de cette orthographe qui ne doit être employée qu'exceptionnellement et dont l'instabilité suffit pour la faire écarter toutes les fois que cela sera possible.

Là encore on pourra se guider sur l'usage, sur les conventions généralement admises dans la contrée au sujet de son orthographe et veiller à ne pas se laisser déterminer uniquement par la prononciation locale.

Sans doute, il n'existe en pareil cas aucun guide absolument sûr, puisque il serait facile de signaler des erreurs de cette nature même dans notre carte d'État-major. C'est cependant à ce document qu'on devrait en général se reporter, car son importance est telle, qu'il forme, avec les plans cadastraux dont il dérive en grande partie, pour la planimétrie, la base de la cartographie française.

La Loire navigable.

Communication de M. Étienne PORT, secrétaire général
de la Société de géographie de Saint-Nazaire.

Le projet de la navigabilité de la Loire est à l'étude depuis de longues années. C'est une question qui n'est ignorée d'aucun de vous ; en ce moment même, elle est, plus que jamais, d'actualité et on peut dire qu'une bibliothèque entière a été publiée sur ce sujet. Le journal spécial *la Loire navigable,* organe du comité d'étude, à lui seul comprend l'exposé des principaux projets de l'ensemble des rapports ou brochures concernant la question.

Je crois donc inutile de vous expliquer en quoi consiste le problème. Ce serait trop long et sans doute fastidieux. Je tiens d'ailleurs à limiter ma communication. J'ai mandat de la Société de géographie de Saint-Nazaire de traiter devant vous un point spécial. Je ne veux ni ne désire étudier le fond de la question. Je ne saurais affirmer que la Loire peut être rendue navigable; je ne crois pas, en tous cas, qu'elle puisse l'être autrement que par des canaux; mais les intérêts qui sont en jeu sont si complexes, si divers, que je tiens essentiellement à ne pas m'engager dans une discussion où la compétence me ferait sûrement défaut, et où rien d'assuré ne pourrait résulter pour ce qui intéresse la ville de Saint-Nazaire. Qu'il soit utile de rendre la Loire navigable, cela n'est évidemment pas douteux ; que cela soit possible, je ne pense pas que le problème ainsi posé soit de notre ressort.

Mais, étant donné l'état de la question, je viens demander au Congrès de bien vouloir exprimer sur un point un vœu qui n'est pas une nouveauté : que l'approfondissement de la Loire, en amont de Nantes, *s'il est effectué*, soit fait à un minimum de 2 mètres. En adoptant ce vœu, le Congrès sanctionnerait et approuverait, de la façon la plus efficace, un vœu récemment exprimé au Congrès d'Orléans. Les créateurs du projet de la Loire navigable ont toujours à cet égard donné des promesses formelles à Saint-Nazaire, et la Chambre de commerce de cette ville, à diverses reprises, a exprimé la nécessité absolue de l'approfondissement à cette profondeur.

Voici, Messieurs, sommairement l'état de la question. Je me borne à vous donner les renseignements les plus récents et particulièrement ceux qui émanent du rapporteur de la Commission des travaux publics. En ce qui concerne la *Loire maritime*, le rapporteur conclut à l'acceptation des offres de la Chambre de commerce de Nantes et du Conseil général de la Loire-Inférieure qui proposent de contribuer pour moitié à la dépense de 22 millions destinés à approfondir la Loire à 8 mètres entre Nantes et la mer, le mouillage étant assuré même aux plus faibles marées de morte-eau.

De cette première partie du projet, je ne veux pas parler. La ville de Nantes et la ville de Saint-Nazaire ont sur ce point des intérêts différents, sinon contraires. J'ignore le sort réservé à cet article du projet. Je n'en vois pas l'intérêt *au point de vue général*; je n'y puis voir que l'intérêt de la seule ville de Nantes, qui, de la sorte, enlèverait, ou tâcherait d'enlever au port de Saint-Nazaire, une partie de son mouvement et serait obligée, par suite, de dépenser des millions non prévus pour un outillage qui lui deviendrait nécessaire, alors qu'il existe déjà au port de Saint-Nazaire, créé spécialement à cet effet.

Pour éviter le reproche, que vous seriez peut-être en droit de me faire, de traiter devant vous une question qui pourrait vous sembler d'intérêt local et quasi de clocher, je laisse de côté cette première partie du projet, bien que j'en sente toute la gravité.

En ce qui concerne la *Loire navigable,* le rapporteur a demandé l'inscription, au projet de loi, du principe même d'une voie navigable, de Nantes à Orléans et prolongement ; il réclame l'exécution immédiate de la première section, c'est-à-dire la régularisation de la Loire entre Nantes et Angers, évaluée au maximum à 14 millions. Les départements intéressés auraient à concourir à la dépense dans les proportions suivantes : Loire-Inférieure 4 centimes, Mayenne 1 centime, Sarthe 1 centime, Maine-et-Loire 2 centimes. (De plus, ce dernier département prendrait l'engagement de concourir pour deux autres centimes à la section d'Angers à la Vienne.) La commission a décidé de prendre en considération les trois projets présentés par le rapporteur. Cette prise en considération est en réalité une acceptation définitive, le vote devant avoir lieu en bloc sur le rapport général (projet Baudin). La mise à l'enquête du projet de la Loire navigable, section Nantes-Angers, est signée et va avoir lieu incessamment : les quatre conseils généraux intéressés seront appelés à voter définitivement leur contribution à la session de ce mois.

Le projet entre donc dans la voie de la réalisation. Il est tout juste temps — s'il en est temps — de formuler une fois encore une revendication, de faire un dernier appel. C'est ce que je veux faire, avec votre appui, et pour que mon observation ait une valeur réelle, je la précise et, je le répète, je la limite :

L'approfondissement de la Loire, en amont de Nantes, s'il n'atteint pas 2 mètres, est inutile aux intérêts généraux.

Voici, à ce sujet, une indication donnée récemment par un représentant officiel de la « Loire navigable » : « Afin de rassurer plus « complètement nos amis de Saint-Nazaire, il y a lieu d'insister sur « cette remarque que la profondeur minimum de $1^m,20$ à l'étiage « représente déjà une profondeur de 2 mètres pendant 6 mois au « moins par an. »

C'est ce que dit ailleurs un document officiel du ministère — d'où j'extrais ce qui suit : « L'avant-projet, dressé les 15 juillet, 15 août « 1900, comporte la régularisation de la Loire sur place depuis « l'embouchure de la Maine (kilom. 560) jusqu'aux ponts de Nantes

« (kilom. 643). Ce chenal régularisé a un développement de 85 kilom.
« Sa largeur normale serait de 120 mètres, sauf élargissement à 130,
« 140 ou 150 dans les courbes. *Le mouillage que l'on peut espérer*
« *réaliser à l'aide des travaux serait de $1^m,20$ au minimum pour le*
« *débit d'étiage de 100 mètres cubes par seconde et 1 mètre environ,*
« pour le débit de basses eaux exceptionnelles de 70 mètres cubes.
« On aurait ainsi toute l'année un mouillage supérieur à 1 mètre;
« pendant 160 jours environ un mouillage dépassant 2 mètres. »

Étant donné ce projet tel, Messieurs, je considère, et en cela je suis l'interprète de la Société de géographie, tout aussi bien que celui de la Chambre de commerce de Saint-Nazaire, que le programme d'approfondissement tel qu'il paraît devoir être effectué actuellement, ne peut donner satisfaction aux intérêts généraux. L'approfondissement, à $1^m 20$ seulement, de la haute Loire, est insuffisant et devrait être porté à 2 mètres, par quelque autre méthode sans doute, pour assurer, sans transbordement, le transit entre l'Europe centrale et la mer.

Vous savez, Messieurs, quels sont les transports par eau. Les marchandises lourdes, ayant une faible valeur intrinsèque, empruntent surtout cette voie. Il y a donc nécessité que le prix de transport soit réduit. Le propre de la batellerie est d'assurer un transport lent, il est vrai, mais peu coûteux. Et pour cela, il y a deux conditions nécessaires : employer des gabares de plus fort tonnage, à plus grand tirant d'eau, mais transportant plus de marchandise pour le même prix; éviter les transbordements. En effet, le bénéfice de l'économie du transport fluvial est entièrement perdu s'il y a dans le parcours des transbordements. Si la gabare doit rompre charge avant de toucher à destination, c'est une opération extrêmement onéreuse. Comment serait-il possible que des bateaux qui n'auraient que $1^m,20$ de profondeur d'eau à leur disposition, puissent satisfaire à ces conditions ?

Les fleuves allemands, dont on nous a cité l'exemple, ont une profondeur moindre que celle demandée pour la Loire. Oui, mais ces fleuves diffèrent des nôtres par le débit et par la pente et de plus ils n'ont à desservir que leur propre trafic et la batellerie a été appropriée au tirant d'eau donné.

La Loire, indépendamment de son trafic, aura l'avantage de devenir la voie de transit la plus directe entre les canaux du Centre et la mer. Il suffit de jeter un coup d'œil sur la carte du réseau fluvial pour remarquer que les canaux du Centre ont 2 mètres. La Loire ne saurait donc être mise en contact ou en prolongement de ces canaux sans avoir un tirant d'eau égal pour éviter les transbordements et assurer un transport ininterrompu jusqu'à la mer. Pour renouveler une comparaison bien judicieuse, vouloir utiliser la Loire creusée à 1^{m}20, en la faisant communiquer avec des cours d'eau ayant déjà 2 mètres, serait faire une opération semblable à celle qui consisterait à faire communiquer un chemin de fer à voie étroite avec une grande ligne.

D'autre part, l'insuffisance d'eau, en amont de Nantes, et qui ne ne peut que s'accentuer sur les sections Angers-Tours et Tours-Orléans, obligerait à employer des gabares à très faible tirant d'eau qui ne sauraient affronter la navigation jusqu'à la mer. En approfondissant à 2 mètres, on pourrait utiliser des gabares beaucoup plus grandes et par suite réduire les frais de transport.

La Commission d'étude conclut, il est vrai, à un approfondissement à 1^m,20 pour la section Angers-Nantes seulement, et c'est dans ces conditions que le projet a été inscrit au programme des grands travaux. Mais cela même, et cela surtout, est contraire aux intérêts généraux.

Je n'examine pas, je le répète, la question de la basse Loire. Si on veut établir un parallèle entre les deux projets afin de déterminer lequel est le plus utile à l'intérêt général, au bassin de la Loire et même au pays tout entier, il ne peut y avoir de doute. Et c'est ce qui vous expliquera, Messieurs, que, bien que représentant ici le port de Saint-Nazaire, c'est une observation relative au projet de la haute Loire, que je viens vous soumettre. Je ne fais en cela que renouveler une protestation récente formulée par le délégué même de la Loire navigable de Saint-Nazaire au Congrès d'Orléans.

Et je vous prie de bien vouloir prendre en considération le vœu que je vous soumets :

Que les travaux d'approfondissement et d'amélioration de la Loire en amont de Nantes, au point de vue navigation, soient exécutés de façon à assurer un approfondissement *constant* de 2 mètres.

Les Canaux du Midi.

Communication de M. Guénot, délégué de la Société de géographie de Toulouse.

M. Guénot expose la misérable situation des canaux du Sud-Ouest. Il rappelle que dans les projets de grands travaux présentés par M. Baudin, ministre des travaux publics, travaux dont les devis s'élèvent à la somme de 611 millions, 17 millions seulement sont affectés au Sud-Ouest, alors que cette région comprend un septième du territoire de la France entière.

Il y a là une injustice choquante dans cette inégale répartition des ressources communes. Et cependant, cette région est déjà une des plus déshéritées au point de vue des voies navigables.

L'isthme océano-méditerranéen n'est desservi que par deux canaux archaïques dont les dimensions sont différentes. Le canal du Midi n'est pas au même profil que le canal latéral, les écluses de chacun d'eux n'ont ni la même largeur, ni la même longueur, et les ponts qui les traversent sont d'élévations différentes au-dessus du plan d'eau, de telle sorte qu'il se produit ce fait extraordinaire que des bateaux qui ont pu arriver à Toulouse, venant de Bordeaux, par le canal latéral, sont obligés parfois de rebrousser chemin, ne pouvant continuer leur route jusqu'à Cette.

Et cependant, ces canaux ont une très grande importance, destinés qu'ils sont à assurer à notre cabotage l'avantage inappréciable de la continuité du littoral ; ils devraient rendre les plus grands services au pays. C'est cet avantage de premier ordre qui permet à l'Angleterre d'avoir un cabotage de 80 millions de tonnes, alors que celui de la France n'est que de 3 millions.

Le Congrès se rallie aux conclusions de M. Guénot et émet le vœu suivant : *Vu l'état d'infériorité de la région du Sud-Ouest, en ce qui concerne les voies navigables et l'intérêt particulier qui s'attache aux canaux du Midi, le Congrès émet le vœu que l'exécution des travaux de réfection du canal du Midi et du canal latéral à la Garonne ait lieu le plus tôt possible, et qu'en même temps des mesures soient prises pour arrêter la disparition des forêts existantes au moyen d'une réglementation plus étroite de la vaine pâture.*

M. de Rey Pailhade fait observer que les cours d'eau ne sont pas les seuls intéressés au reboisement et à l'entretien des forêts.

Depuis quelques années, l'industrie électrique, alimentée par les chutes d'eau, s'est développée d'une manière rapide, apportant la lumière et la force motrice aux villes situées dans un rayon de plus de 100 kilomètres.

Cette industrie, qui a besoin d'un débit aussi régulier que possible des cours d'eau, réclame impérieusement aussi la restauration et la conservation des forêts des Pyrénées.

Vendredi 2 août.

SÉANCE DE L'APRÈS-MIDI

Président : M. Guénot, délégué de la Société de géographie de Toulouse.
Assesseurs : MM. Basset, délégué d'Oran ; Port, délégué de Saint-Nazaire.

---

*Glossaire géographique vosgien : sa délimitation
territoriale ; son objet ; traitement et description des vocables ;
recueil de fragments.*

Communication de M. Nicolas Haillant, lauréat de l'Académie des inscriptions
et belles-lettres, délégué et secrétaire perpétuel de la Société d'émulation
du département des Vosges, docteur en droit, avoué à Épinal.

Les deux communications que nous avons l'honneur de faire à nos collègues MM. les Congressistes des Sociétés de géographie présentent des traits communs.

Elles concernent le même pays, la même région ; elles sont limitées par la même circonscription territoriale que nous avons adoptée : les Vosges.

C'est pourquoi ces courtes observations générales nous paraissent devoir être réunies ici tout à la fois pour caractériser l'une et l'autre de ces communications, et pour éviter des redites et toute perte de temps.

Quand nous disons : les Vosges, nous entendons par là et nous limitons volontairement cette dénomination : 1° à la partie de la montagne située dans la circonscription de notre département, 2° aux limites mêmes de notre département actuel, en ce qui concerne du moins les faits contemporains qui ont fait l'objet de nos observations et de nos recherches.

En ce qui concerne les faits antérieurs à la formation territoriale de notre département des Vosges, nous comprendrons dans notre dénomination et notre cadre les anciennes circonscriptions religieuses ou civiles sur lesquelles se sont superposées les nouvelles délimitations géographiques ou administratives.

Glossaire géographique vosgien.

Le mot *Glossaire* nous a paru devoir être substitué au mot *Dictionnaire*, que nous avons employé dans la nomenclature des ouvrages composant notre monographie du patois d'Uriménil, près Épinal, notre village natal[1]. Nos recherches portent tout à la fois sur une aire géographique plus vaste, et remontent en outre à une époque plus reculée; de là cette qualification d'*ancien* et *moderne* qui donne les premiers éléments de détermination étymologique.

Les seconds éléments de cette détermination seront fournis par la comparaison des documents recueillis dans un plus grand nombre

---

1. Cette monographie, publiée sous le titre : *Essai sur un patois vosgien* (patois d'Uriménil, près Épinal), comprend à ce jour :

1° Phonétique. Inventaire, origine et notation des sons. Épinal, 1882.

2° I. Phonétique (*suite*). — II. Traitement des lettres originaires (latin, roman, bas-latin, germanique). Épinal, 1883.

3° Grammaire. Formation des mots, syntaxe. — Petit programme de recherches sur les patois vosgiens. Épinal, 1884.

4° Dictionnaire phonétique et étymologique. Épinal et Paris, 1886.

Cet *Essai* a obtenu une mention honorable de l'Institut (Académie des inscriptions et belles-lettres) au concours de 1887, séance du 24 juin. — Voir le rapport de M. G. Schlumberger, lu dans la séance du 15 juillet 1887, et publié à part à Épinal en 1887.

5° Supplément au *Dictionnaire phonétique et étymologique*. Épinal et Paris, 1901.

6° Sobriquets, prénoms et noms de famille. Mémoire lu au 39° Congrès des Sociétés savantes à Nancy en 1901 et imprimé dans le *Bulletin du ministère* de cette année.

Autres ouvrages sur les patois vosgiens.

7° Concours des patois vosgiens à la détermination de l'origine des lieux-dits des Vosges (Congrès de la Sorbonne en 1883). Épinal, 1883.

8° Les ventes d'amour. Daillons français et patois du « plain-pays », n° 11 de *Mélusine*, 1885.

9° Flore populaire des Vosges, ou Recueil des noms patois et vulgaires des plantes des Vosges, rangés dans l'ordre systématique et mis en regard des noms scientifiques français et latins accompagnés des stations ou localités classées alphabétiquement sous chaque article avec des observations philologiques, botaniques, agricoles, horticoles et économiques. Paris et Épinal, 1885. (Cet ouvrage a obtenu le premier prix, médaille d'or unique, au concours de la Société nationale d'horticulture de France. — Voir le Rapport sur ce concours par M. Arsène Darmesteter dans le *Journal* de cette société, cahier de juillet 1885, p. 408-415. Rapport tiré à part à Épinal en 1886.)

10° Rapport fait au nom de la commission d'histoire et d'archéologie sur la *Monographie du patois de la Bresse* (Vosges), par M. J. Hingre. Épinal, 1887.

Patois lorrain.

11° Examen de l'*Essai sur le patois lorrain*, patois de Fillières, *canton de Longwy*; grammaire, textes et vocabulaire patois-français, par M. Clesse.

de communes, et les recherches historiques et philologiques se poursuivant simultanément dans le temps et dans l'espace présenteront peut-être moins de lacunes et moins de chances d'erreurs.

Objet des recherches.

Notre ouvrage général, *Glossaire vosgien*, contient les dialectes, les patois, le langage ou parler populaire ; les noms de lieux habités et les lieux-dits ou cadastraux ; les noms de famille, les prénoms et sobriquets ; les noms français et les noms patois d'habitants du pays ; et enfin les proverbes, dictons et comparaisons.

Si nous en extrayons ce qu'on peut appeler un glossaire géographique, nous rencontrons :

1° Les noms topographiques généraux, appartenant au parler général vosgien et affectant le sol et ses accidents ;

2° Les noms géographiques proprement dits et propres aux Vosges (montagnes et département). Dans cette catégorie rentrent : *a*) les noms de lieux habités (communes, sections, hameaux, écarts) et *b*) les noms de lieux non habités, connus généralement sous le nom de lieux cadastraux, de terroir, saisons, etc.

A ce premier paragraphe il convient de rattacher les noms génériques des habitants, latins, français ou dialectaux et même patois qui ont déjà été ou pourront encore être recueillis et observés.

Étude des mots.

En premier lieu, ou plutôt, en suivant l'ordre naturel des faits, on observe ou on aperçoit la prononciation, que nous croyons fort importante à noter, et qui nous paraît faire partie intégrante et essentielle du mot lui-même. Nous recueillerons ainsi la bonne ou vraie prononciation émanant des autochtones, si on peut employer cette expression généralement réservée à des études plus vastes et plus importantes. Cette prononciation s'est conservée religieusement chez les anciens du pays. Nous la distinguerons donc soigneusement de celle des immigrés ou étrangers à la région, qui sont amenés naturellement, paraît-il, à prononcer ces mots d'après leur orthographe.

Cette transcription de la prononciation se fera d'abord par la séparation des syllabes, puis par la notation des sons particuliers au moyen de signes spéciaux, au besoin inventés *ad hoc*, quand notre appareil alphabétique français ne nous les fournira pas.

L'étude des mots se complétera par son historique, quand il y en aura un, c'est-à-dire quand il sera possible de consulter des textes anciens, latins, bas-latins, imprimés ou manuscrits ; et on sera ainsi conduit vers l'étymologie, complément indispensable des études préparatoires sommairement énumérées ci-dessus, et qui seule pourra peut-être nous donner la raison d'être des choses.

En faisant ces recherches, on se convaincra de plus en plus de l'importance et de l'utilité qu'elles présentent pour élucider certains problèmes ou questions historiques et géographiques.

*
* *

1° Nous avons utilisé dès 1883 l'étude de l'idiome populaire ou patois vosgien pour la détermination de l'origine des noms de lieu en présentant à la Sorbonne une communication en réponse à l'une des questions du Congrès de cette année ainsi conçue : « Quelle méthode faut-il suivre pour rechercher l'origine des noms de lieu en France ? »

2° En 1901, le programme du 39° congrès des Sociétés savantes qui s'est tenu à Nancy comprenait encore cette question : « Compléter la nomenclature des noms de lieu en relevant les noms donnés par les habitants aux divers accidents du sol (montagnes, cols, vallées, etc.), et qui ne figurent pas sur la carte » (6° question du *Programme général,* p. 14, Section de géographie historique et descriptive).

3° Ce programme contient également cette autre question : « Rechercher les formes originales des noms de lieux et les comparer à leurs orthographes officielles (cadastre, carte d'état-major, *Almanach des postes,* cachets de mairie, etc.) » (7° question, p.14 ; même Section).

4° Enfin il donne également cette question, mais plus spéciale à notre région, ce qui semblerait indiquer qu'elle présente pour nous un intérêt plus particulier : « Étudier la toponymie de l'Est de la France ; dresser des cartes spéciales » (n° 3, p. 14, même Section).

5° La publication de vingt-deux *Dictionnaires topographiques* départementaux[1] qui contiennent les noms de lieu anciens et mo-

---

[1]. Chiffre de 1898 donné pp. 24-26 de la bibliographie des publications du Comité des travaux historiques et scientifiques (missions, bibliothèques, archives).

dernes, vient prouver l'utilité de la conservation et de la transcription des formes anciennes.

6° La détermination de l'origine, de la formation et de la signification des lieux habités des Vosges, et notamment des noms de communes, nous révèle des faits curieux qui rendent attrayantes ces observations, en apparence si arides. Les extraits que nous présentons en donneront quelques témoignages.

On verra, par exemple, que sur les 531 communes composant le département des Vosges, 73 contiennent comme second élément de formation le substantif *court* :

Ambacourt.	Malaincourt.	Gironcourt.
Baudricourt.	Maroncourt.	Godoncourt.
Bayecourt.	Mattaincourt.	Gouécourt.
Begnécourt.	Mirecourt.	Grignoncourt.
Bettoncourt.	Remicourt.	Morizécourt.
Biécourt.	Remoncourt.	Noncourt.
Blevaincourt.	Robécourt.	Offroicourt.
Boulaincourt.	Rocourt.	Oncourt.
Brancourt.	Roncourt.	Ortoncourt.
Chauffecourt.	Sandaucourt.	Outrancourt.
Circourt-s.-M.	Serécourt.	Racécourt.
Circourt.	Serocourt.	Ramecourt.
Dolaincourt.	Socourt.	Rancourt.
Fauconcourt.	Soncourt.	Rehaincourt.
Gugnécourt.	Thiraucourt.	Vaudoncourt.
Hagécourt.	Tignécourt.	Vaxoncourt.
Hardancourt.	Tollaincourt.	Vexaincourt.
Hennecourt.	Valfroicourt.	Villoncourt.
Houécourt.	Fouchécourt.	Viocourt.
Juvaincourt.	Frebécourt.	Vomécourt.
Lemmecourt.	Gemmelaincourt.	Vomécourt-s.-M.
Lironcourt.	Girancourt.	Vrécourt.
Maconcourt.	Girecourt-l.-V.	Zincourt.
Madecourt.	Girecourt-s.-D.	

53 le substantif *ville*[1] :

Ahéville.	Autreville.	Bainville-aux-S.
Aingeville.	Auvrainville.	Barville.
Attignéville.	Avrainville.	Bleurville.

---

1. Ce mot original est unique dans *Ville-sur-Illon*.

Brechainville.	Landaville.	Rainville.
Bulgnéville.	Légéville.	Rebeuville.
Contrexéville.	Lignéville.	Removille.
Dignonville.	Marainville.	Rollainville.
Dogneville.	Médonville.	Roville-aux-Ch.
Fréville.	Moriville.	Sauville.
Gendreville.	Morville.	Suriauville.
Gignéville.	La Neuveville-d.-B.	Totainville.
Hagnéville.	La Neuveville-l.-R.	Tranqueville.
Haillainville.	La Neuveville-s.-Ch.	Urville.
Haréville.	La Neuveville-s.-M.	Vaudéville.
Harmonville.	Nonville.	Vienville.
Houéville.	Nonzeville.	Ville-sur-Illon.
Jésonville.	Oëlleville.	Vroville.
Jubainville.	Ollainville.	

5 la variante méridionale *velle* :

Ainvelle.	Fignévelle.	Regnévelle.
Ameuvelle.	Martinvelle.	

1 la forme diminutive dans « Velotte »;
9 un autre substantif de la même famille, la forme *villers*[1] :

Avillers.	Girovillers-s.-M.	Rambervillers.
Deinvillers.	Grandvillers.	Villers.
Deyvillers.	Neuvillers-s.-F.	Xaffévillers.

2 la forme mouillée *villiers* :

Auzainvilliers.	Crainvilliers.

2 le diminutif *villotte*[2] :

Jainvillotte.	Villotte.

et 1 la forme qui, graphiquement, pourrait peut-être, en apparence, paraître diminutive à raison de la présence de son *t* final, mais qui n'est probablement qu'une variante orthographique des formes *villers* et *villiers*, pour lui donner la prononciation de l'*e* ouvert qu'on aurait surmonté de l'accent grave : *Bonvillet;*

---

1. Ce mot original est unique dans *Villers*.
2. Ce mot original est unique dans *Villotte*.

15 avec le substantif *ménil*, parmi lesquels 6 ont la forme simple :

Évaux-et-Ménil. Le Ménil. Ménil-en-Xaintois.
Ménil. Ménil-Rambervillers. Rozerotte-et-Ménil.

Les gentilices se présentent avec les trois terminaisons *gney, gny* et *y*, savoir : 13 pour la première (*gney*) :

Bazegney. Gugney-a.-A. Regney.
Bettegney-Saint-B. Hergugney. Rugney.
Bocquegney. Igney. Uxegney.
Essegney. Madegney. Vagney.
Gigney.

11 pour la seconde (*gny*) :

Attigny. Luvigny. Pagny.
Autigny. Le Magny. Savigny.
Brantigny. Martigny-l.-G. Xertigny.
Hadigny-l.-V. Martigny-les-B.

et 4 pour la dernière (*y*) :

Clefcy. Ubexy. Vaubexy.
Nomexy.

Dans cette dernière catégorie nous ne faisons pas rentrer les noms du Saulcy (canton de Senones), Le Saulcy-sur-Meurthe (canton de Saint-Dié) et Le Tholy (canton de Remiremont), dont l'origine est bien différente, puisqu'elle ne se rattache pas à un nom d'homme, et présente une origine botanique.

Les autres terminaisons sont :

a) *ay* :

Le Beulay. Champdray. Mandray.
Le Boulay. Fontenay. Poussay.

b) *celles*, original et unique dans *Celles*, mais composé dans Courcelles, Docelles.

c) *ey* :

Aumontzey. Blémerey. Clérey-l.-C.
Autrey. Chaumousey. Coussey.
Battexey. Chermisey. Darney.

Darney-a.-Ch.   Jorxey.   Prey.
Esley.   Langley.   Rapey.
Fomerey.   Liézey.   Sanchey.
Golbey.   Marey.   They-s.-M.
Gorhey.   Maxey-s.-M.   Trémonzey.
Gruey-les-Sur.   Moussey.   Vicherey.
Hautmougey.   Pallegney.   Vincey.
Jeuxey.   Parey-s.-M.   Vouxey.

d) La forme diminutive et plurielle *ettes* :

Les Ableuvenettes.   Archettes.

e) *ot*, dans Dombrot-le-Sec, Dombrot-sur-Vair ;
f) *oy*, dans le seul exemple Fontenoy-le-Château ;

g) *pal* :

Gerbépal.   Rehaupal.

h) *val* :

Belval.   Étival.   Xaronval.

et son pluriel *vaux* dans Midrevaux.

Comme noms empruntés à la nomenclature que les grammairiens qualifient de *noms communs*, on peut relever :

Arches, Archettes, dont il est le diminutif.

Bois-de-Champ, tout à la fois pour *Bois* et pour *Champ* ; Bois se retrouve plus bas dans « La Chapelle-aux-Bois ».

Bruyères, Celles et le diminutif Courcelles.

Champ-le-Duc, abstraction faite de la recherche historique de l'apposition *le-Duc*.

La Chapelle.   La Chapelle-aux-Bois.   Charmes.

Château dans Châtel (forme ancienne), Neufchâteau, et dans sa forme diminutive Châtillon.

La Croix-aux-Mines.   Entre-deux-Eaux.

Ce dernier se retrouve dans « Les Rouges-Eaux ».

Fays dans Pont-les-Bonfays.

La Forge.   La Petite-Fosse.   Granges-de-Plombières.
Les Forges.   Granges.   La Haye.
La Grande-Fosse.

Houx dans Laveline-du-Houx et dans La Houssière et Housseras.
Lamarche (agglutination de l'article).

Mont.   Mont-lès-Lamarche.   Mont-lès-Neufchâteau.

Pont dans Pont-les-Bonfays et Pont-sur-Madon.

Les Rouges-Eaux.   Rupt.

Le Thillot, d'après l'origine patoise ou du parler populaire : Uriménil a « d'zos les Tiots » (sous les tilleuls), promenade d'Épinal (comparez l'*Unter den Linden* de Berlin) et Saint-Maurice, nous donne : *Le Tiot* (Le Thillot).

Velotte, dans « Velotte-et-Tatignécourt ».

Vieux-Moulin.   Ville.

et Villotte, diminutif du précédent.

Comme composés avec des noms communs, on peut relever.

1re forme *-celles* Docelles ;

2e forme *-champ* : Harchéchamp ; Longchamp (canton d'Épinal) ; Longchamp-sous-Châtenois ;

3e forme *-faing* : Domfaing, Plainfaing ;

4e forme *-fontaine* : Bellefontaine, Biffontaine, Frémifontaine ;

5e forme *-fosse* : Thiéfosse ;

6e forme *-goutte* : Gemaingoutte ;

7e forme *-mer* : Gérardmer.

(Nous ne relevons pas ici *Longemer* ni *Retournemer*, qui ne sont pas des noms de communes, bien que l'*Almanach des postes et télégraphes* de 1901 ait fait figurer ce dernier nom dans sa « Nomenclature des communes du département des Vosges » avec les localités de *Dinozé* et de *Thunimont*, sous prétexte que ces trois dernières localités sont pourvues d'un bureau de poste.)

8e forme *-mont*. Vingt-sept noms de communes, dont le relevé ne présenterait d'autre intérêt que la prononciation de l'adjectif Bel dans les trois noms Belmont (près Darney), Belmont (près Brouvelieures) et Belmont-sur-Vair (canton de Bulgnéville), et sur laquelle nous reviendrons.

9ᵉ forme -*moutier* (motier) dans les trois noms Bertrimoutier, Montmotier et Moyenmoutier, et la forme diminutive dans Monthureux-le-Sec et Monthureux-sur-Saône.

10ᵉ forme -*rupt* comme simple ou en composition dans :

Belrupt.	Grandrupt (cᵛᵉ de Senones).	Rupt.
Ferdrupt.	Jussarupt.	Xamontarupt.
Grandrupt-de-Bains.	Pair-et-Grandrupt.	

et la forme orthographiée avec l'*x* : Taintrux.

11ᵉ forme -*val* dans Belval, Etival, Xaronval et son pluriel *vaux* dans Midrevaux.

Comme substantif moins connu -*ménil* :

Beauménil.	Jeanménil.	Ménil-en-Xaintois.
Cheniménil.	Méménil.	Rozerottes-et-Ménil.
Évaux-et-Ménil.	Ménil.	Uriménil.
Fiménil.	Le Ménil.	Viménil.
Jarménil.	Ménil (Rambervillers).	Vioménil.

Noms propres (apposés en composition) :
1° *Èvre*.

Domèvre-sous-Montfort. Domèvre-sur-Avière. Domèvre-sur-Durbion.

2° *Julien* dans le nom unique de Domjulien.

3° *Martin* dans les quatre noms : Dommartin-lès-Remiremont ; Dommartin-aux-Bois, Dommartin-sur-Vraine, Dommartin-les-Vallois ;

4° *Pierre* dans les trois formes : Dompierre, Faucompierre et Pompierre, avec l'orthographe actuelle curieuse de l'*m*, par attraction du *p* du patronymique Pierre.

5° *Remy* dans la forme unique de Domremy.

6° *Vallier* dans la forme unique Domvallier.

L'x et sa prononciation dans les noms de communes des Vosges.

La présence de cette composée se constate dans le nom de quarante-deux communes du département.

a) Elle est *finale* et ne se prononce pas dans :

Certilleux.	Lesseux.	Remomeix.
Corcieux.	Monthureux-le-Sec.	Rouceux.
La Croix-aux-Mines.	Monthureux-s.-Saône.	Ruaux.
Dounoux.	Padoux.	Taintrux.
Entre-deux-Eaux.	Portieux.	Tilleux.
Évaux-et-Ménil.	Pouxeux.	Vecoux.
Greux.	Pusieux.	Vieux-Moulin.

b) Elle est *initiale* dans les noms des quatre communes :

Xaffévillers.	Xaronval.	Xertigny.
Xamontarupt.		

et se prononce comme la chuintante douce *ch* dans Xaffévillers et Xaronval, mais comme les éléments durs qui la composent : *ks,* dans Xamontarupt et Xertigny.

c) *Médiale* dans :

Battexey.	Maxey-sur-Meuse.	Uxegney.
Bouxières-aux-Bois.	Nomexy.	Vaubexy.
Bouxurulles.	Pouxeux.	Vaxoncourt.
Contrexéville.	Saulxures-s.-Moselotte.	Vexaincourt.
Jeuxey.	Saulxures-l.-Bulgnéville.	Villouxel.
Jorxey.	Ubexy.	Vouxey.

et se prononçant : 1° dure, c'est-à-dire : *ks,* dans :

Battexey.	Contrexéville.	Vexaincourt.
Bouxurulles.		

2° *ch* (chuintante douce) dans Pouxeux et Uxegney. Les étrangers, j'entends par là les non-habitants du pays ou immigrés dans la région depuis peu, prononcent *ks* : Poukseux et Uksegney ;

3° avec le son de l's dure (ou double *ss*) ou *c* (comme dans le mot français *ceci*) dans :

Bouxières-aux-Bois [1].	Vaubexy.	Saulxures-l.-Bulgnéville.
Jeuxey.	Vaxoncourt.	Ubexy.
Nomexy.	Jorxey.	Villouxel.
Saulxures-s.-Moselotte.	Maxey-sur-Meuse.	Vouxey.

---

[1]. Les noms des communes de Meurthe-et-Moselle : Bouxières-aux-Chênes et Bouxières-aux-Dames (canton de Nancy-Est) se prononcent de même.

A cette composée française, abstraction faite du reste de sa prononciation en notre langue, correspond en patois vosgien l'aspirée double, ou gutturale dure, que j'ai représentée par un double *hh*, faute d'autre signe fourni par notre appareil alphabétique français et analogue au *ch* allemand dans *Bach, Loch, Buch;* à *x* (ou jota) espagnole, au *x* russe dans *xolodno* (froid), *ïa xotchou* (je veux), etc. — Les divers noms les plus connus sont :

Bouhhéres	Bouxières.
Jeuhhèye.	Jeuxey.
Nom[e]hhèye.	Nomexy.
Pouhheuye.	Pouxeux.
Euhhgnèye.	Uxegney.
Vaub[e]hhèye.	Vaubexy.
Wouohhoncot	Vaxoncourt.
HHomontiarupt.	Xamontarupt.
HHoronwaux et HHoronvau[1]. .	Xaronval.
HHèt'gnèye	Xertigny.

Après cet aperçu général sur la terminaison, l'origine et la formation du second élément qui entre dans la composition des noms des communes, il serait intéressant de faire une étude analogue sur la composition et la signification du premier de ces éléments. Mais ces études exigent encore de nouvelles recherches, et le peu de loisirs dont nous disposons avant la date du Congrès ne nous permet pas, pour le moment du moins, d'en parler même très sommairement.

Noms de lieux cadastraux.

Les noms de lieux non habités, tirés du cadastre, appelés également lieux cadastraux, noms de terroirs, de saisons, etc., figurent dans notre recueil.

Dès 1882 et 1883 ils nous semblaient présenter un certain intérêt à être recueillis et observés tout à la fois dans leur formation, dans leur origine et dans leur signification, et après une étude sommaire, un résumé de nos recherches sur ces intéressants documents a été lu en Sorbonne en 1883 sous le titre : *Concours de l'idiome populaire ou patois vosgien à la détermination de l'origine des noms de lieux*

---

1. Prononciation à Uriménil, et HHaronvà, prononciation de Charmes.

des Vosges. — Contribution à l'examen de l'une des questions du Congrès de la Sorbonne en 1883, ainsi conçue : « *Quelle méthode faut-il suivre pour rechercher l'origine de noms de lieux en France ?*

A la fin de notre communication se trouvaient formulées les conclusions suivantes :

« 1° L'idiome populaire ou patois paraît devoir être nécessairement consulté pour déterminer l'origine de certains noms de lieux des Vosges.

« 2° Cette nécessité est en quelque sorte indiscutable pour l'étude des noms de lieux non habités ou lieux-dits, et surtout pour ceux qui se rapportent à la culture et à la nature du sol. »

Avant et après ce travail, l'intérêt que présentaient ces formes tout à fait locales et ne manquant pas d'une certaine saveur nous engagea à recueillir ces noms cadastraux dans 250 communes vosgiennes, sur les 530 qui composaient alors le département, c'est-à-dire presque la moitié. Une cinquantaine environ de listes furent envoyées à nos correspondants, avec prière de nous en donner la forme patoise et la signification française et patoise ; ces documents ont été ensuite utilisés, pour divers travaux présentés par nous au Comité des travaux historiques, à la Société d'émulation du département des Vosges et aux autres Sociétés savantes de notre région.

Notre ami et collègue, l'infatigable et perspicace docteur Fournier, leur a consacré un chapitre entier dans sa riche étude sur les noms de lieux des Vosges, qu'il a fait insérer dans nos *Annales* en 1897.

De nos jours, un de nos plus jeunes et de nos plus laborieux écrivains vosgiens, M. l'abbé Olivier, lauréat de l'Académie des inscriptions et belles-lettres, a reconnu l'intérêt de ces recherches et n'a pas manqué de nous en faire connaître le résultat dans chacune de ses monographies remarquables des communes de Fontenoy-le-Château (son pays natal), de Châtel-sur-Moselle et de Nomexy. Inutile de dire avec quel intérêt nous avons étudié tous ces documents et surtout quel profit nous en avons tiré. Inutile de dire aussi avec quel plaisir et quelle satisfaction, je dirais presque avec quelle vénération, nous avons vu figurer au *Programme général* de ce Congrès la communication de notre éminent collègue M. Fauvel : *Sur le respect des anciennes dénominations, même non traduites, du vieux langage ou du patois.*

RECUEIL DE FRAGMENTS

Dans les petites listes que nous donnons ci-dessous, nous avons choisi de préférence les formes pour la plupart encore inédites.

I

MOTS COMMUNS.

Aivau (Ventron), *s. m.* Aval (Valroff).
L'aute baisse (littér. : *l'autre basse*), l'autre vallée, en patois de Saulxures, désigne dans la vallée de la Moselotte la vallée même de la Moselle.
Ballon, François de Neufchâteau nous en parle un des premiers [1] :

> J'irai sur le Ballon, dont le front touche aux cieux,
> Chercher avec Bauhin [2] des simples précieux.

Ballon, Balon, première forme de *Balc'hen*, résultat de l'abandon par les Français du son guttural *c'h, ch*, si difficile à prononcer pour eux..... *Ar Balc'hen, Le Balon*....., les appellations de montagnes *Dr Bâlchâ* et *Le Balon* signifient Le Mont-Fier. (Eugène Fallot, Essais d'interprétation celtique, *Revue d'Alsace*, 1885, 14ᵉ année, 1ᵉʳ trim., t. XIV, p. 28 et 29.)

M. Thiriat nous dit : « Les sommets des Vosges, tous arrondis et couverts de pâturages, portent des dénominations particulières ou sont désignés sous le nom de *Bâlon*, mot celtique qui, d'après Hogard, signifie *pierre, élévation*, et qui, d'après les géographes et les linguistes modernes, dérive du culte que rendaient sur ces sommets au dieu *Bâl, Bel* ou *Bélen* les peuples primitifs de cette contrée. » — Et en note : « *Thor* ou *Thyr*, *Abnoba* ou la lune, *Thot* ou *Theutal, Hu* ou *Hésus, Rhenus, Vosegus*, étaient autant de divinités celtiques, dont le souvenir se retrouve dans les noms des *Vosges, Haut-du-Thot, le Rhin*. » (X. Thiriat, *Gérardmer*, 1882, Tolmer, p. 4.)

A la séance de l'Académie de Stanislas du 6 avril 1883, relatée dans le *Journal de la Meurthe* du 11 avril, M. Ed. Lorin donne communication d'un travail sur l'origine du nom de *ballon* donné à certains sommets méridionaux des Vosges : cette dénomination n'a en réalité aucun rapport avec la forme plus ou moins arrondie de ces montagnes. Pour combattre cette idée assez répandue, l'auteur passe en revue les principaux sommets de la chaîne et en compare les noms. (P. 2, col. 4.)

M. le Dʳ Fournier nous avertit que ce mot de *ballon* ne désigne pas, comme

---

1. *Les Vosges*, page 16. Saint-Dié, Thomas, an V.
2. Fameux botaniste qui a, le premier, herborisé sur le Ballon et y a découvert des plantes alpines. *Ibid.*

on le croit généralement, une montagne à dos arrondi en forme de balle ou de ballon ; il vient du mot : *Bel* ou *Belen*, nom du dieu auquel ces montagnes étaient consacrées. Il n'existe dans les Vosges que cinq sommets désignés sous le nom de *ballon* : le ballon d'Alsace, le ballon de Servance, le ballon Saint-Antoine, le ballon de Guebwiller et le ballon Gunon. Toutes ces hauteurs ont un côté à pic. (H. A., *Journal des Débats* du jeudi 18 août 1887, p. 2, col. 6.)

Beurheu, à Ventron, *s. m.*, essart ; *beurheu* aussi à Cornimont, *s. m.*, essart, champ ; de même *beurheu*, à Vagney, essart, petit champ sur le flanc des collines. *Las toupis venot balles et bouonnes daus* [et non *dans*] *nos beurheux*, les pommes de terre deviennent belles et bonnes dans nos essarts. (TOUSSAINT, *Rev. d'Alsace*, 1886, p. 153.)

Bianche mouè, Blanche mer, à La Bresse.

Bombérieule, à Ventron, *s. f.*, mare d'eau que recouvre un tison de plantes sur lequel on peut passer et qui balance sous les pieds.

Bouchot : « Bouchot, bouchet, petit bois, de *boscus*. » (J. D'ARBAUMONT, *Cartulaire du prieuré de Saint-Étienne de Vignory*. Langres, Dangien, 1882, p. 11, note 1.) Littré ne donne nulle part ni *bouchot*, ni *bouchet* dans ce sens.

Broque, *s. f.*, petit pont, à Colroy.

Caleuche, souche d'arbre, à Remiremont. (*Vocabulaire local. Vieux langage romarimontain*, par UN VIEUX. Remiremont, 1901, p. 4.) C'est sous l'abréviation *Voc. Romarimontain* que nous désignerons désormais cet intéressant recueil. — « *Caleuche*, au Val-d'Ajol, souche, de *caulis*, tige ; dim. *caleuchot*. » (LAURENT, ms., p. 64.)

Cercenées : « Ils pratiquèrent de ces opérations qu'ils appelaient tantôt *brèches*, nommées improprement *bruches* en français, tantôt *cercenées*, mot patois, seul employé pour désigner plusieurs localités de la commune et qui signifie *écorcer*, *ébrancher*. » (J.-B. JACQUOT, *Gérardmer*, 1826. Strasbourg, Levrault, p. 6.)

Chaseau, à Vagney, *s. m.*, emplacement d'une maison. (TOUSSAINT, *Rev. d'Alsace*, 1886, p. 156.)

Chazaux, à La Bresse, cadastre de 1836, section C : « Les Chesolmatchey, *Las Chasaule mwaxè ;* les cheseaux du mwachais (*mwaxè*, petit lac). » [HINGRE.] Diez, *Gramm.*, I, p. 10, donne le latin vulgaire *casale*, limite d'une métairie dans les arpenteurs, plus tard usité « dans le sens de hameau, village ; ital. : *casale*, petit village ; esp. et prov. : *casal;* vx fr. : *casel*, métairie, maison de campagne. » Littré ne donne ni *chasal* ni *chazal*.

Coulant, *s. m.* : « Le sentier tourne à travers les frondaisons, près des cascades..., entre des « coulants » d'eau claire et fraîche... » (M. BADEL, *Huit jours dans les Vosges*. Nancy, impr. coop. de l'Est, 1899, p. 31) ; et : « Rien que des milliers de petits crapauds qui se vont rafraîchir au « coulant » voisin. » (*Ibid.*, p. 66.)

Courue, sentier rapide pour la descente des sapins. (*Voc. Romarimontain*, p. 5.)

Crusatte (*s* doux = *z*), *s. f.*, petit creux, dim. de *cruse*, à Colroy.

Cruse, *s. f.*, creux, ravin formé par les eaux, à Colroy.

Edrot. M. Thiriat, *Cleurie*, constate la même signification pour les communes dont il a fait la monographie. (Voir p. 222 de mon *Dictionnaire*.) Le département du Doubs a *à l'endroit*, à l'exposition du soleil, au midi, et *à l'envers*, exposition au nord. (BEAUQUIER.)

Essart, *s. m.*, « Vosges, *essart*, lieu rempli de broussailles, terre nouvellement défrichée... » (GODEFROY, h. v°.) — *n. pr.*, Essart, Delessart, Delessert, des Essarts. Nom de lieu, *Assars*, Nièvre. (*Ibid.*) A Saulxures, *Las HHias l'coucou*, le Xard-le-Coucou, section de la commune de Saulxures-sur-Moselotte.

L'Étang das nunus, l'Étang des roseaux, section de la commune de Saulxures-sur-Moselotte. *Nunu* est le nom commun du roseau en patois de cette commune.

Evâ. — Voy. *Eviâ* ci-dessous.

Eviâ, Evâ, *s. m.*, envers, revers. Ventron a *eviâ*, *s. m.*, versant d'une montagne qui regarde le nord, revers d'un habit. Les « Envers », lieux-dits, noms de sections et de hameaux, sont très fréquents, notamment dans la montagne : Vagney, Saint-Nabord, Lusse. *L'Envers de Bâmont* à Saulxures; *Envers* de Cleurie, de la Poirie, des Amias, des Fées, des Graviers, à Saint-Amé, Gérardmer et Saulxures. (Voir *Evia* à mon *Dictionnaire*, p. 248.)

Evaleû, *s. m.*, endroit rapide, à Colroy.

Faing, dans *Mailleronfaing*, commune de Bellefontaine; *Lionfaing*, commune de Dounoux, et *Orsifaing*, dans le Luxembourg belge.

Foing, autre forme sans doute de *faing*, dans « Corbéfoing » et aussi *Corbefaing*, commune du Clerjus. *Barbonfoing*, commune de Dommartin-aux-Bois, serait alors identique. A Ventron, *fuing* est féminin et désigne un terrain fangeux. Mon ami de Golbéry a recueilli : « *Faigne*, ou *fuing*, terrain bourbeux et marécageux..... On donne... le nom de *Hautes Fagnes*, ou *Hautes Fanges* à une portion du territoire d'entre Meuse et Rhin... et formée de plateaux bourbeux appelés aussi dans le pays *Groot-Ween*, grands ou hauts marais. » (*Le Col de Saales*, 1887, p. 5, note 2.) Voir, au surplus, dans notre *Dictionnaire* au mot **Feine**, pp. 253 à 255, le long article sur ce mot, et les très nombreuses formes anciennes et modernes, vosgiennes et étrangères que j'en ai données.

Fave (la), rivière : « La paresseuse Fave, dormant... sur un lit de sable *fauve* dont la couleur lui vaut son nom... » (DE GOLBÉRY, *Le Col de Saales*, 1887, p. 3-4.) En 1225 : « La rivière de Fauve. » (*Doc. Vosg.*, Épinal, 1884.)

Frayie (fra-yi), *s. f.*, à Domèvre-sur-Durbion, chemin pratiqué à travers la neige, littér. *frayée*. Littré n'a pas ce substantif; il ne donne que le part. passé *frayé, frayée*.

Frotté, à Cornimont, *s. m.*, garde forestier.

Froustier, frouttier (forestier) : « Charte de franchise de la ville de Bains, XIIIe siècle. » (LEPAGE et CHARTON, *Statistique des Vosges*, p. 30, col. 2, et 31, col. 1.) « Frottier. » (*Ibid.*, p. 542, col. 1.)

Frotteye et **frottey**, au Val-d'Ajol, garde forestier.

Gotîa, *s. m.*, petite goutte, à Colroy.

Gouyot, trou rempli d'eau. Le Rond-Gouyot. (*Voc. Romarin.*, p. 7.)

Goutte, petit ruisseau. (*Ibid.*, p. 7.)

Gripot, chemin très raide. (*Ibid.*, p. 7.)

Gueu, *s. m.*, gué. En décembre 1427 : «... *es gueux bannalz*. » (*Doc. Vosg.*, II, p. 181.) — Xertigny : *Le Gueu du Saut*. (Carte d'état-major au 80 000e; feuille d'Épinal.) Voir aussi *Saut do Gueuye*.

Hagis : Du Cange donne : « *Agia*, pro *hagia* vel *haia*, silva vel pars silvæ, quam *hais* seu sepibus muniebant ad feras includendas. » (*Hist. Beccensis monasterii*, ms., p. 10 et 167.) « Eidem quoquo monasterio tradidit idem nido comes Agiam de Monte-Malo. Vide *Haga*. — *Agia*, iterum pro *haïa*, sepes, Gall. *haie*, *Hagis*, nous dit notre éminent compatriote, M. Guyot, Directeur de l'École nationale forestière, à Nancy, vient de *haie*, petit bois. C'est, dans la montagne, un bois de peu d'étendue, couvert d'une futaie jardinée. » (GUYOT, *Hist.*

d'un domaine rural en Lorraine [*Mém. Acad. de Stanislas*, Nancy, Berger-Levrault et Cie, 1887].)

Hochot, à Vouxey, *s. m.*, monticule.

Holaye, *s. f.*, à Colroy, petite côte; mamelon ou grosse motte de terre.

Holàye (*a-y*), *s. f.*, et *holé*, *s. m.*, à Colroy, éminence.

HHervieulle, *s. f.*, à Vagney, ravine creusée par une avalanche. (Toussaint, *Rev. d'Als.*, 1886, p. 167.)

HHervonne, à Ventron, *s. f.*, crevasse ou éboulement de terrain; à Cornimont, *hherbonne*, *s. f.*, avalanche.

HHevaie, au Val-d'Ajol, sortie, issue, de là le patois *chhevaïe*, ravine.

HHléyiffe, *s. f.*, à Colroy, petit ravin creusé par les eaux dans la montagne.

Kem'nâge (*lai*), lieu-dit, Uzemain. Du Cange donne : « *Keiminus*, via, iter, in Charta an. 1299, ex Chartul. S. Vandreg., t. I, page 132 », et plus bas : « *Keminus*, *keminum*, via, iter, Picardis nostris *Kemin*... vide *Caminus*. » Trouée de Belfort : « *Chemenai*, *s. m.*, corps de logis. On trouve encore ce mot dans des titres de propriété du siècle dernier. S'applique surtout à une maison d'habitation séparée de la grange et des écuries. » (*Revue d'Alsace*, 1887, p. 303.)

Marmont, à Vouxey, lieu-dit, Côte, Montagne de Mars, ou Montagne des Armes.

Lai Mouè des Couorbés, le lac des Corbeaux, à La Bresse.

Moûssa, à Colroy, *s. m.*, passage étroit, très resserré.

Murger, éboulis de pierres et de roches. (*Voc. Romarimontain*, p. 9.)

La Passée Communale, à Golbey. (Aff. Cossin c. Morin, *Cah. des charges*, 11°.)

Rekiòs, *s. m.*, à Colroy, enclos, clôture; terrain entouré de forêts comme « le Rendos », sur le territoire de Lusse.

Riau, *s. m.*, essart, à Saulxures-sur-Moselotte.

Richel, *s. m.*, à Gérardmer, vieilli, ruisseau. Voir *Ruxel* dans mon *Dictionnaire* et à mes *Lieux-dits*.

Lai Rôche di Chahhtelat, sans doute La Roche du Chitelet, à La Bresse.

Rochotte. « On donne dans cette ville [Remiremont] le nom de *Rochotte* au lundi de Pâques, parce qu'il était autrefois d'usage d'aller ce jour en famille faire un repas champêtre à la campagne, sur les rochers qui entourent Remiremont. » (Lepage et Charton, *Statistique Vosg.*, II, p. 423, col. 1.) En 1569 : « Le ban de Rochette », à Vagney. (*Doc. Vosg.*, IV, p. 189.)

Roné, terrain en pente raide. (*Voc. Romarimontain*, p. 11.)

Roniot, *s. m.*, petit ravin, à Saint-Quirin. (M. Frayermouth, 15 avril 87.) Ne serait-ce pas un diminutif de notre *roné* d'Uriménil?

Ruisselet, *s. m.* « Coins ravissants de verdure où coule un ruisselet près d'une métairie de paysans. » (M. Badel, *Huit jours dans les Vosges*, Nancy, impr. coop. de l'Est, 1899, p. 34.) Littré ne donne pas ce mot dans son *Dictionnaire*, mais seulement dans son *Supplément*.

Rupt, ruisseau. (*Voc. romarimontain*, p. 11.)

Tailleux (ta-lleû, *ll* mouillées, *s. m. plur.*) : « Terme forestier, nom donné dans les Vosges à deux murs très bas, souvent remplacés par de fortes pièces de bois, qui servent à faire rouler les billes (en langage forestier : les troncés) du dépôt sur le chariot d'une scierie forestière. » (Littré. *Supplément*, 1882, p. 324, col. 2.)

Wogesenstock, *s. m.*, littér. : bâton, canne des Vosges. Cpr. *alpenstock*, bâton, canne des Alpes. « L'un d'eux, avec la pointe de son wogesenstock, a dispersé les charbons ardents. » (*Le Mémorial des Vosges*, 26 avril 1901, p. 2, col. 3, § : L'arbre de la Piotte.)

II

NOMS PATRONYMIQUES.

Amet, *n. pr.* Godefroy : « Amet, *s. m.*, piège, ruse », mais plutôt d'*Amatus* ou diminutif d'*Amé*.

Ancel, *n. pr.* Godefroy : « 1. Ancel, *s. m.*, vase, cruche, bénitier : L'*Ancel* a l'iau benoite (1381, Comptes de l'Église de Troyes, ap. Laborde, Émaux). 2. *Ancel, aincel, s. m.*, serviteur : n'a été rencontré que dans le nom propre *Laincel* »; et plus bas : « Ancelon, *s. m.*, serviteur, varlet, damoisel. Nom propre : *Ancelon*. || **Ancelot**, *s. m.*, serviteur, varlet, damoisel. Le nom du chevalier Lancelot est pour l'*Ancelot*, et traduit le mot celtique *Maël* qui a le même sens. »

Andrieux, *n. pr.* Est-ce le même qu'*André* ? || Vers 1338 : « Item ly proudhommes puellent chaissier au porc dès la Saint Andrieu en avant, parmey la traisse paiant à Monseigneur le duc. » (*Doc. Vosg.*, I, p., 182.)

Babel, *n. pr.*, Val-d'Ajol, *Bébé*.

Bedel, *n. pr.* Godefroy : « *Bédel, bedeau, bidel, bidau, bidaut, bediel, petau, pitault, s. m.*, soldat de troupes légères, armé de dards, d'une lance et d'un poignard... » || « *Bedeau, bédel*, ital. *bidello*, esp. prov. *bedel*. B. L. beidellus, du vha. *petil*, emissarius, ags. bydel, messager, ou du vha. *butil*, præco, apparitor ; all. mod. *büttel*. » (Scheler, *hoc v°*.)

Bégard, à Épinal et à Uriménil, *n. pr.* Godefroy : « *Bégart, bégard, s. m.*, nom donné à des hérétiques du XIII° siècle qui, se prétendant arrivés à la perfection, en prenaient droit de refuser l'obéissance aux princes et de se dispenser de toutes les pratiques de la religion. — Adj., par extens., pour dire stupide. — Nom propre, *Bégard* (Normandie). »

Blanchard, à Épinal, *n. pr.* Godefroy : « Blanchard, adj. : tirant sur le blanc. — Nom propre, *Blanchart*. »

Blondel, *n. pr.*, à Isches. Godefroy : « *Blondel*, adj., blond... Noms de lieux : *Blondeau, les Blondeaux* (Nièvre). — Nom propre, *Blondel*. »

Boileau, *n. pr.*, à Monthureux-sur-Saône. Godefroy : « *Boileau, Boisleve*, qualificatif, qui ne boit que de l'eau... Nom propre, *Boileau*. »

Boisleve, *n. pr.* Voyez *Boileau*.

Bourgon, à Lépanges, *n. pr.* Godefroy : « *Bourgon, s. m.*, chef des charretiers. »

Boyer, *n. pr.*, à Épinal. Godefroy : « 1. *Boier, boyer, bohyer, s. m.*, bouvier. *Boyer, bouyer, bouer* s'emploie encore pour *bouvier*, dans le Poitou, dans le centre de la France et dans la Saintonge. Dans l'ouest de l'Indre, il désigne le chef de la bouverie. — Noms propres, *Boyer, Bouhier, Bohier*. » || En 1458 : « *Item* Madame (l'abbesse d'Épinal) ait sur la maison Martin Boisy, X sols à paier à Noël. » (*Doc. Vosg.*, I, p. 27.)

Bregier, *n. pr.*, à Gruey-lès-Surance. Anc. fr. pour *bergier, berger*, — diminutifs *Bregeot*, à Monthureux-sur-Saône, diminutif de *Bregier*, petit berger.

Canel, *n. pr.*, à Charmes-sur-Moselle. Doit tenir à *canal*. Cpr. le toscan *canello* dans Politi. — Consultez le fr. *chenal* dans Littré et cpr. le nom propre *Chanal*, à Sainte-Hélène.

Caimant, *n. pr.* Villon, p. 60 (éd. Pierre Janet, Paris, Picart, 1867) : Dame « caymant » traduit par mendiant au Glossaire-Index de cette édition, p. 233.) Anc. fr. : « *Caimant, caymant, quaymant, cahymant, chaymant, cayment, s.* et *adj.*, mendiant, quémandeur (Godefroy, qui donne aussi : « Bourg. *caiman*, fém. *caimandouse*, Lorr. *camant.* ») || Scheler : « *Quémand*, mendiant, v. fr. aussi *caieman, caimant.* »

Champion, *n. pr.*, à Xertigny. Scheler : « *Champion*, ital. *campione*, esp. *campeon*, all. *Kämpe*, du B. L. *campus*, champ clos, puis combat en champ clos. »

Champy, *n. pr.* à Uzemain et à Dounoux. Scheler : « *Champi (Enfant)*, enfant trouvé, v. fr. Champil, de *campilis* (de *campus*); pr[oprement], enfant trouvé dans les champs. »

Chassel, *n. pr.*, à Mirecourt. M. Déy (*Vocab. pour les chartes*) : « *Chaisels, chasels, chasez, chesez, s. m.*, assez commun. Officiers de la maison du prince, *in (homines) casati*, féaux, hommes du prince par inféodation. »

Chevel, *n. pr.* Anc. fr. : « *Chevel, s. m.*, chef. — 2. **Chevel**, adj., principal. » (Godefroy.) Littré donne : « † Chevel (Che-vèl), *s. m.*, terme de serrurerie. Étau portatif. »

Choffé, *n. pr.*, à Xertigny. Vagney a *choffé*, touffe (Pétin). Voir les autres à mon *Dictionnaire*, v° Choppot.

Cholez, *n. pr.*, à Xertigny. Anc. fr. : « 1. *Cholet, colet, s. m.*, dimin. de chou. Le Picard dit encore *colet, caulet*. — Noms propres, *Choulet, Chollet*. » (Godefroy.)

Cornebert, *n. pr.*, à La Chapelle-aux-Bois et au Clerjus. Anc. fr. : « *Cornebert, s. m.*, outil de tisserand. » (Godefroy.)

Courtaud, *n. pr.*, à Bulgnéville, et, autre forme, Courteaux, à Châtel-sur-Moselle. Scheler : « *Court*, it., esp. *corto*, prov. *cort.*, L. *curtus*. — D. *Courtaud*, it. *cortaldo*, écourté. »

Couturier, *n. pr.*, à Épinal (anciennement). Anc. fr. : « *Couturier, Cousturier, —erier, s. m.*, cultivateur. Nom propre, *Lecoulturier* et *Couturier*. » (Godefroy.)

Crétin, *n. pr.*, à Épinal (anciennement). Anc. fr. : « *Crétin, crestin, s. m.*, sorte de hotte ou de panier d'osier à anse en forme de cône renversé... Il y avait des familles du nom de *Crétin* à Valenciennes... » (Godefroy.)

Crolet, *n. pr.*, à Épinal. Anc. fr. : « *Crolet*, marécage. » (Godefroy.)

Cugnot, *n. pr.*, à Châtel (autrefois). Belfort : « *Cugnot*, gâteau en forme de coin ou de croissant dans lequel entrent des poires sèches et des noix, et que l'on fait spécialement pour les fêtes de Noël. » (Dr Cournis.) Voir *C'gnieu* à mon *Dictionnaire*.

Curien : « Saint-Quirin, commune de Lorquin... — *Saint-Curien*, en 1483, dom. de Dieuze. — *Saint-Curin*, en 1620, dom. de Phalsbourg. » (Lepage, *Dict. topogr. Meurthe*, p. 137, col. 1, v° Saint-Quirin.) Godefroy donne l'anc. fr. : « *Cuirien, cuyrien, curien, cuirain, cuiran, s. m.*, cuir, morceau de cuir, peau. » Peut-on en rapprocher ces formes?

Deschazeaux, *n. pr.*, à Xertigny. Déy (*Vocab. des chartes*) : « *Chazal, s. m.*, commun, très employé dans des nombreuses variations : *chasel, chasaut, chasaux, chasax, chausaulx, chezal, chezaux, chiesal*, maison ruinée, sans toit, place à bâtir, du latin *caseus*, usé, qui ne vaut rien; en B. L., *casale*. Casal, en Languedoc, a la même signification. *De chacun chazeaux, ensemble son curtil 12 deniers.* (Geney, 1305.) *Quiconque aura propre maison ou chesaut propre* (Orgelet, 1266.) »

Desgodins, *n. pr.*, à Nancy. V. fr. : « 2. *Gaudin, godin, adj.*, des bois. — *s. m.*, brigand qui vit dans le bois. — Nom propre, *Gaudin*. » (Godefroy.)

Dessaint, *n. pr.*, à Épinal. Anc. fr. : « *Dessaint, adj.*, profane. » (Godefroy.)

Drouin, *n. pr.*, à Ménil-en-Xaintois; *Drouot*, à Lamarche. « Drouville, *Deodericivilla*. » (Benoist, *Pouillé de Toul*, I, p. 174, 1711.)

Duret, *n. pr.*, à Épinal. Anc. fr. : « *Duret, adj.*, un peu dur; nom propre ancien, Jehan le Duret (1360, *Arch. Meuse*, B. 2400, f° 27, r°); nom propre actuel, *Duret*. » (Godefroy.)

Durupt, *n. pr.*, à La Chapelle-aux-Bois. « Le mot latin *rivus* (ruisseau), que l'on prononçait *rius* à l'époque de la décadence, a donné les formes *ru, ruet, rie, rieu*, dans l'Yonne. » (Voir aussi notre *Dictionnaire*, v° *Rupt*.)

Eulry, nom de famille, à Charmes, à Biécourt : « Ulri, vowei de Billy », Charte, juillet 1266, de Renaud de Marville (publiée *Journal Soc. Arch. lorr.*, février 1881); « Oulriet de Billy », en 1249, cité par Husson l'Écossais à l'article *Billy*, par le même (Léon Germain, *ibid.*). Actuellement *Olry, Ory* à Uriménil et à Épinal.

Fachot, *n. pr.*, à Remiremont. Du Cange donne : « Facherius, *conductor prædii, sive alterius, quam tenet ad Facheriam* », et « Facheria, *Prædium quod colitur à colono partiario, vel cujus fructus in dominicum prædii et colonum aequali portione dividuntur, massiliensibus Facherie.* »

Ferry, *n. pr.*, à Saint-Dié et à Épinal. « Le nom de Ferry est une contraction du nom de Frédéric, usitée dans le patois vosgien, patois curieux, expressif, original et hardi entre tous. » (Édouard Sylvin, *M. Jules Ferry*, in *Revue politique et littéraire*, 3e série, 4e année, 1er sem., n° 5, 3 févr. 1883, p. 131, col. 1.)

Flamain, *n. pr.*, à Épinal. Anc. fr. : Flamain, *s. m.*, sorte d'étoffe de Flandre.

Follin, *n. pr.*, à Sercourt. Anc. fr. : « Folain, *adj.*, qui se conduit follement, employé plaisamment comme nom de personne..... » (Godefroy) et plus bas : « Folin, *adj.*, fou... Noms propres, *Folin, Follin*. »

Fournier, *n. pr.*, à Rambervillers, à Girancourt et à Épinal. Vx. fr. « 2. *Fornier — Fur — Four, s. m.*, celui qui tient un four banal, boulanger, pâtissier... L'Académie donne aux mots *fournier, fournière*, la définition suivante : celui, celle qui tient un four public et qui y fait cuire le pain. Noms propres, *Fornier, Fournier*. » (Godefroy.)

Fréchin, *n. pr.*, à Épinal. Godefroy : « *Freschin, fraichin, s. m.*, vent frais, et en particulier, vent qui apporte l'odeur de la marée... — l'odeur de certains animaux... — sorte de pomme... En Poitou, on dit *sentir le fraichain*, en parlant des viandes, pour signifier avoir le goût, l'odeur de poisson cru, de marée. »

Fremiot, *n. pr.*, à Uriménil. « Saint-Firmin, canton d'Haroué. — *Sanctus Firminus*, 1179 (Ch. de l'abbé de Clairlieu). — *Saint-Fremi*, 1296 (Tr. des ch. l. Nancy, I, n° 101). — *Saint-Fremin*, 1398, cart. Vaudémont, dom. f° 178). — *Saint-Fremy*, 1487 (dom. de Vaudémont). » (Lepage, *Dict. top. Meurthe*, p. 132, h. v°.)

Frotier, *n. pr.*, à Châtel-sur-Moselle. « Et tous ceulx que ont estées maire au frotiers ne doient faire point de crowée aul Woeis..... » Lepage et Charton, *Stat. Vosg.*, II, p. 516, col. 2); « frottier » (*ibid.*, p. 542, col. 1).

Gabé, *n. pr.*, à Épinal, autrefois. Godefroy : « *Degabement, s. m.*, moquerie, raillerie..... » et « *Degaber, déguaber, degaiber, v. a.*, rire de quelqu'un, le tourner en ridicule, le mépriser..... » et « *Degabeus, adj.*, moqueur..... » || Scheler : « *Gaber*, prov. *gabar*, it. *gabbare*; subst. it. *gabbo*, prov. et vx. fr., *gap*, plaisanterie, moquerie. Du Nord. (suédois), *gabba*, tromper..... » ‖ Et plus bas : *Gabé, part. passé*, moqué, raillé. »

Gacoin, *n. pr.*, à Épinal. Vx. fr. « *Guagoin*, *s. m.*, cochon de lait ». (Godefroy.)

Gagnière, *n. pr.*, vx. fr. « *gaaigneor*, — *cour, eur, or, ur, ieur, iour, your, gaagn, gahagn, gahainn, gaegn, gaaign, gaign, guaign, gagn, gangn, guangn, gainnur, ganyeur, gaaneuor, waingnor*, — *our, vuaigneor, vaigneor, s. m.*, laboureur..... — Noms propres : *Gaignières, Gagnière, Gagneur, Le Gagneur*, très commun en Normandie. » (Godefroy.)

Gaillot, *n. pr.*, à Épinal. Vouxey a le *s. m.*, garçon, homme très gros et tout court.

Galtier, *n. pr.*, à Épinal. En 1810, confirmation par le pape Alexandre III : « *Ex dono Galteri militis filii Galteri de Spinal*..... » (*Doc. Vosg.*, III, p. 7.)

Garcelon, *n. pr.*, à Épinal. Peut se rapporter au vx. fr. *Garcelete, garselete*, jeune fille. Norm. *garcelette* (donnés par Godefroy).

Garnier, *n. pr.*, à Épinal et à Senaide. Warnerius : « *Ex dono.... Guarneri.... et filiorum Guarnerii*..... » (*Doc. Vosg.*, III, p. 7); ‖ *ibid.* « *Garneri* » au génitif, p. 8; ‖ Oct. 1464 « Martin Warnier, de Hennecourt ». (*Doc. Vosg.*, IV, p. 165.)

Gazin, *n. pr.*, à Épinal. Du Cange : « *Gasindus, qui ex familia alicujus est vel domo, familiaris, famulus, honoratior; cujusmodi sunt, qui in Lege Longobard. Principi deservire dicuntur*, lib. I, tit. 9, § 21. *De Gasindiis vero nostris volumus ut quicumque ex minimis occisus fuerit, in tali ordine pro eo quod nobis deservire videtur*, etc. » Papias : « *Gasindius, honor sub judice*. » Glossae vett. « *Gasindio Regis, Serviente, vel camerario*. » Bignonio ex mss. : « *Gasindi dicuntur ministrales de intus casa*. »

Goujon, *n. pr.*, à Épinal. Godefroy : « *Gojon, gogon, goujon, gougon, gougeon, goignon, s. m.*, cheville à pointe perdue... Nom propre ancien. *Galterus Gojons*, en 1188. »

Gourdot, *n. pr.*, 18 mai 1397 : « Jehan Gourdoit ». (*Doc. Vosg.*, III, p. 135.)

Gouré, *n. pr.*, à Épinal. Godefroy : « *Gourer, gourrer, gorrer, v. a.*, attraper, tromper, frauder, voler..... La langue moderne a gardé *gourer*, fabriquer des drogues, et, en style familier : *se laisser gourer*, se laisser tromper. *Gourer* tromper, attraper, est d'ailleurs resté dans plusieurs patois, particul. en rouchi. Suivant Hécart, il se dit aussi à Bonneval, à Metz, à Lyon. Poitou, *gorer* ou *gourer*, tromper. »

Gouy, *n. pr.* Godefroy : « *Goi, goy, gouy, goe, goiz, s. m.*, sorte de serpe ou de couteau particulièrement à l'usage des vignerons ou tonneliers. » Noms propres, *Goy, Gouy*.

Goyé, *n. pr.*, à Bains et à Remiremont. Godefroy a « *Goier, gouyer, s. m.*, sorte de serpe. »

Graillet, *n. de fam.*, à Mirecourt. Scheler : « *Grailler*, sonner du cor, de *graille*, trompette..... » ‖ Godefroy : « *Grailler, crailler, v. n.*, crier comme le corbeau ou comme la poule, croasser, caqueter..... Lorr., *grâlier*, crier, en parlant de la poule. » ‖ Godefroy : « *Graillet, graillet, adj. dim.* de grêle..... »

Grangé, *n. pr.*, à Épinal. Du Cange : « *Grangiarius, qui praeest grangiae, aut villae vel praedio rustico, officium monasticum*..... » et « *Grangeriarius*, ead. notione. » Vx. fr., *grangier, s. m.*, métayer ; on lit dans le *Dictionnaire d'agronomie*, 1809 : *Granger*, on donne ce nom aux fermiers ou aux métayers dans quelques endroits. Il est particulièrement usité dans la Suisse romande et dans le Lyonnais. Nom propre, *Granger*. (Godefroy.)

Granier, *n. pr.* Vx. fr. : 1. *Granier, adj., fust., granier trémié,* d'un moulin, et *granier,* qui se nourrit de grain..... Nom propre, *Granier* (Godefroy.)

Grimiyot, *gri-mi-yo, n. pr.,* Gremillet à Uriménil et à Saint-Laurent.

Grosset, *n. pr.,* à Épinal. Vx-fr. « *Grosselet, adj.,* un peu gros » (Godefroy) et : « *Grosset, adj.,* un peu gros..... Bas-Valais, Vionnaz, *groset,* un peu gros. Nom propre, *Grosset.* » (Godefroy.)

Guyotte, *n. pr.,* à Xertigny, autrefois. || En 1392, *Jehan Guiote (Doc. Vosg.,* VII, p. 54-55).

Houillon, *n. pr.,* à Dounoux, à Épinal, à Uzemain. xve s. « Colin Hoillon », d'Épinal (*Doc. Vosg.,* III, p. 80); || 1243 : « ... mes enfants Huellon, Phelipin, Ferri..... » (*Doc. Vosg.,* VIII, p. 12). « *Huel* », *n. pr.,* s'y rattacherait peut-être ainsi que *Houel,* à Docelles, et même *Hel,* à Charmois-l'Orgueilleux, et la forme *Houille* dont *Houillon* serait un diminutif.

Huel. Voy. *Houillon.*

Huet, *n. pr.,* à Dounoux. — Voy. *Huot* ci-dessous.

Humbel et **Humblot**, *n. pr.,* à Éloyes et à Épinal. Godefroy : « *Humblet, adj.,* dim. d'humble..... et *s. m.,* homme d'un caractère bas. » 16 mars 1439 : «...le maire Humbolin de Rowe en Sainctoix... » (Rouvres-en-Xaintois) [*Doc. Vosg.,* III, p. 97.] || 28 décembre 1551 : « Waulthier Humbellot » (*Doc. Vosg.,* IV, p. 185).

Huot, Houot, *n. pr.,* à Épinal et à Mazelay. « Huet d'Épinal » (*Doc. Vosg.,* III, p. 77), « Huet Buef » (*ibid.,* p. 78); Dounoux a un *Huet* aussi.

Husson, *n. pr.,* à Épinal. En 1279 : « Huesson » (*Doc. Vosg.,* I, p. 69).

Jacques, *n. pr.,* très fréquent. « A une question de M. Boyer, relative au nom de Jacmet, M. Gaston Paris, membre du Comité, répond que le grec Ἰάκωβος a donné en latin vulgaire, à côté des formes *Jacobus* (et *Jacopus*), une forme *Jacomus.* De là l'italien *Giacomo,* le français *Jaquemes,* fréquent dans le Nord-Est, *Jacme,* plus usité dans le Midi (catalan *Jaime* et *Jaume*). *Jaquemes* a pour cas-régime, *Jaquemon,* pour diminutif, *Jacquemet,* plus tard *Jaquemart,* etc. « *Jacmet,* dans le Midi, est un diminutif de la forme *Jacme* », p. 116. (*Bulletin historique et philologique du Comité des Travaux historiques et scientifiques.* Année 1888, n°s 3-4, Paris, Ernest Leroux, 1888.)

Jacquet, *n. pr.,* à Uriménil. 27 juin 1440 : « Jacquet de Savigney » (*Doc., Vosg.,* III, p. 100). La suscription relatée p. 99 porte : « Jacquet de Savigney ». Scheler, v^o *Jacquot,* donne : « *Jacquet,* bécassine, écureuil ». (Voy. *Jacquot.*)

Jacquot, *n. de fam.,* à Uriménil. Scheler : « *Jacquot, Jacot,* dim. de Jacques (en Champ. on dit aussi *jacques* pour merle, geai); pour cette dérivation, l'on peut rapprocher d'autres noms d'animaux tirés de noms propres, tels que *Sansonnet* et *Pierrot* à Épinal, *Renard* à Uriménil et à Châtel, etc.; et surtout dans notre cas, *jacquet,* bécassine, écureuil. »

Lafont, *n. pr.,* à Épinal et à Plombières. Anc. fr. : « *Fons, s. f.,* fontaine..... Noms de lieux, *La Font-George, La Font-fort,* le nom populaire de la source minérale de Saint-Galmier. Noms de personnes, *La Fons, Lafont* » (Godefroy), et le nom patronymique composé *Fon-frède.*

Lambinet, *n. de fam.,* à Épinal. Scheler, v^o *Lambin.....* « Lambin est une forme variée de *Lambet,* comme *Hubin* de *Hubert, Robin* de *Robert...* »

Lardier, *n. pr.,* à Rambervillers. En 1338 à Rouen « *Lardier,* saloir ». (Roman in *Bullet. arch.,* 1885, n° 4, p. 546. Paris, 1886.)

Maillard, *n. de fam.*, à Épinal. Scheler : « *Malart*, pic. Maillard, mâle des canes sauvages, dér. de mâle. »

Marlier, Marquelet, *n. pr.*, à Épinal, à Gruey et à Monthureux-sur-Saône. Du Cange : « *Marcaclarius Ædituus, vel qui bona ecclesiæ administrat, a veteri* Gall. *Marclier* et *Mareglier jam Marguillier...* Vide *Marreclarius.* » Ou ne serait-ce pas un diminutif à la forme picarde de *Maréchal ? Marchalet, Marchelet, Markelet ?*

Marulier, *n. pr.* En 1438 : « pour la chapelaine......, une quarte, le chapelain, le curé une quarte, le marulier, les clercs de l'englise, le bastonnier une quarte. » (*Doc. Vosg.*, I, p. 23, et plus bas, p. 24 : « *le marlier* ».)

Monin, Alsacien : « *Mouni*, taureau (Haute-Alsace). *Monin* en patois roman. *Mounimatte*, pré communal donné en jouissance à celui qui entretient le taureau communal ». (Louis Rœsch, *Revue d'Alsace*, 1885, p. 182.)

Monnier, vers 1366 : « De doit avoir à Remiremont xvj. moniers (monnayeurs)..... » (*Doc. Vosg.*, III, p. 174.)

Morel, *n. pr.*, à Uriménil, à Épinal. Du Cange « I. Morellus, *subfuscus, item color equi* » [Gall. Cheval moreau..... *Morello eadem notione usurpant Itali.* Vide Menagium *in Orig. gall. voce* Moreau]. Le roman de *Roncevaux*, ms. : *Broche Morel des éperons burnis.*

Morin, *n. pr.*, à Golbey. Du Cange : « 2. Mora, Morus, *Locus palustris, aquaticus* [*palus, stagnum,* Gall. *Marais*] Anglis *Moore*; Flandris *moer* et *moeren.* Hinc dictos Morinos, *plerique censent, populos Galliæ, scilicet ad Oceanum Britannicum quod palustres regiones incolerent, ut sunt Flandrenses, quos peculiari vocabulo* Morinos *vocat* Otbertus*, Abbas Gemblacencis, lib. de Miracul. S. Veronici, c. 2.* »

Obry, *n. pr.*, à Épinal. En 1279 : *Obriet* in *Doc. Vosg.*, I, p. 69. || 26 janvier 1432 : « Obriot de Dinviler » (*ibid.*, III, p. 90) ; écrit aussi « Auriot » quelques lignes plus bas, même pièce. || 8 septembre 1479 : « Messire Oulry, seigneur de Blàmont. » (*Doc. Vosg.*, III, p. 188.) || 2 octobre 1623 : « *Adam Olriet*, tabellion de de S. Altesse » (*Doc. Vosg.*, IV, p. 214). || Saint-Oury [mieux Saint-Ulrich], chapelle avec pèlerinage....., canton de Dolving. — *Saint-Udalric*, xviiie siècle (Reg. de l'état civil de Dolving) [Lepage, *Dict. top. Meurthe*, p. 136]. « Saint-Oury ou Saint-Ulrich, chapelle avec pèlerinage (canton de Réding). *Capella in honore sancti Voldorici*, 1035 (inscription trouvée dans cette chapelle et rappelant sa fondation. » (Lepage, *ibid.*)

Papelier, *n. pr.*, à Hadol et à Épinal. 11 avril 1444 : « Amen le Pappelier » (*Doc. Vosg.*, III, p. 165).

Pêcheur, *n. pr.*, à Épinal. Nom professionnel ; comparez *Fischer*, allemand. Le 9 juillet 1698 : *pescheux*, pêcheur (*Doc. Vosg.*, IV, p. 194).

Perrout et **Peyrou**, *n. pr.*, à Épinal. Doit être une variante de *Perrot*, qui, lui-même, en est une de *Pierrot*, diminutif de *Pierre*. Le *Journal des Débats* du 18 février 1886, p. 3, cite le nom d'un « Pierrout » dans une espèce rapportée à la Chronique judiciaire.

Petot, *n. pr.*, à Uriménil et à Épinal. 24 juillet 1792 : « Pettetot » (*Doc. Vosg.*, IV, p. 279). || Il y a aussi un *Petitot*, abbé.

Pincemaille. Du Cange : « *Pincemedallia, nostris* Pincemaille. *Homo sordidus, minutioris monetæ parcus et cupidus.* »

Poirson, *n. pr.* 11 avril 1444 : « Claude Poiresson, Nicolas Poiresson ». (*Doc.*

Vosg., III, p. 165.) 24 septembre 1588 : « *Poirressono Fourrier* », traduit par « *Poiresson Fourrier* » et « *Pierre Fourrier* ». (*Doc. Vosg.*, VII, p. 326 et 327.)

Prétot, *n. pr.*, à Uzemain. Yonne : « Prétot, *s. m.* Petit prêtre, enfant de chœur. Se dit particulièrement de celui qui assiste l'officiant à l'autel et qui porte une soutane noire au lieu d'une rouge. » (Joissier.)

Quignon, *n. pr.*, à Épinal. Scheler : « Quignon, p. *cuignon*, dér. de *coin*, qui est le lat. *cuneus*. En rouchi on dit un *keunié* de pain. Comp. *chanteau*, de *cant*, coin, bord. »

Romaric, prononcé *Romari* à Avillers, dans la dénomination de « la fontaine de Saint-Romaric », (M. Collet, *Charmes*, ms., p. 11 (2e partie), 1901.)

Royer, *n. pr.*, à Épinal. *Ruer*, *n. pr.*, à Uriménil, *Rouyer*, nom d'un ancien prêtre dans cette même commune. *Ruyr*, nom d'un célèbre chanoine, auteur des *Sainctes antiquitez de la Vôge*. « Le nom de basse-latinité *ruata* ou *rua*, provenant du celtique, signifie chemin. On appelait autrefois *royer* ou *ruyer*, comme nous disons aujourd'hui *voyer*, l'officier chargé de la police des chemins. » M. Cocheris, *Noms de lieu*, Paris, Delagrave, 1881, p. 126. M. Collet, *op. cit.*, p. 111, nous dit qu'en patois du canton de Charmes *Ruyr* veut dire *Rouyer*.

Thiétry, *n. pr.*, à Épinal. 16 novembre 1378 : « monsignour Thiédrit » et en note « Thierry Bayer de Boppart » (*Doc. Vosg.*, VII, p. 50 et note).

Tissier, *n. pr.*, à Hadol. L'Yonne a : « *Tissier, s. m.*, tisserand, à Puisaye » (Joissier). Du Cange : *tixator, textor;* Gall. tisserand. M. Collet, *op. cit.*, p. 62, nous dit : « Sont compris dans les manœuvres de 2e et de 3e classe les maçons, peigneurs de chanvre, *tissiers*, fileurs de laine, charpentiers, cordonniers, maréchaux ferrants, etc. Dans un ms. conservé à la bibliothèque d'Épinal, sous le n° 188, et qui renferme les P.-V. des séances du Club révolutionnaire depuis le 3 messidor an II jusqu'au 30 prairial an III, le mot *tissier* est fréquemment employé comme nom professionnel, à côté du nom de famille du membre de la Société populaire. »

III

PRÉNOMS, SURNOMS ET SOBRIQUETS.

Bablaise, à Dounoux, prénom, Blaise ; quelque peu enfantin.

Babelé, *s. fém.*, surnom des personnes portant le prénom de Barbe (à Colroy).

Boéelliottes, burettes, sobriquet des habitants de Séranmont. Olry, « Excursion à Sion-Vaudémont. » (*Bull. Soc. géogr. Est*, p. 418, 1881.)

Boquins. « Les habitants de Vallois ont l'habitude d'appeler les habitants de Lerrain *boquins* (conducteurs de boucs). Ce sobriquet est très ancien et paraît faire allusion à la pauvreté des habitants de Lerrain qui, à leur tour, appellent ceux de Vallois *miqués*. » (Lepage et Charton, *Statist. Vosg.*, II, p. 300, col. 2e.)

Brigitte, *s. f.*, appellation familière appliquée aux jeunes filles (à Colroy).

Chacaye (cha-ka-y'). Xertigny, Granges-Richard, sobriquet masc. donné à un ancien soldat de la garde du roi, nommé Joseph Thiébaut.

Chaité, sobriquet, nom d'un habitant de Chatas (à Colroy).

Chiquet, sobriquet masculin au Roulier de Hadol.

Colrottes, bûchettes, sobriquet donné aux habitants de « Jubainville ; les *colrottes* (bûchettes) » Olry, « Excursion à Sion-Vaudémont » (*Bull. Soc. géogr. Est*, 1881, p. 148).

Colais Nicolas, à Charmes. Vieillit. (COLLET.)
Cora gros pât, à Colroy, *gros pet*, sobriquet ou surnom donné par moquerie aux habitants de Colroy par ceux de Lusse.
Dioda Claude, à Charmes. Vieillit. (COLLET.)
Les Peudrix, sobriquet appliqué aux gens de la Grande-Fosse, par allusion à l'élévation du sol sur lequel est construit ce village, à Colroy et dans toute la région montagneuse ; en français *les Perdrix*.
Les r'nards, sobriquet donné aux habitants de la Petite-Fosse, à Colroy et dans la région montagneuse ; en français *les Renards*.
Suisse, *s. m.*, anabaptiste, à Colroy.
Lo tintot, sobriquet à Saint-Laurent, sans doute Augustin, dont il serait un diminutif.

CHOIX DE FRAGMENTS GÉOGRAPHIQUES

IV

NOMS DES COMMUNES.

Avrainville : « Avrainville, *Aprivilla* » (BENOIST, *Pouillé de Toul*, 1711, p. 278) [du doyenné de Dieulouart] ; ce n'est pas de celui des Vosges, je crois, car celui de la Meurthe est du canton de Domèvre. LEPAGE et CHARTON (II, p. 25) donnent : « Apurainville, Avrainville-sur-Colon. »
La Baffe. GODEFROY : « Baffe, s. d. faisceau, fagot, paquet : Lezquels compaignons portoient chacun une *baffe* de jon pour pescher (1454. *Arch.*, JJ, 182, pièce 118). »
Ban de Sapt : « Saite ou Ban de sept. » (BENOIST, *Pouillé de Toul*, 1711, I, p. 250.) En 1396 : « Rowal, ou (*sic*) ban de sept saips » (*Inv. som.*, p. 170, col. 2).
Bertrimoutier : « *Bertri moutier*, *Bertrici monasterium* ». (BENOIST, *Pouillé de Toul*, 1711, I, p. 248.) — Patois de Colroy, *Peurmôtêge*.
Belval, s. d. : « *Bella vallis*, Belvaux, Belleval, Bellevault. » (LEPAGE, II, p. 51, c. 2.) En patois : *Beulvâ*.
Bettoncourt, s. d. « *Bettonis-Curia*, Pettoncourt, Bethoncourt. » (LEPAGE, II, p. 55, col. 1.) En patois : *Beuttoncourt*.
Bouxières-aux-Bois. M. LEPAGE, II, col. 2, p. 67, donne sans date *Buxerie*. DU CANGE : « *Buxeria*, *Buxetum forte, seu silva buxis consista, nostris Boissière, Boessiere, Buissiere et Bouchiere*. » B. n. de C^{nes}. GODEFROY : « *Boissière, boissiere, s. f.*, lieu couvert de bois, clairière..... Noms de lieux. *Boissières* (Sarthe) *Buxariæ* ; *Boussières* (Nord), *Busseria* ; *Bouxières* (Meurthe), *Buxeriæ* ; *Buxières*, écart de Chambley ; *Bussiares* (Aisne). *Bussières* (Seine-et-Marne), *Busseriæ* ; *La Boissière* (Oise). Noms propres. *Boissière, Laboissière* »
Bouxurulles, s. d. « Bouxerules » (LEPAGE, II, p. 67, c. 2) et en 1704 « Bosserulle » (carte de JAILLOT). En patois : *Bouhhurulles*.
Brancourt, nom de commune. GODEFROY : « *Brehaing*, stérile, qui ne peut pas engendrer... *Brehaigne* se disait encore au XVIIe siècle... Il se trouve dans

plusieurs noms de lieux: *Brancourt*, village à trois lieues de Saint-Quentin; mont Behain, village attenant. »

Brantigny. M. Lepage, II, p. 71, col. 1, donne sans date « *Brantigneium* ». En patois : *Brantegnèye*.

La Bresse, anc. noms : *Woll*, *Wölne* et *Vologne* (Lettre de Valroff, du 25 juin 1885, p. 2). — La carte de Jaillot, 1704, donne *la Bresse*.

Bruyères. « Bruyères tire son nom des bruyères qui couvraient autrefois l'emplacement qu'occupe actuellement cette petite ville..... » (A. Montémont, *Voyage... dans les Vosges*, p. 117, Paris, Ledoyen, 1861). En 1473, *Brouyeres* (*Doc. Vosg.*, VII, p. 59). En patois de Colroy, *Berouire*, ce mot désigne également la bruyère, nom commun. En 1513, *Bruerium* (carte de Ringmann Schott); 1589, *Bruyères* (carte d'Ortelius); 1660, *Bruyères* (*Atlas de géogr. univ.* de Du Val); 1791, *Bruyères* (carte de Belleyme).

Celles. M. Lepage, II, p. 89, c. 1, donne sans date *Cella*; en 1711, *Cellæ*. (Benoist, *Pouillé de Toul*, I, p. 264.) Patois : *Çaîle*; anc. fr. : « celle, selle, cele, chielle, *s. f.*, petite maison, ermitage, habitation en général, chambre, cellule... noms de lieux : Celles, Selles, pèlerinage célèbre... Celles-sur-Aisne... Chelles. » (Godefroy).

Chamagne, s. d., *Campus agni* (Lepage, II, p. 90, c. 1). En 1270, *Chamaigne* (*id.*). En patois : *Chaîmaigne*. M. Lepage donne l'origine suivante : « Le village de Chamagne (*Campus agni*), champ de l'agneau, doit, dit-on, son étymologie à une bergerie très vaste que les seigneurs de Neuviller y possédaient et dont les bâtiments existent encore. » (*Id.*)

Chatas (prononcez Cha-tà, *s* muette), s. d., *Chattaye, Chastaye*. (Lepage, II, p. 106, c. 1.) En patois de Colroy : *Chaîtâ*.

Châtel. « Saluons, en passant, la petite ville de *Chatel* ou *Chaté*... » (A. Montémont, *Voyage... dans les Vosges*, Paris, Ledoyen, 1861, p. 221.) — S. d., *Castellum* ou *Castrum super Mosellam*, Chaté (Lepage, II, p. 107, col. 2.) En 1317, *Chastel-sur-Moselle* (*id.*); 1589, *Chastel*, carte d'Ortelius ; 1594, *Chastel*, carte de Lorraine de Metellus, d'après M. A. Benoit (in *Bullet Soc. philom. vosg.*, p. 53, 2ᵉ année, 1876, Saint-Dié, 1877); 1660, *Chastel* (*Atlas de géographie univ.* de Du Val); 1704, *Chate-sur-Mozelle*, carte de Jaillot.

Cheniménil. 14 mars 1885, *Chenumesnil* (acensement de la papeterie de Vraîchamp — *Doc. Vosg.*, VIII, p. 128); s. d., *Chesnymesnil* (Lepage, II, p. 124, c. 1).

Colroy, appelée *Colroy-la-Grande* avant l'annexion, pour la distinguer de *Colroy-la-Roche*. En 1711, *Collis regia* (Benoist, *Pouillé de Toul*, I, p. 248). — M. Lepage pense que son nom peut être puisé dans l'essence d'arbres qui y croissait autrefois. *Coryletum*, lieu planté de coudriers, de noisetiers (Lep., II, p. 133, col. 2). M. Cabasse : « On arrivait à Vézeval par la gorge de Coryletum ou Colroy. » (*Annales Soc. d'Émulation des Vosges*, 1877, p. 356.) En patois du pays : *Cora*.

Corcieux. En 1818, *Corresceu* (*Arch. dép.*, G, nᵒ 767); 1366-1370, *Courresuel* (*id.*); 1371, *Courresuel* (*id.*, nᵒ 773); 1412, *Couresuelx* (*id.*, nᵒ 768); 1472, *Courressen* (*Inv. som.*, p. 150, c. 3); 1704, *Corsieu*, carte de Jaillot. — En patois : *Corçu*.

Damas-aux-Bois. M. Lep., II, p. 143, col. 1, donne : *Domnus Medardus*, s. d.; en 1690, *Domney-aux-Bois* (Lep., II, 143, col. 2); 1704, *Dommars-aux-Bois*, carte de Jaillot. En 1711, on trouve un *Saint-Mas-devant-Bayon*, *Sanctus Me-*

dardus (Benoist, *Pouillé de Toul*, I, p. 199. Godefroy, v° *Dan*, a Dammard, Aisne, *Dominus Medardus*.)

Damas-et-Bettegney. M. Lepage donne, s. d., *Domnus Medardus*, *Dommard* (II, p. 143, col. 2); s. d., *Dommars-près-Dompaire* (*id.*, p. 144, col. 1) et s. d., *Dommard-devant-Dompaire* (*id.*).

Damblain, nom de commune. M. Lepage, II, p. 146, col. 2, donne en 1421 *Dambelain*. Godefroy, v° *Dan*, donne : « *Damblain* (Vosges), *Dominus Benignus*. »

Dombasle, nom de commune. Godefroy, v° *Dan*, donne : « *Dombasle* (Meurthe), *Dominus Basilus* ».

Domèvre, nom de commune. Godefroy, v° *Dan*, donne : « *Domèvre* (Meurthe) [*sic*], *Dominus Aper* ».

Domèvre-sur-Avière est appelée dans le pays *lai mâhhe Doméve*, la mauvaise Domèvre.

Domèvre-sur-Durbion est appelée dans le pays *lai bouène Doméve*, la bonne Domèvre.

Domremy. Godefroy, v° *Dan*, donne : « *Domprémy* (Marne) [*sic* avec l'accent aigu sur l'*e*] *Dominus Remigius*. » C'est sans doute par confusion avec ce *Domprémy* qu'un certain nombre d'écrivains orthographient *Domrémy* notre Domremy vosgien, dans leurs ouvrages sur Jeanne d'Arc. Cette orthographe, du reste, n'a été remarquée par nous que dans les auteurs non vosgiens ou non lorrains.

Domptail. En 1711, *Domtaille* (Benoist, *Pouillé de Toul*, II, p. 199 et p. 221.) — Godefroy, v° *Dan*, donne : « *Domptail* (Meurthe) [*sic*], *Dominus Stephanus*. » En 1059, 1125 et 1152, *Domnus Stephanus* (Lepage, II, p. 173, col. 2). Le même auteur donne, *ibid.*, s. d., *Domtaille*, *Domptaille-en-Voge*, *Domnus Stephanus*, et, d'après Dom Calmet, les formes *Domstaille*, *Domstene* et *Domsterne* (*ibid.*).

Doncières, nom de commune. Lepage, II, p. 177, col. 1, donne en 880, *Donceres*. En 1711, on trouve *Donciers*, *Domnus Cyriacus* (Benoist, *Pouillé de Toul*, I, p. 222.) Godefroy, v° *Dan*, donne : « *Doncières* (Vosges), *Dominus Cyriacus*. »

Étanche, Étanchotte. « Le lieu où elle [l'abbaye de l'Étanche] fut construite s'appelait, dans l'origine, *Val* ou *Vallée-du-Duc*, et changea ensuite son nom en celui de l'*Étanche* (de *stagno*) à cause des nombreux étangs du voisinage. » (Lepage et Ch., *Stat. Vosg.*, II, p. 203, col. 2.)

Évaux-et-Ménil. « Es vaux, es vaulx (qui est situé dans une vallée), enfin *Évaux* » (Collet, *Charmes*, ms., p. 49, 2ᵉ partie). M. Lepage, II, p. 207, donne sans date *les Vaux*.

Frizon. M. Lepage, II, p. 228, col. 1, donne sans date : *Frisonium*, *les Frisons*, et, en 1104, *Frezonis villa*. — Patois *Freahon* (*h* aspirée).

Gemaingoutte. M. Lepage donne sans date *Chemingoutte*, *Geimengot* et *Germaingoutte* (II, p. 230, col. 1). En patois de Colroy : *Gemégotte* (pron. *j'mégot*).

Girecourt. M. Lepage, II, p. 242, col. 2, donne *Goericicurtis* et *Goericicuria*, et il ajoute : « Il est probable que le nom de ce village vient de celui de Saint-Goëric, Girecourt étant une des localités qui dépendaient autrefois de l'abbaye d'Épinal. » (*Ibid.*)

Girecourt-lès-Viéville. M. Lepage donne sans date : *Girecuria*, *Girecourt*. (II, p. 243, col. 1.) En patois : *Gircot*, *t* final également muet comme en français.

Lubine, en patois de Colroy : *Leubèye*.

Lusse. En 1466 : « la menue *Lusse* (*Merlusse*) ». (Inv. som., p. 209, col. 1.) M. Lepage, II, p. 309, col. 2, donne : « *Lussia*, *Luce* », sans date. En 1711,

Lusse, Lussia (BENOIST, *Pouillé de Toul,* I, p. 248). En patois de Colroy : *Leusse.* Le nom actuel générique des habitants de Lusse, c'est-à-dire Meurleussé, s'explique par la forme ci-dessus (Merlusse) de 1466.

Le Magny. DU CANGE : « *Masgnellum, idem quod mansionile, agri portiuncula cum mansione, æde,* Gall. *Maisnil, vel Ménil...* » La Haute-Marne a une paroisse du nom de « *Robert-Magnil* ».

Mandray. « Le village de Mandray dont le nom, dit RUYR, signifie *retraite du bétail,* remonte à une époque fort reculée. » (LEPAGE et CHART., *Stat. Vosg.*, p. 314-315, col. 2-1.) En 1711 : *Mandra, Mandera* (BENOIST, *Pouillé de Toul,* I, p. 247).

Marainville. En patois : *Mairainville* (pron. mé-rèn-vi-l').

Martigny-les-Bains. En patois : *Moteneye* (*Annales de la Société d'Émulation,* 1888, p. 1).

Maxey-sur-Meuse, s. d. « *Marceium ad Mosam, Macey, Massey-sous-Brixey, Maizey.* » (LEPAGE, II, p. 322, col. 2, orig.) « Il y a apparence, ajoute-t-il [D. CALMET] que les lieux appelés *Marcei* ou *Maxey* dérivent de *Mercatum* qui, dans la basse latinité, signifie un marché, ou de *marchesium,* marais, lieu boueux, de *marchesia,* du marsage, des grains qui se sèment au mois de mars pour les distinguer du froment qui se sème dans l'arrière-saison. » (LEPAGE, II, p. 323, col. 1.) 1325, « *Maizey* ». (LEPAGE, *id.*) 1589, « *Maxey* », carte d'ORTELIUS.

Mazirot. M. LEPAGE, II, p. 324, col. 1, donne sans date : *Maceriolæ, Mezeroy, Mexeroy* et *Malzirot.* En 1441, *Mazeroy* (*ibid.*). En patois de Sanchey : *Mohurot* (*t* final muet comme en français).

Midrevaux, s. d. « *Melior-Vallis, Mundri-Vallis, Midreval.* » (LEPAGE, II, p. 329, col. 1, orig.) « S'il faut en croire quelques antiquaires, *Midrevaux* tirerait son nom du culte que les Gaulois avaient rendu, dans ce lieu, à *Mitra,* l'une de leurs divinités : *Mitra-Vallis,* vallée de *Mitra.* Mais aucun monument ne confirme cette opinion que nous ne croyons pas admissible. » (LEPAGE, II, p. 329, col. 2.) « Il existe un vieux dicton connu dans tous les villages voisins : *On dit qu'à Midrevaux il y a plus de sorciers que de blancs chevaux.* Nous ne savons à quelle circonstance se rattache ce vieux dicton. » (LEPAGE et CHARTON, *Stat. Vosg.,* 2ᵉ vol., p. 329, col. 2.)

Monthureux-sur-Saône. M. LEPAGE, II, p. 337-338, donne sans date : « *Monsfelix, Monsteriolum, Monasteriolum ad Sagonam, Montreville-sur-Saône, Montreux* et *Montreuil.* » — En 1222 et 1293, *Monstreuil* (*ibid.,* p. 338, col. 1); 1321, *Monstereul-sur-Saône* (*ibid.*); 1405, *Monstreuil* (*ibid.,* col. 2); 1559, *Montreuil* (*ibid.*); 1578, *Monstereul* (*id.,* 2, p. 49, col. 1). — En patois de Belmont : *Monturieux.*

Moyenmoutier. Patois de Colroy : *Monyimotèye.*

Neuvillers. Patois de Colroy : *Niûvillè.*

Oncourt. Patois de Domèvre : *Oncou.*

Ortoncourt. « *Ortoncourt* est appelé en patois *Vationcot-les-Blosses,* ou *aux-Blosses,* à cause du grand nombre de pruniers et autres arbres à noyaux dont les fruits étaient autrefois l'objet d'un revenu considérable. » (LEPAGE et CHARTON, *Stat. Vosg.,* p. 368, col. 2.)

Provenchères. Patois de Colroy : *Peurmonèchires.*

Racécourt. Patois : *Raicicourt* (rè-si-cou, *t* final muet aussi).

Raves. Patois de Colroy : *Raives.*

Rancourt. En 1104, *Rancurt.* Patois : *Rancout* (*t* final muet aussi).

Rugney. Patois : *Rugnèye.*
Saint-Amé. Patois : *Saint-èmoè.*
Saint-Maurice-sur-Moselle. Patois : *Saint-Mourihhe.*
Savigny. M. Lepage donne : 1051, *de Saviniaco* (II, p. 482, col. 2), et vers 1070, *castrum quod Suniacum dicitur (id.).* — Patois : *Saiveynyée.*
Saucourt. Patois : *Saucôt Haucôt* (*t* final muet aussi).
Saulxures. A la cérémonie des *Kriaulés*, les représentants des huit communes des environs de Remiremont portaient chacun « la branche distinctive pour chacune des paroisses. Ainsi... Saulxures, le saule... » (A. Montémont, *Voyage... dans les Vosges*, Paris, Ledoyen, 1861, p. 75-76.) — M. Lepage, II, p. 479, col. 1, donne sans date : *Salsuriæ, Saussures-en-Vosges*, et, en 1345, *Saxures* (p. 519, col. 1). En 1704, *Sauxures*, carte de Jaillot.
Saulxures (près de Senones). M. Lepage, II, p. 480, donne sans date : *Salsuriæ, Saulxures-Val-de-Senones*, et dit : « L'origine du nom de ce village (*Salsurial*) vient des puits d'eau salée qu'on y exploitait, ainsi que près du lieu où est Moyenmoutier avant la fondation des monastères des Vosges au viie siècle. » (*Ibid.*) — C'est sans doute encore ce même Saulxures qui se dit en patois du pays *Sassire.*
Saulxures-lès-Bulgnéville. M. Lepage donne sans date : *Salsuriæ* (II, p. 480, col. 1) ; en 1396, *Sauxures (id.*, col. 2) ; en 1704, *Sauxure*, carte de Jaillot.
Sercœur. « *Ad Sarcos*, diplôme de Henri II, roi de Germanie, en date du 22 octobre 1003, in *Inventaire des archives de l'insigne Chapitre d'Épinal* (Lepage, II, p. 184, col. 1, et 489, col. 2) ; en 1168, *Sarcourt (ibid.*, p. 490, col. 1) ; 1435, *Sercuis (ibid.*) ; 1449, *Sercuer (ibid.*, p. 369, col. 2). — La charte de Ricuin, évêque de Toul, donne : *Sarclois* (Lepage, II, p. 489, col. 2).
Saint-Jean-d'Ormont. Patois de Colroy : *Saint-Chan* ; cpr. *Chan Heurlin*, titre d'un poème en patois messin.
Taintrux. En 1303, *Tentru* ; 1724 et 1725, *Taintrux* (carte des duchez de Lorraine et de Bar, d'après Bugnon) ; 1704, *Tintru*, carte de Jaillot. — Patois de Colroy : *Têtrux* (*x* final muet aussi).
Thillot (Le). « nous gagnons *Le Tillot* [sic]... Il tire son nom d'un ancien *tilleul* qui s'y trouvait encore debout il y a cent ans, et sous lequel on se réunissait pour rendre la justice. Ce nom est déjà indiqué dans un titre de Ferry II, du 19 décembre 1299. » (A. Montémont, *Voyage... dans les Vosges*, 1861, Paris, Ledoyen, p. 90). — Patois de Saint-Maurice : *Le Thiot.* — M. Lepage, II, p. 153, col. 2, donne : « *Tillots* (espèce de corde faite d'écorce de tilleul). »
Uriménil. « *Uriménil* (*Urimesnil, Uriet, Urion*). — De la langue d'oïl *ure, ureau*, bœuf sauvage, farouche, et de *Mesnil*, maison de campagne, métairie (le métayer qui a le bœuf farouche) » (Quaerem, Étymologie des noms propres [*suite*], *Le Petit Journal*, supplément du dimanche, 3 avril 1887, p. 4, col. 3 ; 61, rue Lafayette, Paris). — Voir les autres noms anciens dans notre *Dictionnaire phonétique et étymologique*, v° *Ruméni*, qui en est le patois.
Vexaincourt. Patois : *Vhhaincouot* (Lorrain).
Vincey. Patois : *Vincèye* (*vein-sè-y*) à *Vincey* même ; *Vincey*, pron. *Vincèye* (*in* nasal spécial au patois), à Portieux.
La Voivre. Patois de Colroy : *lai Ouère.*
Vomécourt. M. Lepage, II, p. 184, col. 1, donne en 1003, *ad Volmaircurt*, et sans date, *Volmeriscuria, Vomécourt-sur-Madon* (II, p. 545). — Patois : *Vomécot* (*t* final muet aussi).

Wisembach. Patois : *Vousebèt.* « *Bach* et *weiss* sont deux mots allemands qui signifient *ruisseau blanc*. Le ruisseau qui l'arrose s'appelle *le Blanc*. » (LORRAIN.) — Patois de Colroy : *Vouzébé.*

V

NOMS D'HABITANTS

Bruyères : « Bruyérois »... « Quelques naïfs Bruyérois espéraient... » (*L'Étoile de l'Est* du 9 mai 1901, p. 2, col. 5, non signé.) *Bruyériens*, de Bruyères. (*Le Vosgien* du 19 juillet 1889, p. 3, col. 2, III, al. 3.)

Bains : Balnéen.

Les Bouerqués, s. Nom des habitants de Bourg-Bruche, à Colroy et dans la région montagneuse.

Bussenet, et au féminin *Bussenette, s. f.,* dans toute la vallée de la Moselotte, aussi de Bussang : « ...En quittant les jolies « Bussenettes » du Drumont et du Ventron. » (M. BADEL, *Huit jours dans les Vosges,* p. 44, Nancy, 1899.)

Les Chamagnols, me dit M. Trompette, pour le nom des habitants de Chamagne, et non *Chamagnons* (10 août 1901).

Charmésiey, de Charmes (Vosges). [*Mémorial* du 2 juin 1872, p. 2, col. 2.]

Châtelois, Châtel-sur-Moselle. (*Mag. pitt.*, 1879, p. 402, col. 1.)

Castinien, enne, de Châtenois. « On nous écrit de Châtenois : La société de musique *la Castinienne* se dispose à nous donner une soirée le 18 courant. » (*L'Abeille des Vosges* du D. 11 février 1900, p. 3, col. 1.)

Cornimont. Patois : *Couonimont* à Cornimont même, *Counimont* à Saulxures-sur-Moselotte ; *Coun'hès*, nom des habitants dans ces deux localités.

Coussey : Coussiote. (*L'Abeille des Vosges* du dimanche 20 août 1899, p. 3, col. 1.)

Darnéen : de Darney. (*Mag. pitt.*, 1880, p. 22, col. 1.)

Dounousien, enne : de Dounoux.

L'Étraye (è-trà-y') désigne, à Ramonchamp, le nom de la commune même de Ramonchamp ; celui-ci étant fort peu usité tire son nom de *L'Étraye*, section de cette commune. Nous trouverons de même plus bas : *Pianna*, nom donné à la commune de Basse-sur-le-Rupt. En patois de Saint-Maurice, *L'Étraye*, section de Ramonchamp (8 août 1901).

Granges. « Le bailliage de Remiremont renfermait beaucoup de villages, de hameaux, de censes et d'habitations isolées appelées *granges*, répandues dans les montagnes. » (LEPAGE et CHARTON, *Stat. Vosg.*, II, p. 421, col. 1.)

Granges : Gringeau, de Granges (Vosges) : « M. Méline aborde, pour terminer, la question brûlante du chef-lieu de canton à Granges, si énergiquement désiré par les « Gringeaux » et si appréhendé des habitants de Corcieux. » (*Le Mémorial des Vosges* du 11 juillet 1901, p. 1, col. 5.)

Granger : de Granges (Vosges), dans un journal des Vosges, du mois de juin, je crois. Récit, feuilleton ou causerie ? *L'Industriel* ? Je crois plutôt que c'est dans le *Journal de Plombières*, juin 1887, liste des étrangers ??

Les Leussés, nom des habitants de Lusse (à Lusse même).

Lispach, La Basse. Cadastre 1836, B. (Lac de Vispach) *Lixpa* : limpide ruisseau (*Licht Bach*) [HINGRE].

Marchais, Yonne : « Marchais, *s. m.* Petit étang, mare, abreuvoir. » (JOISSIEN.)

Mercorien, enne : de Mirecourt. (*Mag. pitt.*, 1880, p. 147, col. 1.) || Aussi *Mirecurtien, enne*. Une société de gymnastique porte le nom de *Mirecurtienne*.

Meurleusse (à Lusse), de Lusse (29 juillet 1901, M. CUNIN) — et par moquerie : *Meurleussé, Meurleussâ* (3 août 1901).

Michellois : de Saint-Michel-sur-Meurthe (Vosges).

Miqués, sobriquet donné aux habitants des Vallois par ceux de Lerrain. (Voir *Boquins*.)

Mirecurtien : de Mirecourt. (Voir *Mercorien*.)

Motée, *s. m.*, église. En Alsace : *Bianc Motée* (litt. *blanche église*), lieu de pèlerinage, près de Turckheim.

Néocastrien : de Neufchâteau. (*Mag. pitt.* de 1880, p. 182, col. 1.)

Pianna (pian'-na), littér. *Planois ;* nom donné en patois du pays même à la commune de *Basse-sur-le-Rupt,* dont il n'est du reste qu'une section, très rapprochée du centre du village. Voyez la même particularité ci-dessus au mot *L'Étraye.*

Pieumeraye (pieu-m'-rè-y'), nom de l'habitant de Plombières. « Inspiré par Virgile, par Théocrite, par d'autres gracieux poètes de l'antiquité grecque ou latine, le jeune Pieumeraye donnait des œuvres admirablement harmonieuses, mélancoliques, d'une expression divine. » (S. *Le Mémorial des Vosges* du 25 août 1901, p. 1, col. 5.)

Pinaudien : à Lusse, *adj.* d'Épinal : *pinaudien piquant mouzé* (en parlant des bœufs), pointu museau d'Épinal — par opposition à *large* museau. (M. CUNIN, 5 août 1901.)

Priolet, nom d'une ferme de Xertigny. « La ferme bâtie à quelque distance de la demeure des Templiers, et probablement avec ses ruines, porte encore aujourd'hui le nom de ferme du *Priolet* ou pricuré. » (LEPAGE et CHARTON, *Stat. Vosg.*, II, p. 552, col. 2).

Ramburetals : de Rambervillers : « Il [M. Boucher] eût donné du travail à une partie de ses électeurs ramburetais. » (*L'Étoile de l'Est* du 9 mai 1901, p. 2, col. 5, non signé.) || Aussi *Rambuvetais*. (*Magas. pittor.* de 1880, p. 223, col. 2.)

Raonnais : de Raon-l'Étape (Vosges). Aussi de La Petite-Raon. (*La Gazette vosgienne* du 20 février 1887, p. 3, col. 1.) *Raonnais, aise.* (*Mag. pitt.* de 1880, p. 223, col. 2.)

Remiremontais : de Remiremont. (*Mag. pitt.*, 1880, p. 223, col. 2.)

Romarimontain, aine : Remiremont. Employé aussi comme adjectif : *Vocabulaire local, vieux langage romarimontain,* par Un Vieux. Remiremont, impr. Ehkirch-Serrier, 1901.

Ross'chon : Rochesson en patois de Saulxures-sur-Moselotte.

Saint-Dié : Déodatien, de Saint-Dié. (*Mag. pitt.* de 1880, p. 224, col. 1.)

Saulxuron, onne : de Saulxures-sur-Moselotte (Vosges). [*Mémorial* du 5 août 1886, p. 3, col. 4 ; *Mag. pitt.* de 1880, p. 224, col. 2.]

Les Sâlés : à Colroy et dans tout le canton de Provenchères, les habitants de Saales. *Les Sôlés :* à Lusse, habitants de Saales.

Thaonnais : de Thaon. « La retraite aux flambeaux organisée par la fanfare thaonnaise... a eu beaucoup de succès. » (*Progrès de l'Est* du 19 juillet 1887, p. 2, col. 4.) Aussi *Thavonnais,* à Épinal : parler populaire.

Thillotin : « Le 14 juillet, des courses de vélocipèdes ont eu lieu au Thillo torganisées par le véloce-club thillotin... » (*Progrès de l'Est* du 21 juillet 1889, p. 2, col. 5.)

Vagney, patois : *Vaingné,* à Saulxures-sur-Moselotte.

Las Vaudés, nom générique des habitants de la Haute-Moselle, à partir de Rupt et en amont jusqu'à Saint-Maurice ; ce nom est donné dans toute la vallée de la Moselotte, notamment à Saulxures-sur-Moselotte, à ces habitants de la vallée de la Moselle.

Veinrau (Vagney), *adj.,* de Vagney. (HINGRE, notes ms. sur mon *Dict. phonétique, passim* et notamment à la page 250.)

Ventron, en patois : *Vètron* à Ventron même, et *las Vètèrnas :* nom patois des habitants de Ventron à Ventron même, à Cornimont et à Saulxures-sur-Moselotte. En français : *Ventronnais.*

Vittelien : de Vittel. (*Mag. pitt.* de 1880, p. 280, col. 2.)

VI

AUTRES NOMS DE LIEUX HABITÉS

Atre (Place de l') à Épinal. Consulter GODEFROY, v° *Aître,* p. 202. Il dit : « *Aître, eitre, atre, attre, astre, estre, s. m.,* portique, porche, parvis de l'église et terrain près d'une église jouissant du droit d'asile. » Il donne un grand nombre d'exemples et de noms de lieux. Consulter aussi *Laître-sous-Amance,* dans le *Dictionnaire topographique* de LEPAGE. — *Atre* (Place de l') à Épinal doit être le même que *attre* avec la signification de *porche, parvis, portique.*

Aunot (l'), lieu-dit à *Girancourt* (Void). GODEFROY : « *Alnoi, aulnoi, aulnoy, aunoi, aunoy, aunoit, augnoi, ausnoi, ausnoit... aunei...* »

Brosses (les), nom de lieu. GODEFROY : « *Broce, broche, brosse, brousse, brouce, brouse, bruce, broisse, brouisse, s. f.,* broussailles, bruyères, lieu rempli de ronces et de bruyères ; hallier, petit bouquet d'arbres... La langue moderne a gardé *brosse,* terme d'eaux et forêts pour désigner un buisson qui, bordant un bois, le défend des vents et des bestiaux ; au pluriel : bruyères, broussailles, terres incultes. Poit. : *brousse, brosse, broussée,* hallier, touffe de ronces, d'épines, d'arbres. Berry : *breusses, brusses, broussailles.* Avranches : *brousse,* lin ou chanvre que l'on arrache. Bret., Dinan : un loup de *brousse,* un homme sauvage. Noms de lieux : *La Brosse* (Nièvre) ; *La Brousse,* commune dans la forêt de Jarnac ; *La Broce* (Loiret). Dans le seul département de la Nièvre, vingt-six lieux portent le nom de *Brousse* ou *Brosse.* Noms propres : *de Brosses, Delabrousse, Desbrousses.* » On peut sans doute en rapprocher le nom de section de la commune de Saulxures, *Les Bruches ;* en patois : *las Breuches.*

Chairbounès (les) [*chèr-bou-nè*]. Les Charbonniers, section de la commune de Saint-Maurice, à Saint-Maurice même.

Chitelet (le), La Bresse, cadastre 1836 B : « *Xètelè ; Sentelet,* petit sentier. » (HINGRE.)

Crotez : Derrière Crotez, Épinal. Anc. fr. : « *Croté, crosté, adj.,* cave, enfoncé, creux... » (GODEFROY.)

Freuhon lai Haute : Frizon-la-Haute, à Frizon même. (M. TROMPETTE, 10 août 1901.)

Freuhon lai Baihhe : Frizon-la-Basse. (TROMPETTE, 10 août 1901.)
HHarbe, nom du village de *Charbe* (Alsace), à Colroy.
Liézey. Cr. « Le *Bas-Liézey* » ; patois du pays : « lobé *Lizéye* » (THIRIAT).
Raunè (la). LITTRÉ, v° *Racine*, donne la signification, n° 11 : « *Pied d'une montagne.* »
Reuchemont, Richemont, section de la commune de Colroy (tire son nom des mines autrefois exploitées, *reuche* signifiant *riche* à Colroy).
Rougerupt. Cornimont, section C. « *Derougerupt* ». Il est très probable que le *Rougerupt* a [pris son nom d'un lichen rouge qui croît abondamment sur les pierres qui bordent le ruisseau (CLÉMENT et VALROFF).

VII

LIEUX DITS OU CADASTRAUX

Bruot. Dogneville a un lieu dit « la Haie-Brouot ».
Cavaires, *s. f.* Vouxey, trous à renards, lieux-dits (LAURENT, lett. 23 novembre 1884).
Lo Châ Fouhh, le Chaud-Four, lieu-dit à Colroy.
Chajoux (le). La Bresse, cadastre A : « *lé chaigeou*, le chargeoir, section de commune » (HINGRE).
Fouéra-Dombrot (le), à Dombrot-sur-Vair, Cad. Section C. Patois du pays : terre où se trouvent des fontenis foireux (CONRAUD).
Keurouâge, *s. f.* Corrée, lieu-dit à Colroy.
Lotio et Pierre. La Pierre-Leclerc, écart à Hadol, forme remarquable par son double mouillement ou mouillement métamorphique.
Potet, dans Champ-du-Potet (commune de Xertigny). « Le mot *potet* vient, au dire des anciens, d'un poteau ou gibet auquel la justice faisait suspendre les criminels. » (LEPAGE et CHARTON, *Stat. Vosg.*, II, p. 552, col. 2.)
Saut do Gueuye. « Chute, cascade du Gueu, du Saut. »

VIII

CONCLUSIONS.

En résumé, et sous forme de conclusions, nous nous permettons d'exprimer le désir :

1° Que les travaux analogues au nôtre soient entrepris ou continués dans les diverses régions de la France ;

2° Que ces recherches nous soient indiquées, afin d'en tirer nous-même tout le profit qu'elles pourront nous donner pour compléter et améliorer les nôtres, et les rendre de plus en plus dignes du grand public auquel elles s'adressent.

Bibliographie géographique vosgienne ; objet et méthode ; choix de fragments du XIVe siècle ; questions à étudier.

Communication de M. Haillant.

En recueillant les divers et nombreux documents devant servir à cette communication, en puisant dans notre *Bibliographie vosgienne* les fiches ayant un caractère géographique ; en consultant nos publications concernant la matière dont le résumé a été adressé au Congrès des Sociétés de géographie et qui compose le titre de notre travail, nous nous sommes aperçu que la lecture et la nomenclature des documents, fort attrayantes et curieuses à plus d'un titre, devaient être remplacées, d'une part, par un aperçu sommaire de l'objet même et des limites territoriales de la Bibliographie géographique vosgienne dont nous avons conçu l'idée et, d'autre part, par l'exposé succinct de la méthode adoptée et suivie pour la réaliser.

La circonscription territoriale est nettement arrêtée, d'une part, par la chaîne des Vosges — du moins pour les généralités — et, d'autre part, par les limites actuelles du département pour la période remontant à la date malheureuse pour notre pays tout entier de l'année 1871, c'est-à-dire au douloureux traité de Francfort.

Pour la période que l'on peut appeler intermédiaire, c'est-à-dire pour celle qui commence à la formation du département des Vosges, conformément au décret du 9 janvier 1790, et qui se continue jusqu'à l'application du traité de Francfort, nous avons adopté les limites tracées par les Commissaires sur la carte de l'époque, déposée au Comité de constitution par les députés du nouveau département des Vosges, et qui se trouve précieusement conservée à la mairie d'Épinal.

Enfin, pour les temps antérieurs à cette période intermédiaire, nous avons circonscrit notre aire géographique aux limites fictives supposées tracées par cette même délimitation, sur les anciennes circonscriptions civiles ou religieuses qui ont été depuis englobées en tout ou en partie dans cette nouvelle démarcation.

Nos limites territoriales étant ainsi tracées pour ces trois périodes historiques, voyons la nomenclature des matières que nous avons considérées comme rentrant dans l'expression générale : *Géographie*.

Sans précédents connus de nous et sans guides par conséquent dans les recherches de cette nature pour notre région vosgienne, nous avons cru utile de rechercher les travaux analogues publiés ou entrepris par les bibliographes régionaux.

Notre savant et aimable collègue de l'Académie des sciences, arts et belles-lettres de Dijon, M. Ph. Milsand, comprend la géographie dans la première de ses douze sections; cette matière porte le titre général de « Topographie » et se trouve subdivisée en huit paragraphes :

§ 1ᵉʳ. — Les cartes et les plans.
§ 2. — La géographie ancienne.
§ 3. — Les voies romaines.
§ 4. — L'itinéraire des routes et chemins de fer.
§ 5. — Les voyages dans les différentes régions de la Bourgogne.
§ 6. — Les rivières.
§ 7. — Les canaux.
§ 8. — Les routes et chemins de fer.

Pour la bibliographie départementale de la Côte-d'Or (chapitre deuxième), il se borne à dire :

« La section première comprend les cartes. »

Enfin, pour sa bibliographie de la ville de Dijon, formant le chapitre troisième, il indique :

« Section première. — Topographie renfermant les plans généraux et particls. »

Le volumineux catalogue, la consciencieuse bibliographie lorraine de M. Favier, bien connue du monde savant sous le nom du *Catalogue des livres et documents imprimés du fonds lorrain de la bibliothèque municipale de Nancy*, comprend « Géographie » comme dépendance de l'une des cinq grandes sections qu'il a adoptées (Histoire, Histoire religieuse, Jurisprudence, Sciences et arts, Belles-lettres, plus Appendices, et qu'il subdivise ainsi :

HISTOIRE

I. — *Géographie.*

a) Géographie générale, géographie historique. Cartes ;
b) Géographie par départements :
1° Meurthe-et-Moselle ; 2° Meuse ; 3° Moselle ; 4° Vosges ;

c) Voyages, dans l'ordre alphabétique des noms d'auteurs.

Dans notre publication ayant pour titre : *Plan, divisions et table d'une bibliographie vosgienne,* nous renvoyons à deux de nos bibliographies annuelles dans lesquelles le mot « géographie » est accompagné des mots : « excursions et cartes ».

Mais dans nos *Nouvelles Notes pour le plan d'une bibliographie vosgienne* accompagnées d'un tableau contenant la distribution des matières de la bibliographie vosgienne, le mot « géographie » n'est plus isolé ; nous disons : Géographie physique et descriptive, politique et administrative, et nous ajoutons : Voies de communication, canal, chemins de fer, postes et télégraphes. [On peut dire maintenant : Téléphone (il y a en effet aujourd'hui des cartes de réseaux téléphoniques).] Voyages et excursions, vues, paysages, plans, cartes. Indicateurs, guides et itinéraires.

Ces résumés succincts suffisent pour le moment à indiquer les documents faisant l'objet de nos recherches et qui ont été compris dans nos Bibliographies vosgiennes annuelles et seront compris, je l'espère, dans notre Bibliographie générale ou dans une Bibliographie géographique, si elle était soumise à l'impression.

Nature et forme des documents. — Les documents imprimés, ou livres proprement dits, ne sont pas les seuls documents qui doivent figurer ici ; mais on doit encore et surtout recueillir les documents gravés, plus connus généralement sous le nom de cartes.

Ce ne sont pas seulement non plus les ouvrages publiés isolément, ou individualisés en quelque sorte, qui doivent faire partie de l'ouvrage, mais aussi tous documents géographiques publiés dans un recueil plus vaste ou plus général, alors même qu'il n'aurait pas le caractère dominant de périodique géographique, quelle que soit du reste son origine ou lieu de naissance, mais en ayant soin, comme l'a recommandé l'éminent administrateur général de la Bibliothèque nationale, M. Léopold Delisle, de ne jamais citer les morceaux tirés à part sans indiquer les recueils où ces morceaux ont primitivement paru[1].

Notons que plus la bibliographie se spécialise, plus grand sera le nombre de documents qu'elle recueillera.

C'est ainsi que la bibliographie géographique doit recueillir les

---

1. Voir nos *Nouvelles Notes,* page 14.

ouvrages qui ne sont pas exclusivement géographiques, mais sont mélangés d'histoire et de géographie, ou mélangés d'histoire, de géographie et de philologie tout à la fois. Il en serait ainsi, par exemple, de l'étude de l'origine, de la formation et de la signification des noms de lieux. Cette matière pourrait être qualifiée de mixte et on devrait entrer dans d'autant plus de détails si la Bibliographie géographique était publiée isolément ou n'était pas accompagnée de ses soutiens naturels : la Bibliographie historique ou la Bibliographie philologique.

Nous présentons les mêmes observations pour les cartes qui ne sont pas exclusivement consacrées aux Vosges, au département des Vosges, à un ou plusieurs de ses arrondissements ou cantons, ou localités, mais aussi pour celles qui ne portent que de simples numéros (celle de Cassini par exemple) ou celles bien connues sous le nom générique « de feuilles » ou « quarts de feuilles » qui font partie d'une plus vaste collection, comme, par exemple, le 20 000e, le 40 000e, le 50 000e, le 80 000e, le 320 000e de l'État-Major, ou le 100 000e du ministère de l'intérieur, etc.

Classement des matériaux. — C'est ici peut-être la partie la plus abrupte et la plus hérissée de difficultés que rencontre le rédacteur d'une bibliographie géographique.

Pour éviter de faire fausse route, il importe de recourir aux principes généraux comme le ferait un jurisconsulte embarrassé par une espèce délicate.

Il faut tout d'abord se rendre bien compte qu'au fond une bibliographie n'est qu'une sorte de dictionnaire. Nous ne voulons pas assurément par là ravaler le moins du monde les auteurs de dictionnaires au nombre desquels nous avons l'honneur d'être, mais seulement indiquer qu'un recueil bibliographique n'est en somme qu'un répertoire dans lequel vient puiser le travailleur : un recueil qui facilite ses recherches ; lui présente, soit dans l'ensemble, soit dans les détails, ce qu'il désire trouver ; les lui rassemble méthodiquement et clairement de façon à ce qu'il puisse les trouver rapidement et sans perte de temps. Tel est d'abord un point de vue auquel on peut se placer.

Si, en outre, on se rappelle cet autre conseil également important de M. Léopold Delisle, de préférer les classements qui reposent sur l'ordre chronologique ou alphabétique (p. 14, *op. cit.*), on aura ainsi deux jalons précieux pour s'engager dans la voie périlleuse où nous tâchons, en ce moment, de ne pas nous égarer.

Il semble donc qu'en se pénétrant bien de ces deux principes et en déduisant sainement les conséquences qu'ils renferment ou comportent, on pourrait, après avoir établi des divisions ou sections principales, les reprendre en quelque sorte en sous-ordre pour classer, dans chacune d'elles, les documents dans leur ordre chronologique.

Il serait prudent d'adopter un classement graduel, si l'on me permet cette expression, ou décroissant, c'est-à-dire :

1° Département ;

2° Arrondissement ou région : Nord, Sud, Ouest, Est, et montagnes, plaine ;

3° Cantons ;

4° Communes.

Ce classement éclairerait certainement cette partie obscure de la route du bibliographe et par là même celle du chercheur, et l'on sera heureux de constater et de dire avec un spécialiste :

« *Il est certainement commode d'avoir ainsi sous la main, sur un sujet donné, la bibliographie complète de ce qui a été imprimé sur la matière*[1]. »

Chacune de nos divisions, sections ou paragraphes devient, en effet, l'objet d'un article ou d'une matière séparée et distincte, et on retrouve ici, dans le temps et dans l'espace, les productions de ceux qui nous ont précédés dans la dure voie du labeur.

En résumé :

a) Généralités, particularités et spécialités ;

b) Ordre chronologique ;

c) Ordre alphabétique (d'auteurs, de localités, etc.) ; mais le tout combiné, se prêtant un mutuel appui, se complétant l'un par l'autre.

Dans le *Catalogue* de Noël, la géographie se trouve réunie dans le chapitre VII intitulé : *Finances, statistique, routes, navigation, géographie, voyages, cartes, plans*, occupant les pages 454 à 486 inclusivement (n°ˢ 3275 à 3593 inclusivement), mais seulement pages 466 à 486 (n°ˢ 3422 à 3593 inclusivement) pour la partie géographique proprement dite.

---

1. *Le Bibliophile*, dans le *Journal général de l'imprimerie et de la librairie*, 74ᵉ année, 2ᵉ série, n° 8, 21 février 1895, p. 35, cité par nous p. 7 de notre *Plan, divisions et table d'une bibliographie vosgienne*.

Ce chapitre VII comprend les paragraphes suivants :

Statistiques ;

Salines ;

Divers ;

Routes et navigations ;

Voyages ;

Cartes générales et particulières ;

Plans de villes et de localités.

Le tableau suivant pourrait être adopté :

1° Généralités : anciennes et modernes ;

2° Géographie ancienne ;

3° Géographie contemporaine, celle-ci à partir de la formation du département ;

Dans chacune de ces trois catégories :

Voies de communication (routes et chemins) ;

Postes.

Dans la dernière seulement, en plus des routes et chemins de diverse catégorie et des postes :

Chemins de fer ;

Canal de l'Est ;

Tramways à moteurs animés et tramways à moteurs inanimés ;

Télégraphes et téléphones.

4° Le sol :

a) Montagnes ou topographie ;

b) Cours d'eau.

5° Voyages, excursions, itinéraires (avec les subdivisions de temps et d'espace ci-dessus rappelées).

A) Comme application de ces observations théoriques, j'ai compris dans ma *Bibliographie générale,* sous la dénomination : *Géographie, topographie, voyages,* ce qui intéressait tout le département des Vosges, en classant les publications par ordre alphabétique d'auteurs.

Une seconde division générale comprend sous le titre : *Voies de communication,* les subdivisions :

1° Canaux, au pluriel, pour comprendre aussi les projets de M. Cornebois, du Dr Garnier, de Lecreulx ;

2° Chemins vicinaux ;

3° Chemins de fer.

Il n'est pas question de tramways, l'ouvrage rappelé ci-dessus ayant été publié en 1889.

B) Dans mes *Bibliographies annuelles :*

1º Celle de 1883 [1] (nos 344 à 372), sous le nom *Géographie :*

a) Les ouvrages généraux ;

b) Les publications des sociétés géographiques ;

c) Les ouvrages spéciaux, voyages et excursions ;

d) Les cartes.

2º Celle de 1884 [2] comprend les nos 803 à 834 par ordre alphabétique d'auteurs.

3º Celle de 1885 [3], les nos 1159 à 1189 disposés de même.

4º Enfin celle de 1886 [4] les nos 1479 à 1491 disposés également par ordre alphabétique de noms d'auteurs.

L'impression des années suivantes, soit de 1887 à nos jours, a été demandée en deux séries annuelles de sept ou huit chacune, à la généreuse hospitalité de la Société d'Émulation du département des Vosges.

Dans l'une et l'autre de ces séries, je suivrai l'ordre chronologique dans chacune des principales subdivisions adoptées, en disposant les matériaux par ordre alphabétique de noms d'auteurs, et en plaçant chronologiquement sous le nom de chaque auteur ses publications.

Si Dieu nous prête vie, les séries annuelles interrompues, par suite de circonstances inattendues, seront reprises et publiées régulièrement cette fois avec l'espoir d'une plus grande continuité.

Appendice.

Ce chapitre accessoire nous a servi pour recevoir les productions géographiques d'auteurs vosgiens ne concernant pas les Vosges ou n'intéressant qu'indirectement les Vosgiens. Ce sont également des

---

1. *Bibliographie vosgienne de l'année 1883.* Épinal, veuve Durand ; Paris, Lechevalier, 39, quai des Grands-Augustins, 1884, in-8º, 87 pages.

2. *Bibliographie vosgienne de l'année 1884* et *Supplément* à l'année 1883. Épinal, l'auteur, 17, rue du Quartier ; Paris, Lechevalier, 39, quai des Grands-Augustins, 1887, in-8º, 75 pages.

3. *Bibliographie vosgienne de l'année 1885* et *Supplément* aux années 1883 et 1884. Épinal, l'auteur, 17, rue du Quartier ; Paris, Lechevalier, 39, quai des Grands-Augustins, 1888, in-8º, 44 pages.

4. *Bibliographie vosgienne de l'année 1886* et *Supplément* aux années 1883 à 1885. Épinal, l'auteur, 17, rue du Quartier ; Paris, Lechevalier, 39, quai des Grands-Augustins, 1889, in-8º, 42 pages.

matériaux qui ne doivent pas être dédaignés et que l'historiographe peut avoir à consulter, ainsi que tous autres travailleurs.

Bornons-nous à citer, à titre d'exemple, les ouvrages de M. Génin, professeur au Lycée de Nancy, et surtout ceux du docteur Liétard, de Plombières, et, dans des temps déjà plus éloignés de nous, ceux du docteur Gaillardot.

Le Canal du Nord-Est.

Communication de M. B. AUERBACH, professeur à la Faculté des lettres de Nancy.

« La Chiers se peut rendre navigable depuis Longwy jusqu'à la Meuse. La navigation de la Sambre se peut aussi prolonger de Maubeuge à Landrecies. On prétend même qu'elle se peut joindre à l'Oise. La navigation de l'Escaut se peut remonter jusqu'à Cambrai par un canal. Ledit Escaut se peut communiquer, par un canal de Tournai à Lille, à la Deûle, et de là à la Lys. La Lys se peut communiquer à la rivière d'Aa par le Neufossé... La rivière d'Aa se peut communiquer à Dunkerque par la Colme. » Ainsi s'ébauchait, dans l'imagination de Vauban[1], le canevas d'un réseau navigable dans le Nord et l'Est de la France. Plusieurs de ces sèches et fugitives indications ont été réalisées; d'autres ont passé inaperçues. Dans les plans de mise en état des rivières lorraines, la Chiers ne fut guère mentionnée : ceux de Bilistein[2] et de Lecreulx[3] la négligent; seul, le programme élaboré sous la Restauration par l'ingénieur Dutems[4] proposa « la jonction de la Meuse à la Moselle par le Chiers (sic), l'Othain et l'Orne sur un développement de 146 kilomètres, au prix de onze millions, en vue d'assurer « la communication entre les places frontières du Nord et de l'Est ». Et d'autre part — chose curieuse — ni Vauban, qui rêva la connexion de toutes les artères de la Flandre française, ni ceux qui se sont inspirés de ses idées pour les simpli-

---

1. *Oisivetés de M. Vauban*. Paris, Corréard, 1843, IV, p. 136.
2. *Essai de navigation lorraine...* Amsterdam, Constapel, 1764.
3. *Mémoire sur les avantages de la navigation des cours qui traversent les départements de la Meurthe, des Vosges, de la Meuse et de la Moselle*. Nancy, Barbier, an III.
4. *Histoire de la navigation intérieure de la France*, 1829, II, 327.

fier, ne songent à relier la Meuse à la Sambre et à l'Escaut[1]! Aujourd'hui encore, sur la carte des voies navigables (fig. 1), le contraste est frappant et peu harmonieux à l'œil entre les mailles serrées, qui se croisent depuis la ligne de l'Oise à la Sambre jusqu'à la mer, et le blanc qui, de l'autre côté, s'étend jusqu'à la frontière du Luxembourg et de la Lorraine annexée et que l'unique et maigre trait du canal de l'Est fait paraître plus vide encore.

Ce n'est point seulement l'image cartographique qui souffre de cette dissymétrie. Les hommes ont senti qu'il manquait là un trait d'union. Ce trait d'union doit être le canal du Nord-Est. Cette dénomination commune[2] unit deux tronçons, solidaires dans la réalité, et selon la raison géographique, mais administrativement indépendants et que l'on distingue sous les deux noms de la Chiers et canal de la Meuse à l'Escaut.

Le projet semble récent; à vrai dire, il est né à la vie officielle voilà un peu plus de vingt ans; il eut, comme tant d'autres de ses congénères qui aspirèrent à sortir des limbes, le parrainage de M. de Freycinet[3]; il reçut le sacrement du baptême parlementaire ou du moins un endoiement[4]. Il fut salué aussitôt, non seulement par ceux dont la nouvelle artère devait, par un contact immédiat, desservir les intérêts riverains, mais par ceux-là encore qui comptaient à la fois capter et vivifier le courant de son trafic. La Chambre de commerce de Dunkerque formula une des premières ses vœux et ses ambitions[5]. Manifestation éphémère; le silence se fit: les études se poursuivirent sans bruit et sans frais, du moins pour le Trésor public; car les promoteurs, c'est-à-dire les industriels du bassin de Longwy, ne marchandèrent pas leurs subventions[6].

---

1. La jonction préconisée par Vauban entre la Meuse et l'Oise par l'Aisne (canal des Ardennes) ne se prolongeait pas au delà de l'Oise (ouvr. cité, p. 103).
2. C'est celle aussi qu'emploie M. Georges Villain: *Les Voies navigables*. Journal *Le Temps*, 11 et 21 juin, 2 juillet 1901.
3. Il figure dans le programme auquel cet homme d'État attacha son nom (loi du 5 août 1879).
4. Canal de la Chiers. Rapport de M. Marquiset (*Doc. Parlem. Chambre*, 1881, p. 275, n° 3360). Canal de la Meuse à l'Escaut. Rapport de M. Alfred Girard (*Ibid.*, 1882, p. 891, n° 608). Les rapports reproduisent l'exposé des motifs qui précède le projet de loi; pour le canal de la Meuse à l'Escaut, cet exposé des motifs reproduit la notice de M. Quinette de Rochemont, alors ingénieur en chef à Lille, un des documents fondamentaux du dossier.
5. Délibération du 8 mars 1881.
6. Conseil général de Meurthe-et-Moselle. Session d'août 1885, p. 364. Les études furent terminées en 1887.

Le nouveau chapitre de cette histoire pourrait s'intituler : « Vingt ans après ». Espérons que c'est le dernier.

Le projet dormait d'un sommeil presque inviolé quand le signal du réveil retentit, sous la forme d'une circulaire du Ministre du commerce en date du 17 février 1900. Ce n'étaient plus les longs espoirs et les vastes pensées qui enflaient les programmes de jadis ; ce que demandait le Gouvernement, c'était « le classement, par ordre d'urgence, des travaux d'amélioration ou d'extension à effectuer sur les voies ferrées, sur les voies de navigation et dans les ports maritimes » : « J'appelle tout particulièrement votre attention sur les mots: *classement par ordre d'urgence*, qui définissent nettement le but et la portée de l'enquête. » Cet appel prudent et discret fut entendu sur tous les points de la France ; il fut trop bien entendu. L'*Enquête sur les voies de communication*[1] contient une liste singulièrement chargée de tous les projets — les uns, laissés pour compte des anciens programmes, les autres tout battant neuf — qui réclament l'urgence : preuve flagrante que le pays ressent les imperfections de son appareil circulatoire, et cette inquiétude même est de bon augure.

En ce qui concerne le canal du Nord-Est, la nécessité de l'entreprise s'était, pendant la période d'accalmie, — pour des motifs qui seront exposés plus loin, — plus impérieusement emparée des esprits. Aussi, moins de deux mois après l'apparition de la circulaire ministérielle, les intéressés se réunirent en un congrès à Nancy (7 avril) : dix Chambre de commerce y furent représentées[2]. L'on y agita la question des voies de communications régionales ; celles du bassin de Longwy-Briey eurent les honneurs de la priorité[3].

Enfin, le Conseil supérieur du commerce et de l'industrie, dans sa session d'octobre 1900, procéda à une sélection suprême et défi-

---

[1]. Imp. nat., 1900, in-4°, p. 259. Cf. Paul Léon, *Nos voies navigables* (*Rev. de Paris*, 15 janv. 1902).

[2]. Bar-le-Duc, Belfort, Châlons-sur-Marne, Charleville, Épinal, Reims, Saint-Dié (Chambre consultative), Sedan, Troyes, Nancy. — Étaient présents également : MM. les ingénieurs Thoux et Villain, MM. Weiss, sous-directeur de la Compagnie de l'Est, et Dreux, maître de forges, administrateur de la Société des Aciéries de Longwy. (*Compte rendu du Congrès du 7 avril 1900 des Chambres de commerce de la Région de l'Est*, Nancy, imp. Nancéienne, 1900, 64 pages).

[3]. Le Congrès classa en tête des chemins de fer : les lignes de Briey à Hussigny-Villerupt, — de Baroncourt à un point à déterminer de la ligne de Briey à Hussigny, — doublement de la voie de Longuyon à Pagny-sur-Moselle ; en tête des voies navigables : le canal de la Chiers, dont les études sont faites, et le canal de l'Escaut à la Meuse, avec soudure à Mézières entre ces deux canaux, en appelant l'attention de l'Administration sur la nécessité d'une exécution sinon simultanée, du moins consécutive dans un délai rapide, et cela en raison du concours que ces deux voies se prêteront.

nitive. Entre tous les projets qui se disputaient le premier rang — et quelques-uns sont considérables et de grande envergure — figurent dans le classement adopté, avec le numéro 1 sous la rubrique des voies navigables : *Jonction de la Chiers à la Meuse et à l'Escaut et amélioration des canaux qui relient l'Escaut à Dunkerque ;* et avec le numéro 1 sous la rubrique des ports maritimes : Dunkerque et Marseille *ex æquo*. Le canal du Nord-Est sortait de ce concours, en quelque sorte national, avec le premier prix. C'était un succès moral : il restait à l'assurer matériellement.

C'est à quoi s'employèrent sans retard les promoteurs : les Présidents des Chambres de commerce se concertèrent à Paris, le 7 mars 1901, et les Chambres de commerce des régions du Nord et de l'Est tinrent une conférence à Charleville le 25 avril suivant, à laquelle assistèrent MM. André Lebon, auteur, avec M. Charles Roux, du rapport général sur l'enquête ; Georges Villain, les ingénieurs Rigaux et Barbet, etc.[1]. De toutes ces délibérations, se dégage la signification de l'œuvre officiellement consacrée par le projet de loi du 1er mars 1901, et par les rapports parlementaires qui sanctionnent et recommandent le complément de l'outillage national[2].

I

Sa signification, elle la tire du triple foyer de vie dont elle est destinée à renforcer l'énergie et la puissance naturelles : la région minière et métallurgique de la Lorraine, les centres houillers du Nord de la France, le port de Dunkerque. Sans déprécier les autres intérêts en cause, on a le droit d'affirmer que la région industrielle de Lorraine sera la nourrice du trafic : c'est sa fortune qui est en jeu.

Ce coin extrême de la terre de France, que doit sillonner le canal de la Chiers, est privilégié ; il a, parmi les autres *pays* de France, sa

---

1. Projet des canaux de la Chiers, de l'Escaut à la Meuse. *Résumé des Communications faites à la réunion des Présidents des Chambres de commerce tenue à Paris le 7 mars 1901* (Charleville, Anciaux, 1901, 16 pages).
Conférence des Chambres de commerce des régions du Nord et de l'Est sur le concours financier à offrir à l'État pour l'exécution du canal de la Chiers et du canal de l'Escaut à la Meuse, tenue à Charleville le 25 avril 1901 (Charleville, Anciaux, 1901, 20 pages).
2. Le rapport sur le canal du Nord-Est a été rédigé par M. Guillain (*Doc. Parl. Chambre, session extraord.*, 1901, n° 2729). Cf. le rapport général de M. Aimond, n° 2599. Outre la préoccupation d'ouvrir des chantiers aux ouvriers que l'achèvement de l'Exposition laissait inemployés, l'initiative commune de MM. Millerand et Pierre Baudin s'est sans doute inspirée d'une pensée politique plus haute qu'il ne nous appartient pas d'exposer dans cette *Revue*.

fonction spéciale, son originalité; c'est le pays du fer. C'est un bloc d'entre 50 000 et 60 000 hectares, dont l'extention souterraine se développe sur 40 kilomètres du nord au sud, sur une largeur de 7 à 24 kilomètres dans le sens horizontal[1]: ce bloc n'est lui-même qu'un morceau de la nappe ferrugineuse, aujourd'hui englobée dans la Lorraine annexée et le grand-duché de Luxembourg[2].

Ce bassin de Briey, nom générique qui comprend toute la partie nord du département, se divise en trois groupes (fig. 2) : 1° groupe septentrional ou de Longwy; 2° groupe du milieu ou de Landres; 3° groupe du Sud ou de l'Orne[3].

A ce district septentrional, qui sera desservi par la voie à créer, s'en soude un autre, plus favorisé déjà, car il est drainé par les canaux de la Marne au Rhin et de l'Est: c'est le bassin de Nancy. Celui-ci couvre 18 500 hectares, chiffre de la superficie des concessions.

Les contours que l'on peut dessiner sur la carte sont en quelque mesure factices : ils coïncident avec le cadre des terrains concédés; les limites naturelles sont le plus souvent occultes et souterraines[4]. C'est d'ailleurs moins une estimation de surface qui importe, que la puissance et la valeur productrice de la masse minérale. Cet élément a pu être évalué avec une précision nouvelle à la suite des sondages opérés dans ces toutes dernières années (1895-1899) entre la frontière allemande, Briey, Audun-le-Roman et Baroncourt (Meuse).

---

1. G. ROLLAND : Sur les gisements de minerai de fer oolithique du nouveau bassin de Briey (*C. R. Acad. Sc.*, t. CCXXVI, 1898, p. 285-90, avec carte.) Cf. *Notice de la Carte géol. au 80000ᵉ (feuilles de Longwy et de Metz)*.
2. Pour en mesurer les limites de ce côté, consulter : *Uebersichtskarte der Eisenerzfelder des westlichen Deutsch-Lothringen* (Strasbourg, 1899, à l'échelle 1/80 000), avec la liste des concessions : *Verzeichniss der in w. D. L. verliehenen Eisenerzfelder*. Drittenach dem Stande vom 15 August 1899 berichtigte und ergänzte Auflage, 10 p.
3. C'est la division proposée par M. l'ingénieur F. Villain, le connaisseur le plus autorisé de ce pays du fer. (VILLAIN : Sur le gisement des minerais de fer en Meurthe-et-Moselle. *Rev. Industr. de l'Est.* Numéro spécial du 1ᵉʳ juillet 1900, avec atlas de 5 planches.) Tirage spécial.
Les chiffres donnés par M. Villain forment un total de 60 000 hectares environ, et dépassent celui de M. Rolland, 54 000 hectares.
La division de M. Villain paraît devoir être admise. On doit rejeter, comme n'étant pas topique ni précise, la rubrique de « bassin d'entre Meurthe-et-Moselle », que l'on a proposé d'appliquer aux nouvelles concessions obtenues à la limite des sondages opérés de 1893 à 1899. Voyez CH. PALGEN : Les nouveaux sondages du bassin minier entre Moselle et Meuse. Extrait des *Mém. de l'Union des Ingénieurs de Louvain*. Bruxelles, Impr. de l'Economie financière, 1900, p. 10. Le bassin est marqué par une teinte grise, sur la carte annexe à 1/80 000.
4. Les « limites d'exploitabilité » sont dessinées par G. Rolland sur les feuilles précitées de la carte géol. Cf. VILLAIN : Atlas, planche V.

L'exploration mérite d'être signalée ici, non seulement à cause de sa portée économique, mais parce qu'elle touche à un problème digne d'intéresser les géographes. L'origine des dépôts ferrugineux a été fort discutée. Le regretté Bleicher en a suivi la traînée sur 120 kilomètres en ligne verticale, en a déterminé la place dans la hiérarchie des strates entre le lias supérieur et l'oolithe inférieure, en a défini, grâce à la faune fossile, l'âge et l'état civil : il a distingué le minerai liasien de l'oolithique; « le premier, surtout exploité dans le groupe de Nancy, a une faune de haute mer », tandis que l'autre offre plutôt « le caractère littoral »; c'est ce dernier qui affleure en ourlet sur le flanc des côtes en surplomb sur la Moselle, ou se déroule en diadème à la base de la crête bajocienne. Mais on rencontre aussi, disséminé en grains à fleur de sol, et surtout dans des cavités et des poches, un minerai, dit fer fort, jadis plus renommé et plus exploité que de nos jours, surtout autour de Saint-Pancré, mais qui est, selon Bleicher, un témoin éloquent et précieux dans l'histoire du relief lorrain. Il en raconte l'épisode le plus décisif peut-être, la dénudation ou le démantèlement des croupes à l'arête rigide des socles découronnés; l'énorme masse de matériaux, de 200 mètres d'épaisseur, qui les surmontait, aurait été abrasée, et, en même temps que ces matériaux, pour la plupart calcaires, s'écroulaient, ils se dépouillaient, selon Bleicher, de leur chaux, ils se décalcifiaient pour s'imprégner de silice. « L'imprégnation siliceuse s'est souvent accompagnée d'imprégnation ferrugineuse, et l'on peut admettre que, sur la masse considérable de fer qui, sous la forme des nodules de fossiles pyriteux ou hydroxydés, d'oolithes, se trouvait disséminée dans les 200 mètres de couches délavées, une partie s'est concentrée dans les argiles plus ou moins pures du fond des fissures et des dépressions, pour se déposer sous la forme de *fer fort* noduleux et pisolithique. » Outre la théorie curieuse de métamorphisme ou métasomatose s'affirme ici l'hypothèse chère à notre regretté collègue, celle de la dénudation du plateau central de Haye, hypothèse qui ne saurait être aussi étroitement localisée, mais s'appliquerait à l'ensemble du plateau lorrain[1].

---

1. BLEICHER : Recherches sur la structure et le gisement du minerai de fer pisolithique de diverses provenances françaises et étrangères (*Bullet. Soc. Sciences Nancy*, 1894). — Le minerai de fer de Meurthe-et-Moselle (*Bullet. Soc. Indust. de l'Est*, 2ᵉ série, 1894). — Sur la dénudation du plateau central de Haye (*C. R. Acad. Sc.*, 15 janvier 1900). — Sur

Ce n'est pas le lieu ici de critiquer cette conception; il suffit d'en signaler l'intérêt géographique. C'est à ce titre aussi qu'il en faut mentionner une autre, non moins suggestive et ingénieuse, celle de la formation des minerais par des émissions souterraines. La structure du bassin de Briey est affectée par des accidents géologiques, des failles, qui, entre autres conséquences, telles que le redressement du faîte d'entre Meuse et Moselle, la texture du réseau fluvial, etc., ont commandé la répartition et le prolongement des couches de minerai[1]. Orientées dans le sens général Sud-Ouest-Nord-Est, ces failles (failles de l'Orne, d'Avril, de Fontoy, d'Audun-le-Roman, d'Audun-le-Tiche) sont croisées par un système de cassures perpendiculaires : c'est dans ces déchirures, ébauchées sous le lit de la mer qui couvrait encore le territoire, que débouchèrent des sources ferrugineuses. Ce n'est donc point postérieurement au dépôt des minerais que le sol aurait été disloqué ou raviné de la sorte; mais, au contraire, ces mouvements l'auraient précédé, et ne se seraient accentués que dans la suite. Telle est la théorie des « failles nourricières », que M. Villain a exposée d'abord dans une conférence à la Société industrielle de l'Est (27 juin 1900), et qu'il se réserve de développer dans un ouvrage spécial[2].

Nous n'avons point compétence pour traiter, encore moins pour trancher le problème de la genèse du minerai. Retenons, des arguments produits, les conséquences d'ordre pratique et qui nous ramènent à notre sujet. Outre la facilité de l'extraction, due au mode d'affleurement ou au jeu des compartiments faillés, voici la plus saillante : une seule des couches exploitables, la couche grise, dans les 30 000 hectares où elle se déploie à travers le bassin de Briey, sur une épaisseur jamais moindre de 2 mètres, qui se grossit parfois jusqu'à 8, recèle au delà de 2 milliards de tonnes de minerai. Même

---

la dénudation de l'ensemble du plateau lorrain et sur quelques-unes de ses conséquences (*Ibid.*, 26 févr. 1900). — Sur les phénomènes de métamorphisme de production de minerai de fer consécutifs à la dénudation du plateau de Haye (5 févr. 1900).

1. B. Auerbach : *Le Plateau lorrain*, p. 201 et suiv.
2. M. Villain admet la dénudation pour le minerai des couches plus jeunes, dispersées et charriées vers l'ouest, et dont la Lorraine serait la patrie d'origine, de même pour les minerais du diluvium et des plateaux. Sa théorie n'est donc pas exclusive de celle de Bleicher. Elle a été contestée par M. G. Rolland (*C. R. Acad. Sc.*). Tous ces documents, mémoires et graphiques ont été reproduits, souvent d'une façon fort défectueuse, dans une brochure de M. François Laur : *Étude complète du bassin ferrifère de Briey et de la formation ferrugineuse lorraine* (Paris, Soc. des Publ. scientifiques et industrielles, 1901, 96 p., une carte hors texte).

avec le déchet de la moitié, c'est une provision d'un milliard de tonnes qui s'offre ; à raison d'une consommation annuelle de 10 millions, double du taux actuel, c'est l'activité d'un siècle (*grande mortalis ævi spatium*) au moins qui est défrayée et soutenue. Alors que seront bientôt épuisés les gisements de Bilbao et d'autres centres, le bassin de Briey a devant lui une longue perspective de prospérité et de progrès fécond.

Le passé, d'ailleurs, est garant de l'avenir. De longue date, l'industrie, fille du sol, a fleuri sur le plateau de Briey ; sans remonter aux siècles lointains, à la veille de la Révolution, plus de 5 millions de livres de fonte sortaient des forges de Moyenvic, Longuyon, Lopigneux, Villancy, Villerupt, Ottange, alimentées par le minerai de Saint-Pancré[1] ; de celles de Longuyon et de Lopigneux encore, 1 200 000 livres de fer en barres. Toutefois, les établissements des Vosges et du Barrois, également bien pourvus de bois, rivalisaient avec ceux de Lorraine. Mais Moyenvic et la manufacture d'armes de Longuyon recevaient, par des charrois très coûteux, des charbons de Sarrebruck[2]. L'afflux des houilles, d'abord par la Moselle aménagée, puis par wagons depuis le milieu du XIXe siècle, provoqua un essor inouï[3], qui ne s'est pas ralenti depuis lors, si bien que la zone industrielle de Lorraine apparaît comme la génératrice d'un trafic intense.

Elle tire de son sein généreux le minerai, qu'elle transforme en fonte, en fer, en acier. Elle ne garde pas toujours jalousement pour elle seule la matière première[4].

---

1. DIETRICH : *Description des gites de minerai de la Lorraine méridionale.* Paris, an VII (p. 452).

2. *Ibid.*, p. 436, 443.

3. A partir de 1849, on signale, grâce à l'amélioration de la voie d'eau, une baisse considérable du fret. En 1837 encore, la tonne de houille amenée de Sarrebruck à Uckange coûtait 12 fr. 25 ; à Pont-à-Mousson, 18 fr. 06. En 1849, ces prix sont respectivement tombés à 6 fr. 15 et 10 fr. 32. Les arrivages étaient alors de 67 000 tonnes pour le premier point, de 14 000 pour le second (Conseil général, Moselle, session août 1849, p. 86). Entre 1852 et 1856, on constate que la production métallurgique double. Depuis 1856, les aciers sont fabriqués (pour 2 400 000 francs en 1856) ; en 1859, 24 000 tonnes de rails sont livrées, 85 000 tonnes de fonte, 32 000 de fer. Les industriels réclament un chemin de fer de Longuyon à Arlon. Ces renseignements sont tirés des Comptes rendus, assez sommaires, de la session du Conseil général ; les rapports des chefs de service y sont à peine résumés. Voir aussi Georges VILLAIN : *Le Fer, la houille et la métallurgie à la fin du dix-neuvième siècle.* Paris, A. Colin, chap. IV.

4. Toutefois, il est des années, 1894 par exemple, où l'exportation du minerai se réduit à rien.

Le bassin de Nancy, d'après les relevés de M. G. Villain, exporte en minerai, vers la Haute-Marne, le Nord, la Belgique, l'Allemagne, 300 000 tonnes; sauf 40 000 tonnes, ce tonnage emprunte la voie d'eau[1]. En attribuant 200 000 tonnes à la direction Nord et Belgique, ce fret sera véhiculé par le nouveau canal.

Le bassin de l'Orne, le plus riche, n'est pas encore entièrement sollicité. M. Villain assure qu'il dispensera 600 000 tonnes aux hauts-fourneaux que quatre sociétés propriétaires de concessions ont édifiés dans le Nord, à Vezin, Aulnoye, Maubeuge, Marchienne en Belgique, et Denain. Ajoutez l'appoint, qui n'augmentera pas, de 100 000 tonnes fourni par Longwy, voilà, semble-t-il, en dehors de la consommation locale, une fière cargaison de 900 000 tonnes qui se confiera volontiers à la batellerie[2].

Un second article d'expédition est le produit sidérurgique sous sa première forme, la fonte. Les usines de Meurthe-et-Moselle sont de véritables mères gigognes: 580 000 tonnes en 1880, 1 084 000 en 1890, 1 575 000 en 1899; et, comme partout des hauts-fourneaux vont éclore, ce chiffre s'enflera sous peu d'années: il atteindra, selon M. Villain, plus de 2 000 000 de tonnes[3]. Ce sera encore, pour partie, une aubaine pour le canal du Nord-Est, qui drainera vers Dunkerque les produits destinés aux pays d'outre-mer, jusqu'ici captés par Anvers, qui facilitera l'écoulement vers les forges, fonderies et usines de transformation de l'intérieur de la France.

Cette Lorraine industrielle si vibrante est un foyer d'appel et d'absorption pour les houilles et les cokes. Elle est donc doublement génératrice de trafic, par ce qu'elle distribue au loin et par ce qu'elle attire. En 1899, le bassin de Nancy a consommé 1 050 000 tonnes de combustibles, dont 2/5 venus par eau — c'est toujours M. Villain qui nous documente; — celui de Longwy-Villerupt 1 450 000[4].

---

1. Congrès de Nancy, p. 27.
2. En 1898, la France a exporté 2 900 000 quintaux de minerai de fer, dont 1 201 000 pour la Belgique, 625 000 pour les Pays-Bas, 673 000 pour l'Angleterre, 417 000 pour l'Allemagne. Il est impossible de faire, dans les tableaux du *Commerce général*, le départ pour chacun des lieux d'origine.
3. Le bassin de Nancy pourra exporter 700 000 tonnes, le groupe Orne-Briey 550 000, le groupe de Longwy-Villerupt 850 000, soit un total de 2 100 000 tonnes, sans compter les scories de déphosphoration, laitiers, etc.
4. Celui de l'Orne, représenté actuellement par le seul établissement de Wendel, a consommé 300 000 tonnes.

Ces 2 500 000 tonnes de charbon sont de provenances diverses:

	BASSIN de Nancy.	BASSIN de Longwy-Villerupt.
	tonnes.	tonnes.
Nord français	640 000	480 000
Belgique	100 000	520 000
Allemagne	310 000	450 000[1]

Le canal futur aura pour rôle de mettre la région consommatrice en relations plus directes et plus intimes avec les charbonnages français, de manière à refouler la houille belge, peut-être aussi à évincer la houille anglaise, voire l'américaine, qui tentent de s'insinuer. Les bassins du Nord et du Pas-de-Calais sont assez riches pour satisfaire aux appétits les plus voraces; alors que la consommation totale de la France, de 1850 à 1898, a augmenté du sextuple, la production de ces bassins a presque vingtuplé. Aujourd'hui, ils pourvoient pour la moitié environ aux besoins nationaux.

L'exploitation des gisements du Pas-de-Calais n'est qu'à ses débuts. Il n'est donc pas chimérique d'espérer que c'est de ce côté que la Lorraine industrielle demandera les 1 200 000 tonnes supplémentaires qui, d'ici dix ans, devront défrayer ses usines. Le courant houiller, si l'on peut dire, s'animera singulièrement si l'on songe que Meurthe-et-Moselle et Ardennes ont absorbé, en 1899, 4 700 000 tonnes, dont 2 000 000 à peu près des bassins français, soit 41 à 42 p. 100, et si l'on compare cette production à celle de 1878, invoquée par Quinette de Rochemont: les Ardennes ne demandaient alors aux fosses françaises que 3 p. 100, Meurthe-et-Moselle 17 p. 100[2]. Mais ce courant aura, jusqu'à l'achèvement du canal désiré, à lutter contre la distance. Aujourd'hui même, malgré la réduction de tarifs consentie par les Compagnies du Nord et de l'Est, les charbons français ne peuvent soutenir la concurrence avec leurs similaires belges et allemands, qui gagnent du champ, et pénètrent jusqu'à

---

[1]. Il entre aussi dans les arrivages de ce groupe une proportion de charbons anglais.

[4]. Nous avons pu consulter, grâce à la complaisance de M. Villain, un substantiel travail de M. La Rivière, ingénieur en chef des ponts et chaussées à Lille, sur « les conséquences, pour l'accroissement probable du tonnage des voies navigables du Nord », du développement de la production dans les bassins du Nord et du Pas-de-Calais. Mais l'auteur comprend, sous la rubrique « groupe de l'Est », les départements des Ardennes, Marne, Meurthe-et-Moselle, Vosges, Doubs, Jura, Haut-Rhin. Statistiques et conclusions débordent donc notre cadre.

Paris, jusqu'à Lyon. Le canal raccourcira les distances : c'est ce qu'illustre une brève description du tracé.

II

La ligne s'allongera sur 240 kilomètres, depuis Mont-Saint-Martin jusqu'au bief de Denain-sur-l'Escaut. Elle se divise en sections naturelles : le canal de la Chiers, qui se termine dans la Meuse, ou plus proprement dans le canal de l'Est ; celui-ci sert de trait d'union avec la seconde section : Meuse au canal de la Sambre à l'Oise ; ce dernier relie la seconde section à la troisième : Sambre-Escaut. Les têtes de ligne sont : Longwy et Valenciennes, centre de rassemblement des houilles du Nord, les étapes ou escales Mézières, Pont-à-Vendin, débouché du pays noir de Lens, Denain, petite métropole d'une agglomération des plus vibrantes, dont le rivage et le port sont singulièrement animés.

Mais la ligne à créer n'est qu'un tronçon de la grande voie qui se développera jusqu'à Dunkerque, sur près de 440 kilomètres, dont 200 sont faits.

C'est au point extrême de la vaste cité métallurgique qui se dresse au seuil même de la frontière de France, que le canal s'amorcera. Depuis les aciéries de Mont-Saint-Martin, il dévalera par un escalier d'écluses, frôlant les quais des usines et fabriques échelonnées. Il longera docilement, par une succession de courbes d'un rayon très réduit, les boucles gracieuses que la Chiers dessine, épousant les sinuosités de ce couloir étroit où la rivière serpente entre des berges hautes d'où les localités géminées se regardent face à face. Si, dans cette fissure, le ruban ferré trouve à peine à se poser, le canal est obligé de s'élever à flanc de coteaux, évoluant d'une rive à l'autre. Les figures 3 et 4 dénoncent, mieux que toute description, un profil tourmenté[1]. A la sortie de Meurthe-et-Moselle, le canal est descendu, par les écluses, presque accolées sur 38 kilomètres, de

---

[1]. Nous devons le plan général du tracé ainsi que le profil en long à l'extrême obligeance de M. Rigaux, ingénieur en chef des ponts et chaussées à Charleville, qui a dressé l'avant-projet définitif du canal. Nous saisissons cette occasion de lui adresser nos plus sincères remerciements. La notice explicative qui accompagne ces documents graphiques est la source à la fois la plus sûre et la plus copieuse où les intéressés ont puisé leurs arguments.

61^m,80, avec de fatigantes contorsions[1]. Cependant, au-dessous de Montmédy, où la Chiers se replie en une sorte de triangle, le canal perce droit par une tranchée entre Vigneul-sous-Montmédy et Chauvenay-le-Château; aussi, dans ce trajet à travers le département de la Meuse, tandis que la proportion des alignements droits s'accuse à 66 p. 100, celle des courbes s'est réduite à 44 p. 100, en même temps que les rayons se sont allongés; enfin, à mesure qu'il gagne la vallée de la Meuse, le profil devient plus rigide : 69 p. 100 contre 31 p. 100; les courbes s'étirent encore, avec un rayon d'un demi-kilomètre au moins. Sur les 93 kilomètres de parcours, la chute totale est de 104 mètres, accentuée surtout dans la section haute, où les biefs ne dépassent guère 1 900 mètres, tandis que, plus bas, ils se tendent sur 3 à 4 kilomètres dans la Meuse, sur 5 à 6 dans les Ardennes.

Au moins, sur cette voie d'un relief accidenté, les bateaux circuleront à leur aise, car ils trouveront d'un bout à l'autre 12 mètres de largeur, une profondeur de 2^m,50 et de spacieuses plates-formes (3 ou 5 mètres) pour le halage. Les écluses rachèteront leur fréquence par leurs dimensions : 40 mètres de longueur utile, 5^m,50 entre les deux parois, 2^m,50 de hauteur d'eau sur les bases[2].

En se confondant avec les eaux meusiennes, le canal de la Chiers perdra son nom et sa personnalité. Du Petit-Remilly à Mézières, sur une distance de 32 kilomètres, l'artère aménagée de longue date, mais isolée jusqu'ici, servira de trait d'union avec le canal de la Meuse à l'Escaut.

Du point de raccordement jusqu'au bief de partage, la montée sera de 53 mètres; ce bief, atteint au bout de 32 kilomètres, est franchi au faîte du Liart en un souterrain de 2 kilomètres à travers la falaise crétacée. Le plan d'eau s'est haussé jusqu'ici par 14 écluses. L'autre versant se profile à travers les vallon de la Thiérache, et, au delà de l'Oise, coupe un coin extrême de la Picardie. Jusqu'au canal de la Sambre à l'Oise, la descente est modérée; mais, au delà, elle se précipite, et les écluses se pressent en un escalier, ou plutôt en une échelle

---

1. La proportion des courbes aux alignements droits est de 54 p. 100; sept courbes ont un rayon de 100 mètres; 37, un rayon compris entre 100 et 200.
2. L'alimentation de la section supérieure du canal sera assurée, pendant la période de la sécheresse, par un système d'élévation mécanique des eaux qui refoulera vers l'amont les débits accrus par les apports de la Crusne. Une usine élévatoire est projetée à Longuyon; et, pour parer aux défaillances, un réservoir d'une contenance de 2 millions de mètres cubes à Mont-Saint-Martin.

très raide, surtout entre Ors et la coupée de la Selle, affluent de l'Escaut. La chute totale depuis le faîte est de 165 mètres, rachetée par 42 écluses. M. Quinette de Rochemont recommandait la substitution aux escaliers de plans inclinés et d'élévateurs[1].

Quelles que soient les difficultés techniques de l'entreprise, un résultat est certain : le raccourcissement des distances entre les points desservis, nous entendons les distances par eau.

DISTANCE.	VOIES actuelles.	VOIES projetées.	DIFFÉRENCE.
De Valenciennes à Longwy...	415	252	123
— à Nancy...	470	413	57

Et le trajet sera non seulement plus court, mais aussi plus accéléré : car ce n'est pas seulement le nombre des kilomètres qui est diminué, c'est celui des éclusages[2].

Mais ce parcours réduit dépasse encore celui des chemins de fer. Comparons d'abord les longueurs (après ouverture du canal du Nord-Est) :

DISTANCE.	FER.	EAU.	DIFFÉRENCE.
De Valenciennes à Longwy...	236	285[3]	49
— à Nancy...	330	403	73
De Pont-à-Vendin à Longwy...	302	330	28
— à Nancy...	398	448	50
De Dunkerque à Longwy...	390	438	48
— à Nancy...	486	556	70

III

Mais est-ce une question de kilomètres ? On répondra d'abord que, pour les marchandises transportées par voie d'eau, le temps ne fait rien à l'affaire. Ce n'est pas une lutte de vitesse, c'est une guerre

---

1. QUINETTE DE ROCHEMONT : *Canal de jonction de l'Escaut à la Meuse. Notice sur l'avant-projet* (Valenciennes, Gand et Seulin, s. d., 62 p., 6 pl.). Des variantes ont été proposées. M. Guillain assure, avec son autorité particulière (Rapport, p. 8), que le tracé primitif, qui a servi de base à la loi déclarative d'utilité publique du 8 juillet 1882, est seul acceptable.
2. Entre Valenciennes et Nancy, le nombre des écluses sera réduit de 195 à 113 ; entre Pont-à-Vendin et Nancy, de 194 à 116.
3. On remarquera une légère différence (7 kilomètres) avec le chiffre donné par M. Barbet (*Canal de l'Escaut à la Meuse. Rapport d'ensemble de l'ingénieur en chef*, 1901. Valenciennes, Impr. de l'*Impartial du Nord*, 35 p.).

de tarifs. Ici, nous touchons un point critique, la concurrence des deux frères — ne disont pas; ennemis — disons : rivaux, le chemin de fer et le canal ou, plus exactement, le cours d'eau praticable. Sans nous engager dans la controverse, il nous plaît seulement d'invoquer quelques faits. Depuis un quart de siècle, les voies d'eau, que les chemins de fer, pendant leur ère triomphante, avaient prétendu stériliser et condamner à la mort par langueur et inanition, reprennent, avec la vie, la conscience de leur mission. Dans tous les États civilisés, qui ressentent la nécessité de ne négliger aucune de leurs forces vives, cette restauration s'accomplit : en Angleterre, aux États-Unis et, plus près de nous, en Allemagne. Cet exemple voisin est particulièrement suggestif: en Allemagne, où l'État (et non l'Empire) est propriétaire de son réseau ferré, il semble qu'il se fasse tort à lui-même en régularisant les fleuves, en creusant des canaux.

Il suffit de répondre à cette thèse par quelques chiffres empruntés à un spécialiste des plus autorisés, Sympher[1].

Voies navigables.

	LONGUEUR.	TONNAGE kilométrique.	AUGMENTATION.	PARCOURS kilométrique (augment.).
1875...	10 000	2 900 000 000		
1895...	10 000	7 500 000 000	159 p. 100	159 p. 100

Voies ferrées[2].

1875...	21 500	10 000 000 000		
1895...	44 500	26 000 000 000	143 p. 100	44 p. 100

Les deux instruments de transport se sont développés avec une puissance presque égale, dans cet espace de vingt ans: les voies navigables, bien qu'améliorées et ranimées, n'ont rien enlevé aux chemins de fer de leur clientèle ni de leur prestige : leur part au trafic total a passé de 21 à 22 p. 100.

---

1. *Die Zunahme der Binnenschiffahrt in Deutschland von 1875-1895*. Berlin, Siemenroth et Troschel, 1899, 16 p. (table et statistique, 2 cartes). Cf. WALTHER LOTZ : *Die Verkehrsentwicklung in Deutschland*, 1800-1900. Leipzig, Teubner, 1900 (avec une copieuse bibliographie).
2. Ces chiffres s'appliquent aux marchandises.

En France, les rivières et canaux, moins favorisés à coup sûr, ont fait preuve aussi de vitalité; ce dont fait foi le tableau suivant, emprunté au dernier album paru de *Statistique graphique*:

	LONGUEUR MOYENNE exploitée.		TONNAGE KILOMÉTRIQUE en milliers de tonnes.	
	Voies ferrées.	Voies navigables.	Voies ferrées.	Voies navigables.
1882	25 670	12 230	10 835 647	2 264 586
1895	36 337	12 281	12 898 456	3 766 819

Le rapport du tonnage kilométrique des voies navigables à celui des chemins de fer a progressé, pendant cette période, de 20 à 29 p. 100, sans que la fortune des chemins de fer ait été compromise.

Soit! dira-t-on, mais à quoi bon construire un canal coûteux là où la ligne ferrée assure le trafic? Il ne semble pas que la zone industrielle de Lorraine — pour ne parler que d'elle seule — soit desservie par des voies d'accès et de dégagement suffisantes. Elle est striée au nord par la ligne des Ardennes, mais la section qui sillonne le cœur du pays, de Pagny à Longuyon, n'est qu'à simple voie; les riches gisements du groupe central devront être drainés par des embranchements de Briey sur Hussigny et Villerupt, et de Baroncourt vers Audun-le-Roman[1].

Ceux-là mêmes qui, pour compléter le réseau, consentent un gros sacrifice, inouï dans les annales de la construction des chemins de fer, jugent que le canal sera, non pas une inutile doublure, ni un concurrent envieux, mais un collaborateur discret. Il transportera de bout en bout 1 500 000 tonnes, selon les meilleurs augures: minerais, fontes et produits métallurgiques, laitiers, scories et houilles, alimenteront le fret dans les deux sens, sans parler des denrées agricoles qui seront captées, des bois et pierres et autres matières pondéreuses pour qui le bateau est un meilleur véhicule que le wagon.

---

1. Le Congrès de Nancy a réclamé ces lignes, dont le coût total est estimé à 21 millions; les industriels et concessionnaires ont souscrit une subvention de 7 250 000 fr., y compris 500 000 fr. accordés par le département. « Ces subventions, a déclaré le Congrès... accordées par les particuliers, les communes et le département, sont les plus considérables qui aient jamais été fournies pour la construction de chemin de fer. » (P. 17.) C'est une considération qu'a négligée M. V. de Lespinats, ancien maître de forges, en son plaidoyer pour les chemins de fer (*Canal de la Meuse à Longwy et à l'Escaut et son prolongement de Longuyon à la Moselle*. En sous-titre : *Supériorité des chemins de fer comme moyen économique de transport*. Limoges, Ducourtieux, 1901. 64 p.).

Quant aux rails, ils ne risquent pas d'être désertés[1] et pourront côtoyer fraternellement la voie d'eau.

Celle-ci aura pour terminus Dunkerque. De tous les ports français, il n'en est pas dont la fortune ait été plus merveilleuse et plus rapide depuis un quart de siècle; ce n'est point du mouvement des navires que Dunkerque tire son importance — car il n'est guère fréquenté par les paquebots à passagers — mais de celui des marchandises; à ce titre, il se classe au troisième rang, après Marseille et le Havre, avant Bordeaux. C'est un emporium outillé pour sa fonction commerciale. Il a une spécialité, que lui vaut sa situation géographique et dont il a, pour cette raison, dépouillé le Havre : c'est le port lainier de France.

Il introduit les toisons de l'Amérique du Sud, que travaillent les manufactures de Bordeaux et de Tourcoing[2]. Or, Dunkerque communique avec son arrière-pays par eau; les canaux qui s'ouvrent sur le port ont transporté en 1900 près de 1 800 000 tonnes, et cette sphère d'influence peut s'étendre à l'intérieur; les éléments d'un trafic par batellerie avec la région métallurgique sont là. Dunkerque importe de 150 000 à 200 000 tonnes de minerais de fer riches, nécessaires aux usines; depuis 1896, il tend à supplanter Anvers pour les arrivages de manganèse des Indes, dont il défraie Longwy et les établissements de la Société de Denain et Anzin[3]; celle-ci a choisi Dunkerque comme tête de ligne naturelle d'un service régulier avec Bilbao et avec Saïgon et Haïphong. Mais, si les relations par voies navigables avec la région lorraine sont amorcées, si Dunkerque expédie du minerai à Jarville, du riz à destination de Nancy, s'il reçoit du sel de Saint-Nicolas, Dombasle, etc., des phosphates de Pompey, cela représente un chiffre insignifiant[4]. Dunkerque s'obs-

---

[1]. Il suffit, pour s'en convaincre, de consulter le tonnage des lignes qui desservent le seul bassin de Briey (*Statistique des chemins de fer français au 31 décembre 1898*. Documents divers, 1re partie, Tableau n° 20, n° d'ordre 32, p. 258). Il faut admettre aussi que le chemin de fer, s'il partage avec le canal le transport de la houille crue, effectuera seul celui du coke, qui pâtit des transbordements.

[2]. C'est depuis 1882-1883 que l'importation de Dunkerque (58 000 balles) a dépassé celle du Havre (51 000); l'année précédente, la proportion était encore de 27 000, contre 67.000. Aujourd'hui, Dunkerque accapare cet article : sur 286 000 balles entrées par les ports français en 1898-1899, 245 000 sont venues par Dunkerque; sur 188 000 balles en 1899-1900, 173 000 par Dunkerque (*Dunkerque, son port, son commerce*. Notice publiée par la Chambre de commerce pour l'Exposition de 1900. Imprimerie Dunkerquoise, 89 p., figures et planches. *Statistique maritime et commerciale du port de la circonscription consulaire*. Publication de la Chambre de commerce, 1901, 163 p.).

[3]. *Tableau général du Commerce de la France*, 1898, vol. II, p. 44.

[4]. Un peu plus de 15 000 tonnes, en y comprenant les arrivages et expéditions en pro-

tine, cependant, à réclamer la construction du canal du Nord-Est, qui permettrait, dit la Chambre de commerce, « à notre établissement maritime, de lutter avantageusement contre le port d'Anvers dans le riche bassin de Longwy ». L'intérêt particulier et l'intérêt national se confondent heureusement dans cette ambition[1].

Ainsi donc, cette entreprise, qui s'alimentera aux seins nourriciers d'une zone d'industrie intense, d'une région houillère, d'un port en pleine prospérité, cette entreprise est viable. Mais elle ne doit pas vivre d'une vie précaire et factice ; elle doit devenir à son tour une source de richesse et de profit. Il faut, selon l'expression américaine, que le canal « paie ». La dépense totale, d'après les prévisions qui excèdent les premiers devis, ressortira à 131 millions, dont moitié versée par l'État, l'autre moitié, subvention des intéressés. Cette somme de 60 millions et demi — à laquelle s'ajoutent 8 700 000 francs comme charge d'intérêts intercalaires pendant les cinq premières années d'exécution, qui seront sèches — cette somme de 74 millions sera demandée à l'emprunt, et l'amortissement en soixante ans — terme adopté — imposera une annuité de 2 795 000[2]. On y fera face par une taxe de péage et une taxe de traction, taxes qui ne porteraient que sur les voies de nouvelle création. Nous n'avons point qualité pour discuter les évaluations émises : chaque tonne kilométrique serait grevée de 8 millimes[3], charge qui, avec le temps, serait atténuée et même abolie. Le chemin de fer peut-il offrir des conditions aussi avantageuses ? On en doute et, d'ailleurs, on a foi que, suivant une jurisprudence tutélaire des voies navigables, ces tarifs de concurrence ne seraient pas homologués[4].

Garantie artificielle et contre-nature, s'écrient les détracteurs de l'entreprise, les avocats des chemins de fer, qui contestent toutes les évaluations comme autant d'hypothèques sur l'avenir. Pour n'être

---

venance ou à destination des Ardennes et de la Meuse (Chambre de commerce de Dunkerque. Réponse au questionnaire annexé à la circulaire de M. le Ministre du commerce en date du 1er février 1900, p. 13).

1. Par le canal du Nord-Est, la distance de Longwy à Dunkerque sera de 445 kilomètres, supérieure de 20 kilomètres seulement à la distance par voie d'eau sur Anvers.
2. Les premières évaluations, qui ressortaient à 120 millions, ont dû être majorées.
3. V. discussion dans les articles précités de G. Villain. C'est un chiffre moyen, car le taux du péage varie entre 5 millions pour les cokes et minerais et 11 millions pour les produits métallurgiques.
4. Réunion Paris (p. 10), Conférence Charleville (p. 17), Réponse Dunkerque (p. 8). Allocution de M. Baraban, directeur de la Compagnie de l'Est (Rev. Industrielle de l'Est, 3 mars 1901).

ni incomplet ni partial, notre exposé devrait résumer tous les griefs et objections, mais il risquerait de s'égarer dans les minuties et subtilités d'une controverse où un millime est un argument de poids. Quelque exemples, dégagés autant que possible de la gangue des chiffres, dénonceront les difficultés du problème[1].

Le droit de navigation des voies nouvelles — tel est le *leit-motiv* — compenseront et annuleront le bénéfice du raccourcissement des distances. Ainsi, la tonne, convoyée par eau du bassin de Nancy à la région du Nord, paiera plus cher pour effectuer 45 kilomètres de moins que sur les canaux actuels. Mais, une fois les taxes abolies ou atténuées — et rien n'oblige d'appliquer le maximum concédé[2], — le trafic prendra au plus court.

Quelques articles seront passionnément disputés entre le chemin de fer et la navigation, et surtout le coke. Assurément, seules les usines frôlées en quelque sorte par le canal recevront leurs cokes par bateaux; celles qui ne communiquent pas avec l'artère conductrice continueront à s'approvisionner par wagons[3]. Mais même, selon M. de Lespinats, les premières auront avantage à recourir à la voie ferrée; en effet, de Mont-Saint-Martin à Douai, à Lens, aux charbonnages du Pas-de-Calais, l'abaissement du fret sur canal sera balancé par les manipulations successives, les transbordements, les retards et déchets qui grèveront les frais bien au delà de la différence entre tarifs par eau et tarifs par rails. Les chiffres ressortent de Mont-Saint-Martin à Lens par canal (335 kilomètres) à 5 fr. 84 la tonne, par chemin de fer (300 kilomètres) à 6 fr. 40, soit un avantage de 0 fr. 56 pour le premier des instruments de transport; mais le déchargement, la détérioration par la pelle ou la fourche, par la mise en stock sur le carreau de l'usine sont autant de causes de renchérissement; si bien que l'emploi de la voie ferrée, affirme-t-on, procurera une économie entre 1 franc et 1 fr. 70 par tonne. Mais on réplique que les intéressés sauront obvier à ces inconvénients, d'abord par l'organisation de la batellerie : les usiniers se feront leurs propres

---

1. Nous empruntons ces données à la brochure de M. V. de Lespinats. Les promoteurs du canal ont répliqué par deux brochures : *Projet des canaux de la Chiers, de l'Escaut et de la Meuse*. Réponse à une première de M. de Lespinats (Paris, Renouard, juin 1901, 29 p.), et une note intitulée : *Prix du fret* (ibid., sans date, 7 p.).
2. *Réponse*, p. 11.
3. M. Rigaux (Notice explicative, p. 8) énumère parmi les premières; Réhon, Longwy-Bas, Gouraincourt, la Chiers, Mont-Saint-Martin, Senelle-Maubeuge; dans la seconde catégorie, Saulnes, Hussigny, Villerupt-Laval-Dieu, Villerupt-Aubrives, Micheville.

transporteurs et échapperont ainsi aux exigences des mariniers ; leur flottille emportera vers le Nord des minerais, fontes, aciers, scories, etc., et ramènera des combustibles, fret de retour assuré. Charbons et cokes seront débarqués rapidement et confortablement par des engins mécaniques, grues, transporteurs aériens, etc. Enfin, la traction électrique établie sur le canal, outre qu'elle sera moins coûteuse que le cheval au pas tranquille et lent, accélérera et du même coup régularisera les allées et venues[1].

On prédit encore, non seulement au canal futur, mais aussi aux houillères françaises du Nord qui le sollicitent, un mécompte singulièrement grave.

Le fret du charbon par rails, de Charleroi, Liège ou Mons à Mont-Saint-Martin, devra être « à peu près égal au fret majoré des frais supplémentaires de transport par eau[2] ». Mais, si ces frais supplémentaires s'amoindrissent ou disparaissent ? — En second lieu, les établissements industriels de Longwy et des Ardennes « auront intérêt à continuer de prendre à l'étranger une forte partie de leurs approvisionnements et à ne pas augmenter notablement leurs commandes aux charbonnages du Nord de la France ». L'on a négligé, il est vrai, d'expliquer les raisons de ce mauvais vouloir.

Cette polémique méritait d'être signalée, d'abord parce qu'elle a provoqué, sur les débouchés et les destinées, si l'on peut dire, de quelques produits intéressants — on citerait encore les minerais et les laitiers — des enquêtes détaillées, mais surtout parce que cet épisode éclaire d'une lumière très vive le conflit de plus en plus aigu entre voies navigables et voies ferrées. Dans ce champ d'exploitation intensive, mais très limité, qu'est le bassin industriel de Lorraine, les deux concurrents se mesureront avec une puissance mécanique égale : le canal ne sera plus cette allée étriquée, mélancolique entre deux rangées de peupliers, où musait le long de la rive quelque chaland à la lourde carcasse ; il s'ouvrira en une large avenue, où des bateaux, qui dissimuleront dans leurs flancs une cargaison plus grosse que celle d'un train, fileront allègrement sous la traction mys-

---

1. Ce progrès a été réalisé aux établissements d'Auby, près de Douai, où la Société lorraine de carbonisation a installé des fours à coke capables de produire 250 000 tonnes par an. Le chargement des bateaux s'y opère par des moyens mécaniques. Et non seulement les usines riveraines s'outilleront à cette fin, mais peut-être aussi celles qui sont situées à une certaine distance du canal, comme Hussigny et Villerupt. (*Réponse*, p. 5.)

2. De Lespinats, p. 31-32.

térieuse d'un câble et grimperont par bonds légers à travers les écluses accolées[1]. Comment s'opérera entre l'un et l'autre agents de transport le partage géographique d'un domaine qui semble condamné à l'indivision? La fusion, la solidarité, qui font l'honneur et la prospérité de la région du Nord, pourront-elles se réaliser ici?

IV

Au lieu de ces spéculations sur l'avenir, indiquons une dernière considération, non la moins curieuse, car, sous son apparence d'intérêt local, elle est un symptôme décisif dans l'histoire économique, et peut-être dirait-on mieux, sans épithète, pour l'histoire de notre pays.

Par qui l'entreprise sera-t-elle administrée? Elle est patronnée, on le sait, par les Chambres de commerce des départements traversés; mais, individuellement, isolément, chacune de ces institutions est dépourvue d'autorité et de moyens d'action. Ce groupe des Chambres de commerce, formé en vertu de la loi du 5 avril 1898, peut être doté de la personnalité civile au même titre que les syndicats des communes. Tel sera, sans doute, l'organe de gestion ou de contrôle. Mais, si cette formule ne tranche pas toutes les difficultés juridiques et financières, elle a la vertu de créer une de ces individualités collectives, foyers d'énergiques initiatives qui préparent l'œuvre de décentralisation et le réveil de la vie régionale. Il ne s'agit plus de la vie régionale, encadrée et comme étouffée dans les limites d'une province historique; c'est la Géographie, c'est la Nature qui, par la distribution des ressources minérales, par le modelé du relief, par le concours du réseau hydrographique, commandent l'action concertée et la communion d'intérêts ou l'idéal à des régions que la distance ou la diversité de leur complexion et de leurs traditions semblaient séparer. Le canal du Nord-Est sera, en quelque sorte, un lien matériel et moral, moins superficiel que le rail, grâce à un échange de substance intime entre les pays de France dont il sollicitera et solidarisera les forces productrices. La ligne navigable de la mer du Nord à la Lorraine[2], qui joint l'Escaut, la Sambre, l'Oise, la Meuse

---

1. Bien que le chômage et la congélation soient pour les canaux une cause d'infériorité, toutefois, pour les deux agents de transport, les saisons de trafic intense correspondent.
2. Peut-être la conception d'un canal se terminant par la Chiers semblera-t-elle incom-

et qui tend vers la basse Moselle, qui resserre ainsi et consolide un admirable faisceau fluvial, a sa fonction bien marquée, sa fonction nationale d'abord, en attendant que, comme artère continentale, elle devienne la doublure ou plutôt la rivale de la ligne d'Anvers à l'Europe centrale. Jusque-là, qu'elle desserve des intérêts français : c'est le rêve de l'heure présente ; nous n'osons dire : la réalité de l'heure prochaine[1].

---

plète après l'exploration du bassin de l'Orne. Aussi a-t-il paru nécessaire et logique de prolonger le canal jusqu'à proximité du gisement le plus riche, où, dans quelques années, quinze hauts-fourneaux seront en activité, et de doter d'un canal le bassin minier de Briey. L'idée émise par l'ingénieur Lapointe (*Rev. industrielle de l'Est*, 12 mai 1901) a pris corps. Les établissements intéressés, qui comptent parmi les plus considérables de France, ont demandé, par une lettre au Ministre des travaux publics, en date du 30 juin 1901, de mettre le projet à l'étude. Le tracé, s'amorçant à Longuyon, sur le canal de la Chiers, suivrait le val de Crusnes, puis celui de Pienne jusqu'à son chevet, par une montée de 96 mètres jusqu'au bief de partage entre Landres et Mairy ; de là, il descendrait sur Jœuf et rallierait l'Orne après une descente de 124 mètres, ce parcours de 47 kilomètres serait accidenté de 55 écluses de 4 mètres de hauteur. De l'Orne, une nouvelle section de canal chercherait la Moselle à Pagny-sur-Moselle, pour desservir le bassin de Nancy. Les pétitionnaires n'ont abordé ni la question technique, ni la question financière.

1. La Chambre des députés a, dans ses séances des 27 et 28 janvier 1902, voté en bloc le programme de l'« outillage national », d'après l'ordre d'importance et d'urgence des travaux, c'est-à-dire en maintenant au premier rang de leur tableau respectif le canal de l'Escaut à la Meuse et celui de la Chiers. Il est à craindre que la crise métallurgique et le déficit budgétaire ne retardent la mise à exécution de ces projets.

Samedi 3 août.

SÉANCE DU MATIN

Président : M. Chambeyron, délégué de la Société de géographie de Lyon.
Assesseurs : MM. Flahault, Regelsperger, délégués.

La Nappe aquifère sous la forêt de Haye.

Communication de M. le D^r Ed. Imbeaux, ingénieur des ponts et chaussées, directeur du service municipal à Nancy.

Au moment même où se tient le Congrès des Sociétés de géographie, la ville de Nancy exécute, sous la direction de M. Imbeaux, ingénieur des ponts et chaussées, et de M. Villain, ingénieur des mines, une galerie de recherche d'eaux souterraines sous la partie sud-est de la forêt de Haye, suivant une direction allant sensiblement de Villers à Maron. Cette galerie, qui pourra atteindre 6 kilomètres de développement, a pour but de saigner la nappe qui existe sous la forêt, à un niveau voisin de celui du minerai de fer, et d'en dériver les eaux pour l'alimentation de Nancy, où elles remplaceront les sources taries ou contaminées dites de Boudonville et de l'Asnée.

Le massif de la forêt de Haye, situé entre les vallées de la Meurthe et de la Moselle, est constitué par un soubassement marneux (marnes supraliasiques), surmonté par une tranche de calcaire (bajocien et bathonien) de 60 à 80 mètres d'épaisseur. Entre le calcaire et la marne s'interposent, sur une dizaine de mètres d'épaisseur, les trois couches de minerai de fer, séparées entre elles par des lits marneux :

un dernier lit, dit marnes micacées, de 4 à 5 mètres d'épaisseur, est situé au-dessus de la couche supérieure et la sépare de l'oolithe. Le calcaire oolithique, très fissuré, absorbe toutes les eaux pluviales, qui descendent dès lors jusqu'à la formation ferrugineuse et se collectent à son niveau, pour glisser sur le substratum imperméable des marnes supraliasiques. Le toit de ces marnes n'est pas en effet horizontal, mais il plonge assez fortement vers le nord-ouest, c'est-à-dire à l'opposé de Nancy, ce qui conduit les eaux à se perdre dans les profondeurs du bassin parisien, à moins qu'elles ne reviennent au jour sous forme de sources dans les échancrures produites par la vallée de la Moselle de Chavigny à Maron et le vallon de Champigneulles à Belle-Fontaine.

La nappe dont il s'agit n'est pas du reste spéciale à la région : elle règne habituellement au contact entre le lias et l'oolithe et on peut la suivre en France, en Allemagne et en Angleterre, et la reconnaître par le grand nombre de sources qu'elle alimente. Elle peut être appelée nappe *toarco-bajocienne,* ou plus simplement *bajocienne,* et être représentée par le symbole $\frac{j_{IV}}{l^4}$, le numérateur j_{IV} désignant en géologie le bajocien, perméable par fissuration, et le dénominateur l^4 l'étage toarcien, imperméable.

La présence et l'abondance de l'eau dans le sous-sol de la forêt ont du reste été confirmées par les nombreux sondages pratiqués dans les vingt dernières années par les métallurgistes, demandeurs en concession : la plupart de ces forages ont été arrêtés par l'eau. Le relevé exact des données fournies tant par les sondages que par l'exploitation des mines développées le long de la bordure du massif, a permis à M. Imbeaux de déterminer approximativement et de figurer par des courbes de niveau de 10 en 10 mètres (reportées sur une carte à 1/20 000 affichée dans la salle), la topographie souterraine du toit de la marne supraliasique, ou, si l'on veut, du fond de la nappe aquifère. Ce fond a la forme d'un plan incliné ; partant des environs de la cote 360 aux affleurements S.-E. vers Ludres, pour passer à la cote 150 vers Liverdun : il suffit d'y placer, transversalement et sensiblement le long d'une courbe de niveau, une galerie drainante ayant les pieds dans la marne supraliasique et la tête dans la nappe aquifère, pour dériver dans cette galerie les eaux venant de la partie d'amont du plan incliné.

La ville de Nancy peut ainsi exécuter deux projets, en fonçant des galeries en quelque sorte à deux étages différents. C'est la galerie de l'étage haut qui est en cours d'exécution, son produit devant avoir le grand avantage d'alimenter les quartiers élevés de Nancy (côte de Toul) par la gravité. On entre sous terre dans le vallon dit de Hardéval à la cote 285 : en raison de l'inclinaison des couches en sens contraire de la pente de la galerie et surtout en prévision de la présence d'une faille aux environs de Clairlieu, on s'est mis, du moins pour la première partie de la galerie, nettement en dessous de la nappe et par conséquent en plein dans les marnes supraliasiques. Il en résulte qu'on a pu marcher presque à sec, protégé qu'on était par le manteau de marne de 5 à 6 mètres qui sépare la galerie de la couche inférieure de minerai : on en sera quitte, le travail terminé, pour faire descendre l'eau par des montages, ou rameaux de petites galeries très inclinées, allant toucher la nappe aquifère par le dessous et amenant l'eau dans la galerie principale.

Un second projet (étage bas) consisterait en une galerie se développant suivant la cote 230 et pouvant aboutir dans le réservoir actuel de Boudonville (222.70). Il pourrait être beaucoup plus développé que le premier et avoir près de 15 kilomètres. Comme rendement en eau, on peut espérer que comme à Liège et à Bruxelles où de semblables captations existent, on recueillera moyennement 1 mètre cube par mètre courant de galerie et par jour : toutefois, les serrements permettront, dans une certaine mesure, de retenir dans le sol pendant les périodes d'eaux abondantes l'excès de la venue sur les besoins de la consommation, et inversement on puisera à cette réserve pendant les périodes de sécheresse.

M. Imbeaux donne ensuite des détails sur l'exécution des travaux. Commencée il y a deux ans, la galerie de Villers a près de 1,700 mètres en août 1901. On a constaté que l'eau est le plus souvent dans la couche moyenne du minerai, et un puits foncé dans le vallon de Clairlieu l'y a trouvée enfermée avec une puissance artésienne qui l'a fait remonter à près de 30 mètres en dessus du niveau où la galerie doit passer. L'attaque a été transportée à un autre puits situé à 250 mètres du premier vers Nancy, et ce puits armé de deux puissantes pompes d'avaleresse, a pu servir de tête à deux attaques, l'une allant vers Hardéval où elle vient de se rencontrer avec cette partie de l'œil, l'autre allant vers le puits de Clairlieu qui sera repris par le dessous. Les travaux ressemblent à ceux des mines ou à ceux du creusement d'un tunnel : la marne supraliasique dans laquelle est la galerie est très dure et on l'attaque au moyen de perforatrices rotatives mues par l'électricité.

M. Imbeaux invite MM. les membres du Congrès que ces travaux intéresseraient à venir les visiter avec lui dans la matinée du dimanche 4 août.

Unification des mesures angulaires pour les cartes de l'armée de terre et pour les cartes de la marine.

Communication de M. J. de Rey-Pailhade, ingénieur civil des mines, ancien président de la Société de géographie de Toulouse [1].

Avant de développer la question pour laquelle je suis inscrit, je dois vous rappeler brièvement le rôle considérable rempli par les congrès de géographie dans le développement du problème de la décimalisation du temps et de l'angle.

Présentée par moi, pour la première fois, au Congrès de Tours, en 1893, l'application du système décimal aux mesures du temps et de l'angle a été soutenue, combattue, discutée bien souvent dans les réunions suivantes par des savants de haute valeur. J'ai été assez heureux pour obtenir un vœu favorable au système décimal, aux congrès internationaux de Londres et de Berlin.

Après un remarquable rapport de l'éminent M. Bouquet de la Grye, communiqué au Congrès de La Rochelle, M. le ministre de l'instruction publique nomma une commission chargée d'étudier la question.

Cette commission, sans rien décider d'une manière ferme, donna mission à un de ses membres, M. le commandant Gayon, de procéder à des essais pratiques dans la marine. Les résultats des expériences ont été des plus satisfaisants.

Le rôle du Congrès de géographie en cette réunion de 1901, qui

---

[1]. Cette communication a été lue dans la séance du matin du 3 août 1901, à laquelle assistaient MM. l'amiral Fournier, président d'honneur du Congrès de géographie ; le général Langlois, commandant le 6ᵉ corps d'armée ; le colonel Marga, délégué par M. le ministre de la guerre, et leurs officiers d'ordonnance.

est la première du xxe siècle, me paraît tout tracé : il doit s'efforcer de faire adopter définitivement l'unification des angles.

Le Congrès fera ainsi œuvre utile et patriotique : utile, car cette réforme rendra les plus grands services aux diverses branches de la science, et patriotique, parce que les autres nations étudiant aussi la question, notre pays se doit à lui-même de terminer le premier l'œuvre admirable du système métrique décimal.

L'étude des mémoires des auteurs du système métrique montre que, dans l'esprit de ces savants, la division décimale de l'angle a précédé l'établissement de l'unité linéaire actuelle : le *mètre*. Ce dernier a déjà conquis le monde civilisé par l'emploi universel et international du célèbre système C. G. S.

Quant au grade, ou centième partie du quart de cercle, frère aîné du mètre, il est exclusivement adopté par le service géographique de l'armée française et par plusieurs instituts géodésiques. Le service du cadastre s'en sert aussi.

Remarquons, dès maintenant, que la centième partie du grade ou *centigrade-arc* correspond à un kilomètre, à la surface de la terre.

Malgré les avantages reconnus de l'angle décimal : diminution de près d'un tiers dans la durée des observations et des calculs, abaissement du taux des erreurs de 4 ou 5 à 1, diminution de la fatigue cérébrale des calculateurs, la marine a continué à se servir du système des degrés, minutes et secondes d'arc, qui datent des Chaldéens, chacun sait.

En voici la raison, à notre avis : au commencement du xixe siècle, la cartographie marine était plus avancée que celle des continents.

Quand il fallut refaire la carte de Cassini, insuffisante pour l'établissement des projets des grands travaux publics, l'état-major tailla dans le vif et employa les méthodes décimales pour la confection du monument cartographique, dit *Carte de l'état-major*.

La marine, n'ayant pas suivi ce mouvement, est restée en retard. La mesure linéaire nautique, le *nœud* marin d'une valeur de 1 852 mètres environ, ne cadre plus avec notre mètre et rend certains renseignements inintelligibles à beaucoup de gens. Par exemple, au lieu de dire qu'un navire marche à 18 nœuds à l'heure, il serait plus compréhensible pour tout le monde d'indiquer cette vitesse sous la forme suivante : vitesse du navire, 33 kil. à l'heure environ.

Un marin très distingué, à l'esprit très ouvert, l'amiral de Fleurieu, qui fut ministre de la marine, proposa, dès 1802, d'appliquer à l'art nautique les nouvelles unités décimales.

Les membres de l'académie des sciences, chargés d'examiner ses mémoires, s'expriment ainsi : « En sorte qu'il ne manquera rien au marin qui voudra de bonne foi appliquer le nouveau système métrique et qu'il ne restera aucun prétexte spécieux à celui que la paresse ou l'indifférence retiendrait dans l'ancienne routine. »

L'amiral de Fleurieu propose de mettre une double graduation aux cartes, décrit les appareils donnant la vitesse des navires en kilomètres à l'heure et aussi aux *fractions décimales du jour*.

Un point intéressant à noter : de Fleurieu estimait que l'on aurait des cartes à graduation décimale avant de posséder des montres marquant les fractions décimales du jour. Il a eu raison à moitié, puisque les récentes cartes du service géographique de l'armée française sont entièrement décimales, tandis que les cartes marines sont toujours sexagésimales et que l'industrie horlogère fournit d'excellents garde-temps décimaux.

Il faut arriver jusqu'en 1899 et 1900 pour trouver une nouvelle tentative d'application de l'angle décimal à l'art nautique.

Les expériences exécutées sur six navires de guerre français, sous la direction du commandant Guyou, ont été tout à fait satisfaisantes.

Examinons ce qu'il faut pour que les marins emploient le système métrique décimal immédiatement et sans erreur possible.

Il suffit de posséder :

1° Un sextant divisé en grades. Les constructeurs, pour une trentaine de francs, changeront la plaque d'argent portant la graduation angulaire ;

2° Un compas de marine de ce système. Il n'y a qu'à mettre une autre feuille de carton divisée en grades ;

3° Des tables de logarithmes décimales. On prend celles de l'armée à 5 décimales qui permettent de calculer en milligrades (3"24). Elles valent 4 francs, chez Gauthier Villars ;

4° Un appareil d'horlogerie donnant à chaque instant la position du soleil moyen exprimée en grades. Cet instrument, construit par les chronométriers français sur les indications du commandant Guyou, a reçu le nom de *tropomètre*. Le service hydrographique de France et plusieurs savants qui ont acheté des tropomètres s'en trouvent très bien. Ces appareils, qui sont déjà dans le commerce, battent 200000 fois par jour. Une montre pour torpilleur, de ce système, a obtenu une médaille d'or à un concours de chronométrie ;

5° Des cartes marines divisées en grades ; on se sert des cartes actuelles en y ajoutant la nouvelle division, comme le demandait déjà, au commencement du siècle, l'amiral de Fleurieu.

Voici un tableau d'une page[1] qui permet de marquer presque à vue les concordances en grades sur une carte divisée en degrés, minutes et secondes, etc., etc.

Quant au temps nécessaire à la transformation, il semble qu'un officier puisse modifier, en deux jours, les principales cartes nécessaires à une navigation de plusieurs mois.

Il n'est donc pas nécessaire d'attendre que toutes les planches soient refaites pour se servir du système métrique. C'est un point très important de la question ;

6° Éphémérides et tables nautiques dans la division décimale du quart de cercle.

La question des éphémérides demande quelques explications plus détaillées. Pour pouvoir guider son navire, un capitaine muni d'instruments décimaux doit posséder des *Éphémérides décimales*. A l'exception de quelques données décimales qui figurent dans les almanachs de l'an II et de l'an III, on n'avait jamais publié d'éphémérides décimales. C'est à l'initiative de M. le commandant Guyou, délégué par la commission ministérielle, qu'on en a publié allant du 1er juin 1899 au 1er mars 1900. L'usage de ces tables a démontré qu'elles présentaient des avantages incontestables sur la *Connaissance des temps* en valeurs sexagésimales.

Ces Éphémérides en grades occupent 50 pages, sur lesquelles il y en a 28 qui sont les mêmes toutes les années. Il ne reste donc, pour une année complète, que 22 pages à calculer. Une douzaine de pages suffiront pour celles du soleil, qui sont celles que les marins emploient le plus.

Ces tables réduites ne seront ni longues à calculer, ni coûteuses à publier, surtout si leur impression a lieu tous les ans.

Le coût total de ce livre tiré à 1,000 exemplaires paraît devoir être inférieur à 2,000 francs (calcul compris).

---

1. Voir page 171.

La marche à suivre est toute tracée : il faut que M. le ministre de l'instruction publique fasse publier régulièrement tous les ans des *Éphémérides décimales du soleil et des principaux astres, calculées dans la division décimale du quart de cercle.*

Je n'ai pas la prétention de dire qu'en possession de ces tables, notre marine de guerre et la marine marchande française navigueront de suite dans le système décimal. On continuera les essais, pour perfectionner la méthode et on l'introduira successivement sur plusieurs bâtiments. Bref, le grade marin se développera progressivement, comme a fait le grade des cartes de l'armée de terre, qui est maintenant employé officiellement dans beaucoup de pays.

Ces tables rendront les plus grands services à l'enseignement dans les écoles de marine et d'hydrographie ; elles deviendront très recherchées par les jeunes gens accoutumés au système angulaire décimal. Les cartes marines et les cartes des continents pourront se comparer directement sans calculs, et enfin les marins indiqueront les longueurs sur mer, ainsi que les vitesses des navires, en kilomètres. On n'aura plus de raison d'employer le *nœud* comme unité linéaire nautique.

Sur les cartes des élèves des lycées, collèges et écoles primaires, on mettra ainsi, au fur et à mesure de leur réfection, une graduation décimale supplémentaire. Ce ne sera pas une nouveauté, car, dès 1821, les cartes publiées par le géographe français Hérisson étaient ainsi disposées. Ces résultats importants tiennent donc à la publication annuelle de tables de quelques pages. C'est pour en hâter la réalisation que j'ai ouvert, il y a quelques mois, une pétition dans ce sens à M. le ministre de l'instruction publique. Il y a déjà de très nombreuses adhésions.

Le XIXe siècle a vu le triomphe du *mètre*. La décimalisation de l'angle est en bonne voie ; son adoption, d'abord en France, puis à l'étranger, amènera insensiblement les esprits à la décimalisation du temps, qui couronnera magnifiquement l'admirable monument du système métrique.

Le Congrès d'aujourd'hui, à l'aurore du XXe siècle, fera œuvre utile et patriotique en travaillant de toutes ses forces à l'achèvement du système métrique qui a jeté tant de gloire si pure et si rayonnante sur les savants français de la fin du XVIIIe siècle.

Ces lignes étaient déjà écrites quand j'ai reçu un extrait du *Zeit-*

schrift für Mathematik und Physik, tome XLVI, cahier 3, contenant une traduction allemande de la pétition dont je vous ai parlé plus haut. Cette insertion a été mise par les soins de M. R. Mehmke, professeur à l'École polytechnique de Stuttgard. Tout le monde sait qu'à la suite des conquêtes de Napoléon, l'Allemagne du Sud fut initiée aux nouvelles mesures décimales, qui furent trouvées très avantageuses. Les cartes officielles du Wurtemberg, etc., etc., sont graduées dans le système décimal du grade.

La morale de l'histoire, c'est qu'il est toujours bon d'arriver le premier.

Enfin, il y a quelques jours à peine, on a distribué le volume du Congrès international de géographie de Berlin (1899), auquel je n'ai pu assister par suite d'un empêchement imprévu. La décimalisation du temps et des angles y occupe plus de 15 pages. La lecture des discussions y montre clairement qu'à l'étranger on attache une grande importance à l'opinion des savants français sur cette question. Le Congrès, tout en se déclarant favorable, d'une manière générale, au système décimal, décida d'attendre les résolutions qui devaient se prendre en 1900.

Les Congrès ayant été très nombreux l'année dernière, les forces scientifiques furent disséminées. La question de l'angle n'a pas été examinée, mais le Congrès international de chronométrie a nommé une commission permanente chargée de rechercher les moyens de mettre en pratique la notation décimale du temps.

Pour l'angle décimal, nous avons démontré que la mise en pratique pourra avoir lieu dès que l'on aura des éphémérides décimales.

Ce qui n'a pu être fait pendant le brillant tourbillon de l'année dernière, s'accomplira aisément par le Congrès de Nancy, qui comprendra combien il est important d'agir tout de suite et avec énergie, pour qu'au prochain Congrès international de géographie la France présente avec fierté ces tables décimales qui sont la clef de voûte de l'application du système décimal à l'angle.

Après cette lecture et sur la proposition de M. de Rey-Pailhade, le Congrès a émis le vœu suivant : « Le Congrès, reconnaissant les grands avantages que les diverses branches de la science, et tout particulièrement la marine, retireraient de l'emploi de la division décimale du quart de cercle, division déjà officielle pour l'armée de terre, émet le vœu qu'il soit publié annuellement des éphémérides du soleil et des principaux astres, calculées d'après la division décimale du quart de cercle. »

M. le vice-amiral Fournier s'est déclaré favorable à ce vœu et a promis de l'appuyer auprès des pouvoirs publics et du Bureau des longitudes.

Bibliographie. — *Extension du système métrique à la mesure du temps et des angles.* — Conférence faite sous les auspices de la chambre syndicale de l'horlogerie de Paris, suivie d'un essai complet de bibliographie annotée, avec 5 planches et 14 figures, par M. J. DE REY-PAILHADE.

Nous sommes heureux de constater que le Congrès de Nancy a eu un bon et rapide résultat. On lit en effet dans le *Journal officiel* du 22 août 1901, p. 5400 :

MINISTÈRE DE LA GUERRE

École polytechnique.

A la date du 17 août 1901, le ministre de la guerre a pris la décision suivante :

« Les candidats à l'École polytechnique feront, à l'avenir, la composition de calcul trigonométrique avec des tables à 5 décimales. Ils seront autorisés, à partir de 1902, à faire usage, dans l'emploi des fonctions circulaires, soit de tables établies dans le système de la division centésimale du quart de la circonférence, soit de tables établies dans le système de la division sexagésimale. A partir des examens de 1905, l'usage des tables du système centésimal sera obligatoire, mais les candidats pourront contrôler les calculs avec les tables du système sexagésimal. »

Cette décision prise douze jours après la publication des vœux émis par le Congrès de Nancy, produira les plus heureux résultats. L'angle décimal va être enseigné dans toutes les écoles, et son emploi se répandra rapidement dans tous les milieux scientifiques.

Quand ce résultat sera obtenu, il ne restera plus qu'à appliquer le système décimal à la mesure du temps. Nous avons montré plusieurs fois que cette dernière réforme couronnera magnifiquement l'œuvre admirable du système métrique décimal.

Tableau de transformation des grades, de 0ᵍ,1 en 0ᵍ,1, en degrés sexagésimaux.

GRADES.	0,0.	0,1.	0,2.	0,3.	0,4.	0,5.	0,6.	0,7.	0,8.	0,9.
0	0°00′	0° 5′24″	0°10′48″	0°16′12″	0°21′36″	0°27′	0°32′24″	0°37′48″	0°43′12″	0°48′36″
1	0 54	0 59 24	1 4 48	1 10 12	1 15 36	1 21	1 26 24	1 31 48	1 37 12	1 42 36
2	1 48	1 53 24	1 58 48	2 4 12	2 9 36	2 15	2 20 24	2 25 48	2 31 12	2 36 36
3	2 42	2 47 24	2 52 48	2 58 12	3 3 36	3 9	3 14 24	3 19 48	3 25 12	3 30 36
4	3 36	3 41 24	3 46 48	3 52 12	3 57 36	4 3	4 8 24	4 13 48	4 19 12	4 24 36
5	4 30	4 35 24	4 40 48	4 46 12	4 51 36	4 57	5 2 24	5 7 48	5 13 12	5 18 36
6	5 24	5 29 24	5 34 48	5 40 12	5 45 36	5 51	5 56 24	6 1 48	6 7 12	6 12 36
7	6 18	6 23 24	6 28 48	6 34 12	6 39 36	6 45	6 50 24	6 55 48	7 1 12	7 6 36
8	7 12	7 17 24	7 22 48	7 28 12	7 33 36	7 39	7 44 24	7 49 48	7 55 12	8 0 36
9	8 06	8 11 24	8 16 48	8 22 12	8 27 36	8 33	8 38 24	8 43 48	8 49 12	8 54 36

Usage. — Pour transformer à vue une carte marine en grades, on choisit un nombre de minutes divisible par 6, ce qui donne les dixièmes de degré. Puis on divise par 0,9, ce qui donne les grades. On n'a pas besoin d'aller au delà du dixième. Puis on force la décimale du dixième et le tableau donne la concordance. Ex. : Transformer 132°12′ = 132°2 ; $\frac{132,2}{0,9}$ = 146ᵍ,8... ; prenons 146ᵍ,9. On trouve à la colonne horizontale 6 et à la verticale 0,9, en négligeant les degrés, 12′36″, on en conclut que 146ᵍ,9 = 132°12′36″ ; puis de 0°,1 en 0ᵍ,1 on obtient les concordances 132°18′, 132°23′24″, etc., etc.

On transforme rapidement les grades en degrés au moyen de ce tableau, en remarquant que 10 grades valent 9 degrés. Ex. : 146ᵍ,9   140ᵍ (140 − 14)   126°
                                                                      6 ,9   6 12′36″
                                                                    ─────   ─────────
                                                                    146ᵍ,9   132°12′36″

Note sur les documents géographiques des archives de Meurthe-et-Moselle.

Communication de M. E. Duvernoy, archiviste du département.

Comme tous les dépôts d'archives départementales, le dépôt de Meurthe-et-Moselle renferme un bon nombre de documents qui intéressent spécialement la géographie, et surtout la cartographie. Nous voudrions attirer l'attention sur ces documents jusqu'ici peu connus et peu consultés par les principaux intéressés, c'est-à-dire par les géographes.

Les documents écrits qui se rapportent à la géographie sont si nombreux et si variés qu'il est difficile même d'en donner une idée.

Il suffit de feuilleter l'inventaire sommaire imprimé, ou simplement de se reporter à la table des noms de lieux de cet inventaire pour en trouver immédiatement des spécimens divers. Que l'on cherche par exemple dans cette table les mots Meuse, Meurthe, Moselle, Sarre, Vezouse, Vosges, on trouvera bon nombre de renvois aux documents relatifs à ces rivières et à ces montagnes. Et si l'on prend le nom d'un village ou d'une ville, surtout d'une grande ville comme Nancy, les documents pourront se chiffrer par centaines ; mais ici ils intéressent l'histoire autant et plus que la géographie.

Il est deux collections de documents que nous devons signaler d'une manière spéciale. L'une a pour titre *État du temporel des paroisses et autres bénéfices situés dans les duchés de Lorraine et de Bar ;* elle se compose de 11 gros registres in-folio, cotés B. 288 à B. 298, et rédigés de 1702 à 1713. On y trouve une notice sur toutes les paroisses sans exception, rangées par diocèses, archidiaconés, et par doyennés ; le chiffre de la population y est indiqué avec assez de précision.

L'autre collection est celle des *Déclarations des communautés,* c'est-à-dire des notices que, par ordre du duc, chaque bourg et village des deux duchés a rédigées et envoyées à Nancy en 1700, 1708 et 1738 ; les documents contenus dans ces trois séries ne sont pas également complets ; il faut les rapprocher les uns des autres pour les consulter, et alors on obtient des renseignements précis et abondants sur la quantité de terres labourables, de vignes, de prairies, de bois de chaque communauté, sur les foires et marchés qui s'y tiennent, les usines qui y existent, le nombre des habitants et les impôts qu'ils paient. En tout 24 cartons cotés B. 11 716 à B. 11 739.

De nombreux dossiers sont relatifs aux affaires de limites entre la Lorraine et les États voisins, affaires très compliquées, à cause des nombreuses enclaves existant avant la Révolution. Ils sont classés sous les numéros B. 10 839 à B. 10 880 et C. 301 à C. 304.

Un document curieux est le récit du voyage que fit en 1497 une princesse de Lorraine pour aller se marier en Allemagne : elle descendit en bateau la Moselle jusqu'à Coblenz, et l'on voit où elle s'arrête chaque jour pour les repas et pour la nuit. Ce récit a été imprimé dans le premier volume du *Recueil de documents sur l'histoire de Lorraine,* publié par la Société d'archéologie lorraine.

Nous ne voulons pas pousser plus loin une énumération qui pourrait être interminable, et nous passons des documents écrits aux documents dessinés, c'est-à-dire aux cartes et aux plans.

Les archives de Meurthe-et-Moselle possèdent environ 1500 cartes et plans manuscrits, datant pour la plupart des XVIIIe et XIXe siècles. Quelques-uns seulement de ces documents sont du XVIIe siècle, et un seul, que nous décrirons plus loin, remonte au XVIe. Ceux de l'ancien régime se rapportent à toutes les parties des duchés de Lorraine et de Bar; ceux du XIXe siècle ne concernent que le département de la Meurthe, puis celui de Meurthe-et-Moselle. Ces cartes et ces plans sont généralement exécutés avec beaucoup de soin, et presque toujours en plusieurs couleurs; quelques-uns sont de véritables œuvres d'art. Ils sont toujours établis à une grande échelle, ce qui a mené, quand le terrain représenté est un peu vaste, à leur donner des dimensions extraordinaires qui les rendent un peu malaisés à manier : ainsi, la carte forestière cotée H. 2450 mesure 1^m,37 de large sur 1^m,05 de haut; les villages y sont peints en relief et, au centre, on remarque une vue cavalière fort bien faite, malgré sa petitesse, du château fort de Guermange. Une autre carte semblable, celle des forêts dépendant de la baronnie de Passavant (B. 10799) mesure 1^m,50 sur 1^m,25. Elle a été dessinée en 1753, et 16 centimètres de cette carte équivalent à 400 toises de terrain, ce qui fait à peu près l'échelle du 5000e. Plus grande encore est la carte, dressée en 1743, des forêts qui appartiennent au roi dans le comté de Vaudémont (B. 11985) : elle ne mesure pas moins de 2^m,54 sur 1^m,32 ; elle est l'œuvre de Nicolas Frémy, géomètre-arpenteur au département de Pont-à-Mousson, œuvre vraiment remarquable, où les villages sont dessinés en relief, peints en plusieurs couleurs, ce qui donne beaucoup d'agrément à cette carte sans rien lui ôter de sa précision.

Ces cartes et ces plans ont des objets très variés : forêts, terres labourées, prairies, vignes, bâtiments publics, églises, travaux des routes, étangs, marais, rivières, canaux, mines, villes, villages, fortifications des places, tracé des frontières, etc. Comme type des cartes de cette dernière catégorie, nous citerons la carte topographique de l'abornement de Sarrelouis, dressée en 1719, et cotée B. 10867 ; on y voit, soigneusement marqués et numérotées, toutes les bornes qui furent plantées alors à la limite des territoires de France et de Lorraine dans la banlieue de la forteresse de Sarrelouis.

Une carte tout à fait remarquable est celle qui a été faite dans la seconde moitié du XVIe siècle par Thierry Alix, alors gardien des archives du duché de Lorraine, qui est aujourd'hui cotée B. 617, n° 1, et qui mesure 0^m,62 de haut sur 0^m,91 de large. Elle ne ressemble à rien de ce qui se voit d'habitude. C'est une perspective, ou, si l'on aime mieux, un panorama, tracé et colorié en vigueur, de la partie centrale des Vosges, avec les lacs de Gérardmer, Longemer et Retournemer, avec les rivières, les vastes forêts, les bourgs et villages, les hautes chaumes qui couronnent les montagnes. Ce curieux document a été décrit et étudié avec le soin qu'il mérite par M. Pierre Boyé dans les *Mémoires de la Société d'archéologie lorraine* de 1900, pages 319 à 343, et on trouvera en regard, dans ce volume, une réduction photographique du travail d'Alix, qui ne doit pas dispenser de se reporter à l'original.

Comme nous l'avons dit, ces cartes et ces plans sont manuscrits, et, par suite, l'exemplaire qu'en possèdent les archives est certainement unique dans la plupart des cas. Nous voulons citer encore deux documents gravés et non dessinés, à raison des annotations manuscrites qu'ils portent, et qui leur donnent la même valeur qu'aux documents entièrement manuscrits.

L'un, coté C. 520, est une carte du département de la Meurthe, tel qu'il fut constitué et subdivisé en 1790 : on a réuni et collé côte à côte les feuilles correspondantes de la carte de Cassini, on a entouré le tout d'un cadre en bois mesurant 2^m,75 de large sur 1^m,20 de haut, et, sur cet ensemble, on a tracé les limites du département, des districts et des cantons, telles qu'elles venaient d'être établies par l'Assemblée constituante ; vers le centre, un procès-verbal daté du 26 février 1790, et signé par tous les députés du nouveau département, relate cette opération importante. On ne peut regarder sans respect ce document, véritable acte de naissance d'un beau département français, aujourd'hui, hélas ! bien diminué par les événements de 1870-71.

L'autre, coté L. 474 *bis*, est un plan de Nancy, gravé vers 1778 par Claude Mique. Il mesure 1^m,20 de large sur 0^m,80 de haut, et a été décrit par M. Pfister dans l'introduction de son *Histoire de Nancy*. Le 28 mars 1791, on a tracé sur ce plan la délimitation des paroisses de Nancy, et un procès-verbal de ce travail a été consigné en marge, et signé par les membres du Directoire du département de la Meurthe.

Bien d'autres cartes et plans seraient encore à mentionner, mais nous n'avons voulu que signaler quelques échantillons de cette collection, et nous pensons que ces courtes notes suffiront à montrer aux géographes quelles ressources ils trouveront pour leurs travaux dans les archives de Meurthe-et-Moselle.

Les établissements humains dans la partie française du bassin de la Moselle, aux temps préhistoriques, gallo-romains, mérovingiens. — Essai de géographie ancienne.

Communication de M. le comte J. BEAUPRÉ, associé correspondant de l'Académie de Stanislas, de l'Académie de Metz, lauréat de l'Académie de Stanislas.

Le bassin de la Moselle a sensiblement la forme d'un quadrilatère fermé de tous côtés, sauf vers le nord, par des montagnes ou des lignes de hauteurs d'un fort relief, constituant aux temps préhistoriques des obstacles presque infranchissables. Ce sont les Vosges à l'orient, les côtes de Meuse à l'occident, les Vosges et les Faucilles au midi. La Meuse, la Moselle et ses affluents forment les lignes de pénétration permettant d'atteindre depuis le Rhin jusqu'au bassin du Rhône.

Étant donnée la masse d'eau considérable, que débitaient alors ces rivières, elles ne ressemblaient en rien à ce qu'elles sont aujourd'hui, non seulement aux temps voisins de l'époque pléistocène, mais encore à une date relativement rapprochée de notre ère.

Cette quantité d'eau était due à la nature forestière de la région. Si l'on en juge, d'après les forêts encore existantes, non seulement les Vosges, l'Argonne et les Faucilles, mais encore tout le pays compris entre ces montagnes devait être boisé aux temps préhistoriques, et même en grande partie à l'époque gallo-romaine. Des charbons, recueillis sur les emplacements d'anciens foyers et dans des sépultures, ont été soumis à l'examen de notre savant collègue, M. le professeur Fliche. D'après ses observations, le hêtre aurait été, jusqu'aux débuts de notre ère, l'essence prédominante.

Quoi qu'il en soit, on sait que la *Sylva Vosagus,* remontant jusqu'aux environs de Trèves, descendait encore à cette dernière époque jusqu'au territoire des Lingons.

Cette importance du régime forestier dut exercer une grande

influence sur la manière de vivre des populations qui ont successivement occupé la Lorraine.

Nous avons consacré huit années d'études sur place au département de Meurthe-et-Moselle qui occupe le centre de ce quadrilatère, vérifiant les emplacements des stations anciennes, en recherchant de nouvelles. Les différents emplacements ont été repérés avec soin et inscrits sur la carte au 1/80 000e, la seule qui permette de les retrouver sans difficultés.

Malheureusement, les renseignements font défaut sur de nombreux cantons ; c'est ainsi qu'au delà du confluent de la Moselle et du Rupt de Mad, le pays, si riche en vestiges des époques gallo-romaine et mérovingienne, est encore inexploré au point de vue des peuples préhistoriques. Il en résulte que cette communication, en l'absence de documents complets, ne pourra dépasser les limites imposées par une prudente réserve.

C'est par l'examen des débris de toutes sortes, en tenant compte de la topographie des lieux, que l'on peut arriver à déterminer avec quelque probabilité quels ont été les premiers occupants de stations sur le sol desquels se sont succédé des populations d'âges différents. La pierre a servi pendant de longs siècles, après l'apparition du bronze et même du fer : les exemples sont nombreux. Ainsi, de la présence du silex ou de roches dures utilisés dans la confection des instruments, on ne saurait conclure à l'existence de gisements exclusivement attribuables à l'époque de la pierre. Les stations lorraines contiennent en mélange tous les types classiques, quelque nom qu'on se plaise à leur donner.

Il en est résulté une tendance à vieillir l'ensemble de celles-ci ; mais il faut aujourd'hui en rabattre. Jusqu'ici, aucune ne paraît remonter au delà de l'époque néolithique.

Cela s'explique facilement par l'accès difficile présenté par le pays dans ces temps reculés.

Cette restriction faite, les caractères distinctifs des stations néolithiques sont les suivants :

Occupation des points les plus élevés, surtout des promontoires faisant saillie dans les vallées et jouissant de vues très étendues sur les grands cours d'eau, ou sur des plaines comme celles de la Seille ou de la Woëvre.

Les vestiges du séjour de l'homme paraissent surtout localisés dans le voisinage immédiat des crêtes, ou sur des terrasses un peu en contre-bas de celles-ci, rarement au centre des plateaux, plus souvent au midi qu'au nord.

Les stations néolithiques s'échelonnent d'une façon presque ininterrompue, en remontant le cours de la Moselle et de la Meurthe, sur les hauteurs bordant les deux rives et une partie de celles de leurs principaux affluents.

La vallée de la Moselle, en amont du confluent du Madon, et celle de ce cours d'eau, sont à peu près inexplorées. La côte de Sion, sorte d'îlot rocheux d'un fort relief, détaché en avant des hauteurs formant la ligne de partage des eaux entre la Meuse et la Moselle, est le seul point bien connu de toute cette région. Il est par contre des plus riches en vestiges de tous les âges. On peut également mentionner plus au sud la station de They-sous-Montfort, qui a fourni au musée d'Épinal des pièces nombreuses et intéressantes. Ce gisement forme un trait d'union entre les stations de la côte de Sion et celles d'Essey-les-Eaux, situées dans le département de la Haute-Marne. Il existe, sans aucun doute, de nombreux gisements entre celles-ci, mais ils sont encore à découvrir. Les migrations de peuples entre le bassin du Rhin et celui du Rhône semblent s'être faites vers les sources de la Moselle, de la Meuse et de la Saône.

Dans la vallée de la Meurthe, à partir de l'extrémité sud du plateau de Haye, les stations deviennent plus disséminées et plus rares à mesure qu'on s'approche de la chaîne vosgienne. Il en résulterait que les populations néolithiques auraient remonté le cours de cette rivière, allant ainsi du nord au sud. Parties des bords du Rhin aux environs de Coblence, elles auraient laissé l'Eiffel au nord, à l'est le Hunsrück et la Haardt, à l'ouest la forêt des Ardennes.

En outre, le beau silex à bithynies, de formation lacustre, de la Champagne est désormais remplacé presque exclusivement par du mauvais silex de provenance locale, par des quartzites et autres roches cristallines, recueillies dans les alluvions vosgiennes. Cette rareté du silex tertiaire, dans le voisinage de la chaîne vosgienne, constitue un argument contre l'origine franc-comtoise de celui dont se servaient nos populations néolithiques.

Le peu de vestiges laissés en général sur les différents gisements, la quantité innombrable de ceux-ci, indiquent des séjours de peu de durée, par un petit nombre d'individus.

L'emplacement de leurs stations privilégiées, c'est-à-dire celles où l'abondance des débris de leur industrie atteste un séjour plus prolongé, presque toujours situé sur des hauteurs élevées, semble exclure toute idée d'agriculture sérieuse. En outre, les fragments de meule si abondants sur les terrasses sont rares sur ces gisements, et nombre de débris, attribués jusqu'ici à des meules, ont appartenu à des polissoirs. Quant aux nombreux broyons qu'on y trouve, rien n'indique qu'ils aient servi à broyer uniquement des grains de céréales plutôt que des graines forestières.

L'absence de fusaïoles, ou tout au moins leur très petit nombre, implique la rareté de la laine, et par suite celle des animaux susceptibles de la fournir.

Nos néolithiques n'étaient donc, semble-t-il, ni des agriculteurs, ni des pasteurs, mais des nomades vivant de chasse et de pêche au milieu des forêts. Quoi qu'il en soit, ils paraissent avoir été de petite taille, si l'on en peut juger par les rares sépultures paraissant remonter à cette époque.

Ces populations seraient demeurées longtemps dans leur état primitif; l'âge dit du *bronze* ne semble pas avoir existé, pour ainsi dire, en Lorraine, surtout dans la partie située au sud du confluent de la Meurthe et de la Moselle.

De récentes trouvailles d'objets de bronze, réunis en groupe, comme le trésor classique de Vaudrevange, et présentant avec les types de ce gisement des similitudes remarquables, en mélange avec d'autres franchement hallstattiens et même marniens, ne sont pas de nature à ébranler cette observation, et rajeunissent singulièrement cette fameuse trouvaille. En outre, ces trésors présentent une telle apparence d'offrande religieuse, qu'elle expliquerait presque l'absence du fer, métal considéré comme impur. De telle sorte que les gisements seraient hallstattiens et même postérieurs alors même que certains objets trouvés sur leur emplacement auraient un faciès larnaudien.

Il y a lieu cependant d'admettre qu'à la fin de cette dernière période, le bronze a dû commencer à se montrer en Lorraine, mais sous la forme d'objets isolés, qui ne se sont guère rencontrés que dans les vallées. Une race nouvelle occupait-elle en partie celles-ci, alors que les néolithiques continuaient à tenir les hauteurs et à se retirer vers les montagnes ? Il semble plutôt que la race est demeurée la même partout. Quoi qu'il en soit, les habitudes se sont modifiées : de nombreuses faucilles attestent les progrès de l'agriculture.

Des relations commerciales existaient-elles, comme on l'a dit, entre les peuples de nos régions ? S'il en est ainsi, et c'est probable, il ne faudrait pas, à notre sens, s'exagérer leur importance. Le métier de colporteur, dangereux même encore de nos jours, avec de pauvres marchandises, devait l'être encore bien davantage à une époque où le bronze, par exemple, avait une valeur considérable, et où le voyageur ne devait posséder aucune garantie de sécurité. En outre, en l'absence de produits spéciaux, pouvant servir de matière à transaction, autres que peut être le sel dans la vallée de la Seille[1], le négoce devait porter exclusivement sur le bétail. Son transport, on le comprendra facilement, présentait autant de difficultés qu'il était aléatoire.

Avec le fer apparaît nettement une autre race, plus grande, au crâne dolichocéphale.

La civilisation hallstattienne aurait-elle pénétré en Lorraine par les monts Faucilles, aux environs des sources de la Meuse et de la Saône ? C'est le point le plus accessible, comme nous l'avons dit, entre le bassin du Rhône et les vallées de la Meuse et de la Moselle. C'est par là que passera plus tard la grande voie de Lyon à Trèves, utilisant sans doute un chemin tracé de temps immémorial.

Si nous retrouvons les vestiges de cette civilisation représentée au sud jusque dans la Côte-d'Or par des enceintes à murs calcinés, par contre, au nord, les documents font encore défaut sur le pays de Trèves. Aussi ne saurait-on affirmer d'une façon positive la direction du courant, car il peut aussi bien y avoir insuffisance d'observation qu'absence de vestiges[2].

Les tumuli du Premier âge du fer sont encore nombreux, dans la région boisée formant une partie des départements des Vosges et de la Haute-Marne. Ils se groupent entre la Meuse et la Moselle ;

---

1. A notre sens, l'exploitation du sel entre Dieuze et Burthecourt ne paraît pas remonter, si même elle atteint cette époque, au delà de la fin de l'âge dit du bronze.

2. Des enceintes préhistoriques, analogues aux nôtres, existent en Belgique : M. l'abbé Lœs a présenté en 1900, au Congrès d'Arlon, une note « sur les fortins romains d'Arlon ». Ces fortins, pour employer le nom sous lequel les désignait l'auteur, ont peut-être été utilisés à l'époque romaine, mais il suffit de quelques détails donnés dans le cours du travail de M. l'abbé Lœs pour se convaincre de leur origine préhistorique.

D'un autre côté, M. le Dr Mehlis a écrit une étude sur les fortifications préhistoriques dans les Vosges septentrionales et la Hardt.

quelques-uns se voient aussi le long de la Vologne en compagnie de quelques enceintes, se reliant par là à ceux de la vallée de la Sarre. Peut-être existerait-il, entre tumuli et enceintes, des relations d'origine assez étroites.

Les mobiliers funéraires vosgiens comprennent des types d'objets, tels que les gros bracelets de lignite qui se retrouvent en Franche-Comté et dans la vallée de la Sarre, mais manquent en Meurthe-et-Moselle. Il en est de même des plaques estampées, assez rares dans les Vosges et qui ne se rencontrent pas en Meurthe-et-Moselle. L'importation viendrait donc du sud. Il paraît d'ailleurs en être de même pour l'Alsace.

Tumuli et enceintes se continuent jusqu'à la côte de Sion, en prenant, à partir de ce point, deux directions. Une première ligne suit les côtes de la Meuse, garnissant les crêtes des deux versants ; la seconde se dirige vers la vallée de la Moselle et de la Meurthe, occupe le plateau de Haye et descend la Moselle vers Metz après avoir poussé une ramification, par les hauteurs de Malzéville et de Montenoy, jusqu'au delà de la Seille, sur les côtes de Delme, de Tincry, etc.

A la suite de découvertes de quelques mobiliers funéraires où les armes faisaient défaut, on avait émis l'opinion que les populations hallstattiennes de Lorraine étaient toutes pacifiques. Des fouilles récentes, faites sur plusieurs points éloignés les uns des autres, ont jusqu'ici démontré le contraire : les épées sont nombreuses, mais celles de fer sont souvent en si mauvais état de conservation qu'il ne faut pas s'étonner si leur présence avait échappé à des recherches souvent par trop superficielles.

Il semble impossible de séparer les stations de l'époque de la Tène de celles du Premier âge du fer, les caractères de cet âge paraissant avoir survécu en Lorraine jusqu'à la conquête romaine. Quoi qu'il en soit, cette époque dut être marquée par l'extension de la région cultivée. Celle-ci paraît avoir eu une certaine importance dans les grandes vallées, dans les plaines du Saintois, du Toulois et de la Woëvre localisée au pied des hauteurs fermant la plaine à l'Ouest, si l'on en juge par l'emplacement des oppidum et par les monnaies gauloises découvertes en assez grand nombre dans ces cantons.

La nature du sol dut jouer un grand rôle, selon que celui-ci était plus ou moins facile à cultiver ; ainsi, les terrains composés de couches de grès rhétien, ou d'alluvions anciennes, en général les terrains sableux, semblent avoir toujours été préférés aux autres.

Si les Leuci paraissent avoir affectionné le séjour des forêts, vivant par petits groupes avec leurs troupeaux de bœufs et de porcs, comme l'attestent les ossements de ces animaux épars autour des anciens foyers, que des fragments de poterie bien typique permettent d'attribuer à l'époque gauloise ; il n'en est pas moins vrai que la culture avait chez eux une certaine importance, car ce sont eux qui approvisionneront, de concert avec les Lingons, l'armée de César, pendant sa lutte contre Arioviste.

Les mardelles, ou fonds de cabanes, si abondantes dans certaines régions, sont extrêmement rares en Meurthe-et-Moselle, mais il en existe quelques-unes dans le département des Vosges. Le plus grand nombre ne paraissent pas avoir eu ce caractère d'habitations et, dans le cas contraire, seraient attribuables bien plus à l'époque gallo-romaine qu'à celle de l'indépendance de la Gaule.

L'époque gallo-romaine a laissé des traces un peu partout, sous forme de substructions, mais principalement de débris ayant appartenu à des tuiles à rebord, des poteries fines, etc., réunis sur des espaces la plupart du temps très restreints. Ces gisements se retrouvent jusqu'aux pieds et même dans certaines vallées des Vosges, celle de la Meurthe par exemple. Ce sont les seuls restes de constructions, où la maçonnerie faisait presque toujours défaut. Quant aux habitations présentant quelque importance ou les traces d'un certain luxe, elles sont très rares. En outre, exception faite pour les bourgs d'ailleurs peu considérables de Tullum, Scarpona, Semita, Solimariaca, Liberdunum, qui n'étaient que d'anciennes localités gauloises, il n'existait aucune agglomération de propriétés bâties de quelque importance.

Par contre, en dehors des grandes forêts appartenant au fisc impérial, le sol était divisé en une quantité de domaines (*fundi*) ayant tous leurs bâtiments propres, dont les restes sont demeurés plus ou moins apparents.

Si l'on évalue, d'après la position occupée par ceux-ci, quelle pouvait être l'étendue du terrain qu'ils devaient vraisemblablement desservir, on remarque dans les environs de Rosières-aux-Salines, par exemple, que les *fundi* de cette région devaient mesurer sensiblement 1 000 pas en largeur et en longueur, soit environ 100 hectares. Mais, comme cette importance est tout à fait disproportionnée avec celle des bâtiments, il faut admettre que cet espace n'était pas entièrement cultivé, et que la forêt entrait, pour une part énorme, dans la composition de ces domaines.

Dans le voisinage des bourgs énumérés, et le long de la grande voie de Lyon à Trèves, de celle de Reims à Metz, les habitations sont plus serrées, mais il faut tenir compte de la destination d'un grand nombre: hôtelleries, thermes, mansiones, etc., qui n'avaient pas le caractère exclusivement rural des autres.

En résumé, la population était assez peu nombreuse à l'époque romaine, pauvre et disséminée dans un grand nombre d'habitations éparses dans les campagnes.

Les agglomérations un peu considérables de propriétés rurales occupent des cantons déjà défrichés et cultivés à l'époque précédente, les trouvailles de monnaies gauloises étant presque localisées sur leurs emplacements. Partout ailleurs, la grande majorité des habitations ne paraissent pas antérieures au IVe siècle, si l'on tient compte de la rareté des médailles du Haut Empire et de l'abondance de celles des empereurs du IVe siècle.

Quant à la date de leur disparition, elle est également donnée par les monnaies trouvées dans les restes de ces établissements. Elles sont toutes antérieures à l'invasion des Vandales. C'est donc à cet événement qu'il faut attribuer la destruction des constructions sans nombre, éparses jusqu'alors dans la campagne lorraine. Leurs restes portent des traces d'incendie, et souvent des corps se retrouvent sous les décombres. Ces observations portent sur une grande quantité de gisements, situés dans des cantons différents: nous ne leur avons pas encore trouvé d'exceptions. Il y a là une preuve matérielle que nous opposons dans toute sa force aux allégations de quelques historiens, qui ont douté des modifications profondes apportées par les invasions, au moins dans cette partie de la Gaule, à l'état de la propriété et de la société gallo-romaine.

Les plus anciens de nos villages actuels remontent à un *fundus* dont le nom est formé d'un gentilice romain et d'un suffixe gaulois: *ac, acus;* d'autres plus récentes portent une désignation composée d'un nom d'homme tiré du latin ou du langage germanique et d'un mot latin comme *villa curtis, mons, vallum,* etc. Or, un grand nombre de noms paraissent d'origine germanique, ce qui montrerait en Meurthe-et-Moselle la prédominance de l'élément barbare.

Ce serait du reste une erreur d'assimiler l'état social de notre région, dès la fin du Haut-Empire, à celui du reste de la Gaule. Le voisinage du Rhin, dut créer entre la vie romaine et la vie barbare une sorte de moyenne. L'infiltration de ce dernier élément a commencé ici bien avant, et bien plus profondément qu'il ne l'a fait dans les autres provinces de la Gaule. La conséquence de cet état de choses fut une longue période de transition, dont les traces sont restées bien nettes. Il existe en effet, parmi les vestiges appartenant à cette époque, un tel mélange d'objets et de coutumes romains et barbares, que le chaos paraît inextricable. Cette confusion doit exister sur toute la rive gauche du Rhin, rendant difficile toute étude séparée des époques romaine et mérovingienne. MM. Bleicher et Faudel l'on rencontrée en Alsace.

Les grandes invasions du ve siècle de notre ère marquèrent non seulement un arrêt dans la civilisation romaine, mais amenèrent un véritable retour à la barbarie, les nouveaux venus en étant encore à la civilisation de la Têne.

Leurs sépultures, dont beaucoup sont demeurées intactes, sont les seuls témoins des temps mérovingiens dans le département de Meurthe-et-Moselle. Par contre, celles des rares indigènes demeurés dans le pays ne sont pas parvenues jusqu'à nous dans un aussi bon état de conservation. Ce fait, qui, à première vue, semble difficile à comprendre, s'explique, à notre sens, de la façon suivante : la dispersion des habitations, possible dans une période de sécurité comme celle qui reçut le nom de *paix romaine,* était désormais impraticable au milieu d'une population mêlée d'éléments venus on ne sait d'où, et des allées et venues des barbares.

La nécessité des groupements s'imposait. En dehors des anciens bourgs, des agglomérations de propriétés bâties se formèrent, donnant naissance à nos plus anciens villages. C'est sur leur emplacement qu'il faut chercher les traces des constructions de cette époque, dans leurs cimetières qu'il faut chercher les restes de la race gallo-romaine.

Mais les remaniements successifs subis par les uns et par les autres, dans le cours des siècles, ont amené la disparition, plus ou moins complète, des édifices et des sépultures.

Entrés dans la communauté chrétienne, les barbares se soumettaient à ses usages ; mais avant leur conversion, tout en vivant avec l'habitant, ils se faisaient enterrer à part, dans des endroits choisis, suivant certaines règles. C'est à l'abandon de ces cimetières, situés le plus souvent loin de toutes habitations, sans aucun signe de nature à dévoiler leur présence, qu'il faut attribuer leur remarquable conservation. Ces stations funéraires, seraient donc presque toujours, à notre sens, composées de tombes païennes.

Du nombre en général peu considérable des sépultures on peut conclure que l'élément barbare était dispersé par petits clans, n'ayant guère conservé, pendant plus d'un siècle, leurs coutumes funéraires.

La présence des cimetières barbares témoigne, dans les environs, de l'existence d'une ou plusieurs agglomérations d'individus appartenant à la population indigène, sur lesquelles vivaient les nouveaux venus.

Leur dispersion défie toute tentative sérieuse de groupement. Ils semblent toutefois avoir été plus nombreux, et c'est rationnel, le long des anciennes voies romaines, aux endroits mêmes qui avaient été, de la part de leurs prédécesseurs, l'objet d'une prédilection particulière.

En résumé, l'aspect général du pays, au point de vue du groupement des habitations, devait se rapprocher bien plus, après les grandes invasions, de ce qu'il était après la guerre de Trente ans que de ce qu'il était sous la domination romaine.

Philippe de Crèvecœur, maréchal d'Esquerdes ou des Cordes (1418-1494).

Communication de M. Henri DUPONT, professeur à Paris,
délégué de la Société de topographie de France.

Notre intention est depuis longtemps de faire entrer dans le cadre de l'histoire classique la grande figure de Philippe de Crèvecœur, un des plus célèbres guerriers et des plus habiles diplomates des temps modernes et qui fut tour à tour au service de Charles le Téméraire et de Louis XI. Nous soumettons avec confiance la question aux hautes autorités du Congrès, persuadé qu'elles daigneront la prendre en considération.

Le blason de notre guerrier portait de gueules à trois chevrons d'or, le premier brisé d'un croissant montant d'azur, *alias* de gueules.

Philippe naquit à Crèvecœur, en 1418, de Jacques de Crèvecœur et de Jeanne de la Trémouille, dame des Cordes, qui avait allaité la princesse Marie de Bourgogne. Nous ne savons rien touchant son adolescence : il eut le malheur de perdre son père au moment où il atteignait sa vingt-deuxième année. Ce fut le 10 juin 1467 que sa mère lui donna la seigneurie des Cordes, dont il porta depuis le titre. Deux ans plus tard, il épousait à l'âge de 51 ans, Isabeau d'Auxi, fille du maître des arbalétriers de France, qui n'eut point d'enfants. Les éminentes qualités de notre héros lui avaient attiré déjà l'affection des Montdidériens qui saisirent l'occasion de son mariage pour lui en donner une preuve. En effet, ils lui offrirent six gobelets d'argent dorés au bord, d'une valeur de 30 écus d'or.

Laissons sa vie privée sur laquelle nous avons peu de renseignements et suivons-le pas à pas dans la carrière qu'il va parcourir si noblement.

A l'instar de ses ancêtres, Jacques et Jean IV de Crèvecœur, Philippe s'attacha d'abord au service de la maison de Bourgogne dont il reçut les plus éclatantes faveurs. Nous le voyons guerroyer aux côtés du comte de Charolais aux combats de Rupelmonde (1452) et de Morbecque (1453). A l'époque de la ligue du Bien Public, nous le retrouvons à Montlhéry (16 juillet 1465) luttant vaillamment avec son frère Antoine contre Louis XI. Le combat resta indécis.

Trois ans plus tard, surgirent de nouvelles complications par suite de la révolte des Liégeois, fomentée par les émissaires de Louis XI. A cette nouvelle, la colère de Charles le Téméraire éclata avec violence contre le roi félon, qui était venu le trouver à Péronne, mais la promesse du monarque de l'accompagner dans son expédition contre la ville coupable apaisa le duc de Bourgogne. Louis XI avec 300 hommes d'armes dut marcher à la suite de son vassal qui entraînait 40 000 Bourguignons. Philippe commandait les francs-archers. Le siège de la ville de Liège ne fut pas long. Le duc entra dans la ville le 30 octobre (1468) et commença par envoyer au supplice les plus notables citoyens. Les Bourguignons mirent au pillage la superbe cité, massacrèrent ou violèrent les personnes réfugiées dans les églises et jetèrent dans la Meuse ceux qui ne purent payer leur rançon. La rage du Téméraire était loin d'être assouvie, il requit 4 000 hommes du Limbourg pour incendier les édifices et démolir ceux que la flamme avait respectés. Pendant que l'immense embrasement engloutissait la belle cité, au milieu des tourbillons de flammes et des clameurs lamentables des victimes, Charles le Téméraire, autre Néron, contemplait de l'autre côté de la Meuse les ravages du fléau. Louis XI, au cœur si farouche, demanda à quitter cette scène épouvantable.

Philippe lui-même, mêlé à une telle besogne, éprouva un sentiment de dégoût et d'horreur à la vue d'un tel spectacle. Pour pallier son vandalisme et pour honorer sans doute la conduite de notre héros, le duc de Bourgogne lui accorda le gouvernement de l'Artois et le collier de la Toison d'or.

La mort surprenante de Guyenne, la violation des traités de Péronne et de Conflans servirent au duc de prétextes pour recommencer la lutte. Après avoir lancé contre le roi un manifeste des plus véhéments, Charles le Téméraire franchit la Somme, jurant de tout mettre à feu et à sang. La ville de Nesle fut la première victime de sa fureur. Il la livra aux flammes (1472) et massacra sans pitié ses infortunés habitants. Hommes, femmes, enfants avaient cherché un abri dans la grande église. Les pauvres mères qui s'étaient réfugiées dans les tribunes furent précipitées avec leurs enfants sur le parvis inondé de sang. Le duc vint à cheval examiner l'œuvre de ses séides. En entrant dans le lieu saint d'où se dégageait une odeur fétide — il y avait un demi-pied de sang — il se signa et dit : « Par saint Georges, enfants, vous avez fait là une belle boucherie ». De telles horreurs étaient un avertissement aux autres villes de se bien tenir et de se bien défendre.

Roye et Montdidier succombèrent sous les coups de l'armée envahissante.

C'est sur le Beauvaisis qu'allait fondre le plus formidable orage. On était au mois de juin. Le seigneur des Cordes commandait l'avant-garde, le duc suivait avec 80 000 hommes laissant ses nombreux équipages derrière lui sur une étendue de plus de cinq lieues. Son intention était de prendre Beauvais, de diriger sa marche vers la Normandie afin de donner la main au duc de Bretagne, François II, son allié.

Dans la matinée du 27, des ouvriers qui réparaient la toiture du chœur de la cathédrale virent tout à coup à l'horizon un long serpent de fer, d'hommes, de chevaux et de chariots, qui se déroulait dans le lointain au milieu d'une vapeur de poussière; ils sonnèrent aussitôt le tocsin et en un clin d'œil la population fut sur pied.

Une heure s'était à peine écoulée que Philippe était aux portes de la ville. Il savait qu'elle n'avait pour toute garnison que le sire Loyset de Balagny et quelques gentilshommes de l'arrière-ban qui venaient de capituler à Roye. Vu le peu de solidité qu'offrait cette milice, il prévoyait que les habitants n'oseraient point tenir contre les menaces d'un siège. Il leur envoya donc un hérault d'armes pour les sommer de lui présenter les clefs de la ville; mais cet envoyé reçut injonction, du haut des remparts, de se tenir éloigné de la muraille à la distance d'une portée d'arbalète, sous peine de mort. Cette fière contenance mit le sire des Cordes en fureur au point qu'il résolut immédiatement l'attaque de la place. Il laissa à messire Jacques de Montmartin le soin de l'assaillir avec 100 lances et 300 archers du côté du faubourg Saint-Quentin, pendant qu'il irait avec ses bataillons les plus braves devant la porte de Bresles. Philippe lança ses bataillons jusqu'au pied des murs. Les échelles furent dressées et l'escalade courageusement entreprise. Il dut renoncer à l'assaut, car les échelles étaient trop courtes, pour recourir à l'artillerie. Une couleuvrine braquée contre la porte y pratiqua deux larges ouvertures, et les soldats, animés par l'espoir du pillage, s'élancèrent vers la brèche pour briser les derniers obstacles et ouvrir un passage à l'armée victorieuse. Dans le transport de sa joie, Philippe des Cordes expédie en toute hâte un courrier au duc de Bourgogne pour lui déférer l'honneur d'entrer le premier dans la place. C'en était fait de la ville, si elle avait eu des défenseurs moins intrépides, mais l'imminence du danger donne des forces aux plus faibles et du courage aux plus timides. Le sire de Balagny, tout blessé qu'il est d'une flèche à la cuisse par les archers de Montmartin à demi victorieux, se fait porter le long des rues afin d'exciter tout le monde à la résistance.

Son pressant appel est entendu. Des matériaux de toute espèce sont apportés sur les remparts et précipités sur les bataillons ennemis. Des fagots enflammés les éloignent des murs, mais communiquent le feu à la porte elle-même, à la herse, etc. Sous la voûte ce n'est plus qu'une redoutable fournaise. Les assiégés, loin de s'effrayer, alimentent le feu sans relâche afin de barrer le passage à l'ennemi et de ménager à leurs travailleurs le temps de réparer et de fortifier ce point menacé.

Il est bien certain que si les assiégés n'avaient été promptement secourus, toute leur bravoure n'aurait servi qu'à rendre inévitable la destruction de la ville et le massacre de ses habitants. En effet, ce n'était plus contre l'avant-garde commandée par Philippe de Crèvecœur, mais contre toute l'armée du duc de Bourgogne forte de 80 000 hommes qu'ils allaient avoir à se défendre. Des renforts leur arrivèrent de toutes parts par la porte de Paris, grâce aux démarches du seigneur de Troussures qui alla quérir l'aide des autres seigneurs. Arrivèrent alors les sires de Bueil, de la Roche-Tesson, de Fontenailles et environ deux cents lances qui se portèrent à la porte de Bresles. Les jours suivants, ce furent Joachim Rouault, maréchal de France; les sénéchaux de Poitou et de Carcassonne avec 100 lances; le seigneur de Torcy avec la noblesse de Normandie; Robert d'Estouteville, prévôt de Paris, avec la noblesse de sa prévôté; le bailli de Senlis avec la noblesse de son bailliage commandée par Antoine de Chabannes, comte de Dammartin; Tristan de Salezard avec une compagnie de 120 hommes; la garnison d'Amiens, etc.

Jean Bar, l'évêque de Beauvais, obtint d'autres secours de Paris moyennant 972 livres tournois.

La lenteur de Charles le Téméraire paralysa les efforts de son meilleur lieutenant.

Les Beauvaisins réunirent un conseil de guerre pour organiser la défense de la place. Il y fut décidé qu'on brûlerait l'église Saint-Hippolyte, le refuge des assiégeants, qu'on arrêterait le cours du Thérain afin d'inonder le faubourg Saint-Quentin où l'ennemi régnait en maître. A ces extrémités suprêmes l'ennemi répondit par une pluie de boulets qui endommagèrent la cathédrale, par l'incendie des habitations voisines et de l'église de l'abbaye. Plus décidé que jamais à presser les opérations du siège, le duc de Bourgogne fit détourner le cours de la rivière afin de mettre à sec les fossés de la place, de miner les murs et d'escalader ceux qui s'étendaient de la porte de l'Hôtel-Dieu à celle de Bresles. Les Bourguignons (6 juillet) s'élancent sur leurs échelles en brandissant leurs terribles épées; ils se pressent, ils se poussent comme les flots d'une mer en furie, et comme eux ils vont se briser contre le roc. Les assiégés, qui les attendaient de pied ferme, les culbutent en si grand nombre qu'ils ne peuvent plus arriver à leurs échelles sans passer sur des monceaux de cadavres. A cette vue, le duc retire ses troupes décimées, fait jeter deux ponts sur le fossé pour qu'on puisse avancer des tours jusqu'au pied de la muraille. Le découragement gagne ses soldats qui apportaient des fagots pour combler le fossé. « A quoi bon, disaient-ils, cet amas de bois! nos cadavres y suppléeront ». Le 8 juillet, l'attaque fut des plus terribles. Le canon opéra des brèches immenses. L'alarme se répand dans la ville. Aussitôt les femmes portent la châsse de sainte Angadrême aux endroits les plus menacés et sous cette égide tutélaire les Beauvaisins se préparent à une vigoureuse résistance.

Le 9 juillet, sur les 8 heures du matin, est donné un troisième assaut qui va décider du sort de la ville. En un clin d'œil, le rempart est assailli dans toute sa longueur. Rien n'est capable d'arrêter l'impétuosité des bataillons ennemis; malgré les traits, les pierres, la poix fondue, l'eau bouillante et les fascines enflammées que l'on précipitait sur eux, ils pressèrent l'attaque durant une heure et demie et firent d'incroyables efforts pour pénétrer par la brèche. Un Bourguignon parvint à gagner le haut de la muraille et déjà il y avait planté son étendard quand Jeanne Lainé — surnommée plus tard Jeanne Hachette — qui avait déjà soufflé la flamme du courage dans le cœur des hommes, le saisit d'une main courageuse tandis que de l'autre elle assène un coup de hache sur la tête de l'audacieux qui tombe dans le vide à la renverse. Elle eut bientôt des imitatrices. Son exemple engagea les Beauvaisines à accomplir des actes d'héroïsme pour leurs foyers et pour leurs autels. Aussi l'ennemi, repoussé de toutes parts, fut contraint de cesser un assaut qui lui coûtait plus de 1500 hommes. Beauvais était sauvé et avait bien mérité de la patrie. En reconnaissance d'une telle bravoure, Louis XI fit vœu de ne plus manger de chair jusqu'à ce que Briconnet ait fait exécuter une ville de Beauvais en vermeil; en outre, par des lettres patentes, il ordonna que les femmes auraient le pas sur les hommes dans la procession de l'assaut et à l'offrande de la messe. Quant à Jeanne Hachette elle ne fut pas oubliée, Louis XI pourvut à sa dot, la déchargea elle et celui qu'elle prendrait pour époux de tout impôt et de toute contribution. Le mari de cette héroïne devait être Nicolas Pillon. Le drapeau qu'elle enleva existe encore à l'Hôtel de Ville.

Les assiégés, après avoir exprimé au Dieu des armées toute leur reconnaissance, devinrent agresseurs. Le capitaine Salezard poursuivit en maintes rencontres les Bourguignons, mais Philippe de Crèvecœur déploya toute son énergie pour protéger leur retraite. Salezard fut blessé à mort. Jean Molinet, poète bourguignon, dans son épitaphe sur le maréchal, fait allusion à ces diverses sorties :

> Je fus jadis Philippe de Crèvecœur,
> Homme de cœur et de noble lignée,
> En mon vivant des Guerdes seigneur,
> Bellicateur et chevalier d'honneur,
> Gubernateur de toute la Picardie.
> Au siège de Beauvais mis mon corps au hasard,
> Plusieurs fois main à main combattant Salezard, etc.

Le duc de Bourgogne, pour prendre Beauvais, substitua la ruse aux armes, mais il ne fut pas plus heureux, ce qui le mit hors de lui-même et sa colère s'abattit sur tous les villages environnants : Marissel, Bracheux, Tillé, Rouge-Maison, Francastel furent anéantis. Ainsi qu'Attila, le Téméraire ne laissait que désolation derrière lui, répétant dans sa froide et barbare impassibilité : « Tels fruits porte l'arbre de la guerre. » Sur les représentations de ses officiers il quitta le Beauvaisis, laissant derrière lui 3 000 hommes des siens et marchant vers la Normandie par Hanvoile, Songeons, Gerberoy et autres lieux à la lueur des incendies qu'il allumait sur son passage.....

En 1474, nous dit Olivier de la Marche, messire Philippe de Crèvecœur, seigneur des Cordes, fait partie du cortège chargé de recevoir Marguerite d'York venant fêter à Bruges ses noces avec Charles le Téméraire, qui convolait pour la troisième fois. Notre héros qui avait été à la peine devait bien être à l'honneur : il assiste au banquet et au tournoi.

Pendant trois ans nous n'entendons plus parler de lui. Était-il retourné dans l'Artois, pour protéger son gouvernement contre l'invasion anglaise (1475)? ou bien suivait-il au siège de Neuss, à Granson, à Morat (1476) le duc de Bourgogne soumis à des échecs successifs, et à Nancy, sous les murs duquel il trouva sa fin sans la victoire? Les mémoires sont muets à ce sujet. Nous penchons pour la première supposition.

La mort de Charles le Téméraire dégageait Philippe de Crèvecœur de tout serment. C'est pourquoi, sur les conseils de Commines avec lequel il eut une entrevue à Arras, il offrit ses services au roi de France. On l'a accusé de félonie et d'ingratitude pour avoir passé dans un autre camp, mais il est notoire que sa conduite ne fut pas jugée à l'époque comme une trahison puisqu'il ne fut rayé de la liste des chevaliers de la Toison d'or que quatre ans après. Du reste la maison de Bourgogne était ruinée. Il eût été vraiment insensé de soutenir une cause à jamais perdue et de stériliser des efforts qui pouvaient être mis à profit par le roi. En abdiquant ses sentiments personnels, Philippe de Crèvecœur a fait acte de patriotisme. Son attachement à Marie de Bourgogne n'eût certainement pas arrêté le cours des événements qui se sont produits.

Louis XI, joyeux de cette conversion inespérée, comprit qu'il fallait payer le prix d'une telle épée. Aussi donna-t-il à Philippe le gouvernement de la Picardie, tout en lui conservant celui des villes de Roye, Péronne, Montdidier, etc., et à cette juridiction il joignit le titre de chevalier de l'ordre de Saint-Michel.

A cette époque, l'Artois était en fermentation. Cette province, ainsi que la Flandre, s'étaient déclarées pour Marie de Bourgogne qui venait d'épouser Maximilien. Dans ces conjonctures, la soumission et la présence de Philippe de Crèvecœur furent d'une importance capitale. Comme il avait été gouverneur de plusieurs villes de l'Artois, il en était connu et apprécié. Par conséquent, il n'eut pas de peine à les faire rentrer sous l'autorité royale. Il éprouva plus de résistance de la part de Hesdin et de Boulogne, qu'il prit d'assaut. La ville d'Arras ne se rendit qu'à moitié. Vainement il épuisa tous les moyens de conciliation et de séduction pour réduire l'autre. Toutefois, après la mise à mort de leurs députés, les bourgeois d'Arras en vinrent à trembler pour eux-mêmes. C'est pourquoi ils prièrent Philippe de Crèvecœur, dont ils connaissaient l'humanité, de vouloir bien implorer pour eux la miséricorde du roi. Il consentit à cette démarche, plaida leur cause et obtint une amnistie générale. Aussitôt que les habitants d'Arras, confiants dans la promesse royale, eurent ouvert les portes de la ville, Louis XI oublia la parole donnée. Leurs maisons furent livrées au pillage et les cadavres des plus compromis, c'est-à-dire des plus dévoués à Marie de Bourgogne, allèrent garnir les gibets dressés sur la place publique. A la vue d'une telle déloyauté de la part d'un prince qui ne reculait devant aucune scélératesse, le cœur du général dut bouillonner de colère et gémir sur le sort de ces pauvres infortunés. Il constata sans doute qu'en changeant de maître il n'avait que changé de tyran.

Grâce à lui, la France marchait de conquêtes en conquêtes. La Flandre et l'Artois étaient en grande partie rentrés sous la domination royale. C'est alors que Maximilien résolut d'opposer une digue au débordement qui menaçait de tout envahir. A la tête d'une nombreuse armée d'Allemands et de Brabançons, il se jette dans l'Artois et vient assiéger Thérouanne (1479). Des Cordes s'avance à sa rencontre ; Maximilien le prévient ; il lève le siège, va lui-même au-devant des Français et les rencontre à Guinegatte le 4 août. Avant le combat, Philippe harangua ses troupes en ces termes, au dire de Molinet :

« Noble fleur de la chevalerie, les odorans par toute l'Europe, gens les plus famés du monde, qui par vos bras chevalereux avez tiré fin glorieuse de tant d'excellentes besognes, et de tant de mortels périls estes échappés, montrez vos hardis courages ; déployez votre grande prouesse ; servez le roy ; gagnez honneurs. Voyez devant vous l'orgueilleuse assemblée de vos ennemis capitaux, que tant désirez combattre ; voyez ci les chiens rudes et rebelles persécuteurs de ce royaume !... Livrez-les tous au tranchant de vos épées ; faites le devoir, car il est l'heure !... »

Les Français, malgré leur peu de discipline, culbutèrent la cavalerie allemande et la poursuivirent. Sûrs de la victoire, ils n'écoutent plus la voix de Philippe et se livrent au pillage. Ce désordre est remarqué de l'ennemi qui revient à la charge et reste maître du champ de bataille. C'est ainsi que la journée de Guinegatte tourna en une défaite désastreuse, conséquence de la cupidité. Des Cordes, qui s'était prodigué pour ramener les pillards au combat, se plaignit au roi de l'indiscipline des troupes, de leur fatal penchant pour le pillage, de leur avidité à faire des prisonniers pour en tirer rançon — procédés que Louis XI encourageait volontiers. Le monarque, appréciant le bien-fondé de ces accusations, le charge de semoncer les capitaines et les gens de la garnison de Thérouanne. D'Esquerdes leur dit, d'après de Barante : « Le roi est averti du grand dommage qui nous est advenu. Aucuns de vous voudraient bien en jeter la faute sur moi, mais c'est sans raison. J'ai fait tout mon possible, et si vous aviez fait votre devoir contre les gens de guerre aussi bien que contre les vivandiers, les prêtres, les malades, les femmes et les petits enfants ; si vous n'aviez pas commis cette grande inhumanité qui sera un scandale éternel pour le règne du roi, vous eussiez gagné la bataille. Ce n'est pas merveille si les pauvres paysans sont contre vous et tuent vos gens dans la campagne ; car vous ne cessez de les maîtriser et de les piller. »

Pour éviter le retour de tels faits, Louis XI pria Philippe de Crèvecœur d'organiser une armée d'élite. A cet effet, le général établit les *camps de la paix* dans lesquels il faisait évoluer et manœuvrer les soldats. Former de nouveaux hommes, les aguerrir, tel était son but, et avec son caractère tenace, c'était une tâche assez facile, mais arriver à convaincre le roi, très versé sur le chapitre de la spéculation, de la suppression radicale des abus, c'était presque tenter l'impossible. Aussi s'éleva-t-il souvent entre eux des différends. Un jour Louis XI le pria d'établir un compte des fortes sommes qu'il lui avait fait passer, lors de la conquête de l'Artois. Des Cordes se mit à l'œuvre et lui présenta un mémoire dont la dépense excédait de beaucoup la recette ; le monarque se récria, fit des objections, discuta certains articles avec persistance. Outré de ce que le roi s'abaissât jusqu'à marchander la gloire et le sang de ses soldats, il se lève menaçant, la rougeur de l'indignation au front, et s'écrie d'une voix frémissante : « Sire, avec cet argent, j'ai conquis les villes d'Arras, d'Hesdin, de Boulogne ; j'ai donné à la couronne de France une province entière ! Rendez-moi mes villes, et je vous rendrai votre argent !... — Par la Pâque-Dieu, dit le roi, il vaut mieux laisser le moustier (le moulin) où il est. » Depuis il se garda bien de parler de cette affaire, et lui continua ses faveurs.

En 1481, Philippe de Crèvecœur tint en échec toutes les forces de Maximilien ; il prit plusieurs places dans le Luxembourg et pratiqua des intelligences dans les Pays-Bas devenus hostiles à l'archiduc d'Autriche. La mort de Marie de Bourgogne (27 mars 1482) détermina Louis XI à envoyer des Cordes chez les Flamands pour essayer d'ôter à Maximilien la tutelle de ses deux enfants. Il réussit dans ses négociations et en outre il obtint pour le dauphin Charles la main de Marguerite de Flandre, petite-fille de Charles le Téméraire.

La même année, le 23 décembre, il signa comme plénipotentiaire le fameux traité d'Arras qui nous assurait par le mariage projeté les provinces de l'Artois et de la Franche-Comté.

Comme il avait eu la main forcée, Maximilien essaya d'enlever sa fille, mais les Gantois la remirent à des Cordes pour la conduire à la cour du roi de France. Ainsi se trouvaient déjouées les manœuvres d'un prince perfide, grâce à la diplomatie du général dont le rôle devenait de plus en plus difficile.

En 1483 de nouvelles agitations politiques ramenèrent les Français dans l'Artois. Philippe des Cordes, nommé maréchal, reçut l'ordre de rassembler les troupes et de pousser ses conquêtes dans cette province. Pour arriver plus sûrement à ses fins, il lia une entente secrète avec Cohem, le commandant de la garnison d'Aire. Celui-ci, moyennant 10 000 écus et le commandement d'une compagnie de cent lances, s'offrit à livrer la place.

Les conventions étant ainsi arrêtées, le maréchal, afin de sauver les apparences, fit durant huit jours un simulacre de siège devant la ville, à la tête de 20 000 hommes et d'une formidable artillerie. Cohem ne parut se rendre qu'à la dernière extrémité. La ville étant prise, il fut honteusement congédié, juste récompense de sa trahison. Ce stratagème était de bonne tactique et fut fort goûté de Louis XI.

A ses derniers moments, le roi le fit venir, lui recommanda le dauphin et le conjura d'oublier les mesures qu'ils avaient concertées ensemble pour enlever Calais aux Anglais, car l'État avait besoin de cinq ou six ans de paix. Et, s'adressant au dauphin, il lui dit : « Servez-vous du maréchal de Crèvecœur comme d'un honnête et vaillant chevalier. » Par là, Philippe devint en quelque sorte régent de France. Cette preuve d'estime accordée à notre capitaine fait son plus bel éloge.

Le sort du pays était donc confié en des mains fermes et prudentes qui allaient l'empêcher de péricliter à l'avènement d'un roi de treize ans (1483).

A la mort de son père, Anne de Beaujeu exerça de fait la régence au nom de son frère Charles VIII. Au début, elle eut à lutter contre une nouvelle coalition formée par la féodalité qui voulait reprendre le terrain perdu sous Louis XI. Comme les princes contestaient son autorité, elle convoqua les États généraux à Tours en janvier 1484. Un orateur de la noblesse bourguignonne, Philippe Pot, seigneur de la Roche, exposa les véritables principes du gouvernement représentatif ; il établit les droits souverains de la nation et invita les États à prendre en main la gestion des affaires. Son discours fut couvert d'applaudissements, mais il n'y eut rien de changé et l'assemblée se sépara. Le duc d'Orléans, furieux d'être privé de la tutelle du roi, leva l'étendard de la révolte, attirant dans son parti Maximilien d'Autriche, Richard III d'Angleterre, François II de Bretagne, les ducs de Bourbon, d'Angoulême, etc. Anne de Beaujeu sut agir avec vigueur. Elle eut raison de Richard en soudoyant Henri de Richemond, son compétiteur au trône ; du duc d'Orléans à la bataille de Saint-Aubin-du-Cormier, gagnée par La Trémoïlle ; du duc de Bretagne au traité de Sablé (1488) ; des confédérés du Midi par l'envoi du roi contre eux. Restait Maximilien contre lequel fut envoyé le maréchal d'Esquerdes.

Dès 1484, notre capitaine, à la tête de 600 lances, s'était déjà porté à la rencontre de l'archiduc qui menaçait la ville de Gand. Il avait l'intention, tout en allant au secours des Gantois, de s'introduire d'abord dans la ville de Tournai et d'y laisser une garnison qui établirait une communication toujours ouverte entre les frontières de France et les milices de Gand. Les bourgeois résistèrent par crainte de représailles. Philippe de Crèvecœur prenait déjà ses dispositions pour faire le siège de la place, quand il apprit que Maximilien s'avançait pour le combattre. Trop faible pour lutter, il se dérobe à l'ennemi et entre sans obstacle dans la ville de Gand, mais la conduite déréglée de ses soldats l'oblige à revenir dans l'Artois.

La retraite du maréchal était dictée par des raisons de prudence, car il voulait arriver à une entente entre les deux partis. Cette diplomatie n'était pas faite pour plaire à Jean II, connétable de Bourbon, dont le caractère était farouche et ombrageux. Charles VIII était d'autant plus perplexe au sujet des intentions du connétable qu'il lui répugnait de sacrifier un loyal et valeureux serviteur à l'ambition d'un fanfaron. Pour ménager les susceptibilités respectives, on se jeta dans la voie des concessions. Tout s'arrangea et ce fut Commines qui paya les frais du différend en sortant de la maison de Jean II.

Nous allons voir maintenant la tactique de Philippe de Crèvecœur se montrer dans tout son jour.

Maximilien, nommé roi des Romains, c'est-à-dire héritier de la couronne impériale, avait rompu le traité d'Arras. Des Cordes, à la tête de 1000 lances environ, commence à harceler l'ennemi fort de 12000 combattants; aussi compte-t-il user de la ruse et de l'intrigue plutôt que des armes pour vaincre son adversaire.

Celui-ci, de crainte de tomber dans un piège, se tenait constamment enfermé dans sa cavalerie, comme dans une forteresse vivante et sûre. Un jour, n'y tenant plus, il alla se réfugier à Lille. Cette pusillanimité fit rire le maréchal et l'encouragea à se porter sur Thérouanne dont l'ennemi s'était emparé quelque temps auparavant. Depuis la perte de cette ville, des Cordes ne prenait aucun repos ; croyant son honneur intéressé à la recouvrer, mais trop faible pour l'assiéger dans les règles, il se proposait de la réduire par la famine ou par surprise. Au cœur de l'hiver il l'avait enveloppée presque de toutes parts par des forts qu'il avait fait élever dans les environs, d'où ses troupes désolaient toute la campagne. La ville s'était trouvée trois ou quatre fois réduite à la plus affreuse disette, mais elle avait pu prolonger sa résistance grâce aux secours que lui avait envoyés Maximilien et les bourgeois de Saint-Omer. Cette ville oubliait que, par le traité d'Arras, elle était astreinte à la neutralité. Cependant, sous le spécieux prétexte que les troupes légères du maréchal d'Esquerdes avaient commis quelques hostilités, elle avait traité secrètement avec le roi des Romains et attendait une garnison autrichienne. Philippe de Crèvecœur avait eu connaissance de ces faits par des magistrats chassés de Saint-Omer par suite de leur attachement à la France. Après s'être renseigné auprès d'eux sur l'état des fortifications de la place, sur la manière dont s'y faisait le guet, il prit les mesures nécessaires afin de s'emparer de Saint-Omer avant l'arrivée de la garnison.

Afin de ne donner aucun soupçon de son projet, il fit défiler ses troupes par des chemins détournés ; il partit lui-même à la brune, en habit de chasse, faisant marcher devant lui plusieurs chariots remplis d'échelles et recouverts de toiles et de filets.

Après avoir marché toute la nuit, il s'approcha avant le jour des murailles de Saint-Omer, planta ses échelles aux endroits qu'il savait être les moins observés ; il y monta lui-même avec quelques soldats déterminés, égorgea les sentinelles endormies, fit marcher ses troupes en silence, les rangea sur la place publique et à l'entrée des principales rues. Au même instant il ordonna aux trompettes de sonner et aux soldats de pousser de grands cris. Les bourgeois, éveillés en sursaut et terrifiés à la vue de l'ennemi, prennent la fuite ou se barricadent dans leurs maisons.

Le maréchal arrête les fuyards et leur enjoint d'aller déclarer à leurs concitoyens qu'il n'est pas venu pour leur causer du mal, mais qu'il exige seulement la remise de la citadelle et le serment de fidélité au roi. La ville acquiesça à son désir. Ainsi des Cordes avait pris Saint-Omer avec 800 hommes et sans effusion de sang. La douceur avait prévalu là où la violence aurait échoué. La prise de cette ville assurait désormais celle de Thérouanne. Maximilien résolut de ne l'abandonner à aucun prix. Il ordonna donc à Philippe de Clèves, à Bossut et à Baudouin d'unir leurs forces et de ravitailler la place. D'Esquerdes, averti de leur marche, s'avança pour les combattre, mais, se voyant trop inférieur, il jugea prudent d'attendre, comptant sur la disette qui ne manquerait pas d'atteindre les habitants un jour ou l'autre. Ses prévisions se réalisèrent. Afin d'arriver à ses fins, il isola la cité de toutes parts, en faisant incendier tous les villages environnants qui lui fournissaient des vivres et opérer des battues par des détachements de troupes légères.

Le hasard le servit bien. Ses coureurs lui amenèrent un homme qui devait lui faciliter l'entrée de la ville. C'était le veilleur qui, alléché par l'appât d'une forte récompense, indiqua les moyens de surprendre la ville.

Thérouanne succomba comme Saint-Omer. Les habitants, surpris de la clémence du vainqueur, bénirent une si heureuse trahison.

Le stratagème, comme on le voit, est l'arme favorite de notre héros.

Voici un autre trait qui mérite d'être cité. Un jour, par ses ordres, un archer français se présente devant le gouverneur de Lille et lui dit que, moyennant une modique récompense, il peut lui fournir tous les moyens de se couvrir de gloire et de venger toutes les pertes de Maximilien. « Les Français, ajouta-t-il, plus occupés de la guerre de Bretagne que de celle des Pays-Bas, ont prodigieusement affaibli les garnisons des villes frontières. Philippe de Crèvecœur lui-même, dans le dessein de poursuivre son œuvre, en avait pris une partie. Quant à moi, je puis vous livrer Béthune de connivence avec un de mes camarades, qui n'aime pas non plus servir la France. Sa maison touche les remparts dans lesquels il est facile de pratiquer un trou qui permette aux troupes de Maximilien d'entrer dans la ville. » Le gouverneur fit part de cette proposition à Philippe de Clèves. Celui-ci manda aussitôt le transfuge, l'interrogea et finalement accepta ses offres. Toutefois, de peur d'être trompé par cet agent, il prit les plus grandes précautions. En conséquence, il rassembla 3 000 guerriers qu'il divisa en deux corps : l'infanterie marchait sous les ordres de Nassau, la cavalerie sous ceux de Bossut. D'Esquerdes, prévenu, les attendait avec 500 lances qu'il avait dissimulées dans les replis du terrain. Quand l'infanterie fut passée, il fondit sur elle bride abattue et la mit en déroute. A cette vue, la cavalerie prit honteusement la fuite. Nassau, Bossut, le jeune d'Egmon restèrent prisonniers.

Pendant que des Cordes réduisait Maximilien à la dernière extrémité, il échauffait par des manœuvres intelligentes les germes de division et d'aigreur qui fermentaient dans l'esprit des Flamands. Malgré tout l'art qu'il déployait pour se faire aimer en pays ennemi, il avait néanmoins fort à souffrir de la versatilité des Gantois. Leur soumission n'était qu'apparente. Philippe consacrait tous ses instants et les forces vives de son éloquence à les persuader de rester unis au pouvoir royal. Pendant qu'il se multipliait pour faire entrer dans la confédération flamande les principales villes du Hainaut, il fut frappé au cœur par un événement aussi imprévu que douloureux : les bourgeois de Saint-Omer, profitant de son absence, avaient résolu de livrer leur ville aux Autrichiens. Saveuse et Everstein vinrent assiéger la place pendant la nuit ; la garnison française repoussa cette première attaque, mais, surprise par derrière par les habitants, elle ne put résister et se réfugia dans la citadelle. A cette nouvelle, le maréchal accourut, livra plusieurs assauts et se convainquit bientôt de l'inutilité de ses efforts. Une seule ressource lui restait, c'était de prendre la ville coupable par la famine. C'est pourquoi il chercha d'abord à s'emparer de quelques places maritimes telles que Dixmude, Nieuport et Dunkerque qui ravitaillaient Saint-Omer. Ce plan était admirable et il eût réussi si les Anglais n'y eussent mis obstacle en opposant des forces considérables à celles des Français. C'est alors qu'il se ressouvint des recommandations de Louis XI et battit en retraite en versant des larmes de dépit :

« Je consentirais, dit-il, à passer de grand cœur sept ans en enfer, pourvu que j'enlevasse Calais aux Anglais et que je pusse les chasser du territoire. »

Ces paroles dépeignent bien le patriote qui considère la présence de ces insulaires comme une tache brûlante sur le sol de la patrie.

Si le maréchal déployait une activité incessante au service de son roi, il n'oubliait pas cependant ce qu'il devait à sa famille.

Jean Bar, évêque de Beauvais, étant mort en 1488, Philippe eut à cœur de placer sur le siège vacant Antoine Dubois, son neveu, alors âgé de 17 ans et protonotaire. Le chapitre lui opposa de la résistance, quoique le postulant fût appuyé par le roi de France et le Saint-Siège, et choisit Louis de Villiers pour évêque. Cette nomination n'empêcha pas le neveu du maréchal de se faire installer par un chanoine qui était entré dans ses vues. Charles VIII, furieux de ce qu'on avait enfreint ses prescriptions, saisit le temporel. Pendant neuf ans le diocèse fut en proie à l'anarchie. Le différend se termina au profit du chapitre, car Philippe de Crèvecœur était trop occupé par la guerre pour suivre l'affaire et s'interposer si besoin était.

D'un autre côté le roi était absorbé par les préparatifs de l'expédition d'Italie. Son récent mariage (1491) avec Anne de Bretagne n'avait pas été sans exciter la jalousie de ses puissants voisins. Le Nord était envahi par Henri VII et Maximilien, le Midi était sur le point de l'être par Ferdinand le Catholique. L'horizon politique était donc bien sombre. Afin de conjurer l'orage, Charles VIII chargea le maréchal de négocier à Etaples (1492) avec le roi d'Angleterre auquel il accorde 745 000 écus d'or (40 millions) ; à Senlis (1493), Maximilien recouvrait pour son fils l'Artois, la Franche-Comté et le Charolais, à l'exception de Hesdin, Aire et Béthune, mises en séquestre entre les mains du négociateur ; à Narbonne (1493), Ferdinand reprenait la Cerdagne et le Roussillon.

Avant ces négociations, Philippe de Crèvecœur avait représenté au roi que le véritable et légitime accroissement de la France était du côté des Pays-Bas, « la grandeur et le repos du royaume, ajoutait-il, dépendaient de la conquête de ces provinces » ; mais Charles VIII fit la sourde oreille, se rappelant peu que son père lui avait recommandé à son lit de mort de toujours suivre les conseils du maréchal, marqués au coin d'une prudente et adroite sagesse. C'est ainsi que la folle entreprise d'un roi rendait inutiles et les efforts accomplis par notre héros au cours de sa carrière et le sang versé par ses troupes dévouées.

Le maréchal, qui avait été pourvu de la charge de grand chambellan de France (1492), — son sceau consistait en trois chevrons, un casque contourné avec des panaches surmonté d'un vol banneret, — ne devait pas être le témoin de l'expédition d'Italie. Comme il suivait le roi accompagné du comte de Montpensier, de la Trémouille, des maréchaux de Gré, de Rieux, la mort qui le guettait depuis un an vint le frapper à la Bresle à trois lieues de Lyon, le 22 avril 1494. Ce fut un deuil universel, auquel, rapporte la légende, s'associa la nature. Le roi ordonna qu'on rendît à la dépouille mortelle dans toutes les villes que traverserait le char funèbre, depuis Lyon jusqu'à Boulogne-sur-Mer, où Descordes avait élu sa sépulture, les mêmes honneurs qu'à un monarque de France. Cet hommage éclatant prouve la haute estime que le roi et la France éprouvaient envers le maréchal qui avait été un loyal serviteur et le plus ferme soutien du trône.

Quant à nous qui avons essayé d'exhumer le souvenir d'un Crèvecœur, nous ne célébrerons jamais assez le courage personnel, la valeur brillante, les conceptions hardies, les qualités diplomatiques et surtout le patriotisme éclairé de cet illustre capitaine pour le rétablir au rang qu'il doit occuper dans l'histoire.

Résumé.

Philippe naquit à Crèvecœur (Oise) en 1418, de Jacques de Crèvecœur et de Jeanne de la Trémouille qui avait allaité la princesse Marie de Bourgogne. A l'âge de majorité il perdit son père, il avait franchi la cinquantaine quand il épousa Isabeau d'Auxi, fille du maître des arbalétriers de France, dont il n'eut point d'enfants. Comme ses ancêtres, il s'attacha au service de la maison de Bourgogne. Il guerroya avec le comte de Charolais à Montlhéry (1465) et, lorsque celui-ci fut devenu Charles le Téméraire, il le suivit à Liège (1468) comme capitaine des francs-archers. C'est à la suite du pillage de cette ville et sans doute pour lui faire oublier les atrocités dont il avait été le témoin que le duc de Bourgogne lui donna le gouvernement de l'Artois et le collier de la Toison d'Or. Philippe devait encore voir le sac de Nesle (1472), le siège de Beauvais auquel il se distingua dans les trois assauts qui furent donnés à la ville et conduire vers la Normandie la retraite incendiaire. En 1474 il fut chargé d'aller chercher Marguerite d'York pour la conduire à Bruges où eurent lieu les troisièmes noces de Charles le Téméraire. Il est probable qu'il passa les trois années suivantes dans son gouvernement de l'Artois où il se fit aimer.

Quand le duc de Bourgogne fut mort, Philippe n'hésita pas sur les conseils de Commines à servir Louis XI.

En récompense il reçut le gouvernement de Picardie et le titre de chevalier de l'ordre Saint-Michel. Il fit rentrer sous l'autorité royale quelques villes de l'Artois. Il éprouva plus de résistance de la part des villes d'Hesdin, de Boulogne et d'Arras qu'il prit d'assaut. Cette dernière, dans la crainte de représailles, le pria d'implorer le roi pour elle. Louis XI promit sans tenir parole, car dans la suite il exerça sur elle les dernières rigueurs. Grâce à des Cordes, la Flandre et l'Artois faisaient partie du domaine de la France.

Il assiégea Thérouanne qu'il dut abandonner devant les forces supérieures de Maximilien. Il en aurait été victorieux à Guinegatte (1479) sans la cupidité de ses troupes qui rendirent inutiles les premiers avantages qu'elles avaient remportés. Pour éviter le retour d'un tel échec, Philippe établit les *camps de paix* dans lesquels il parvint à former une armée d'élite. En 1481, il tint en échec toutes les forces de Maximilien et prit plusieurs places dans le Luxembourg. A la mort de Marie de Bourgogne (1482) il arriva par sa diplomatie à ôter à l'archiduc la tutelle de ses enfants et à obtenir pour le dauphin Charles la main de Marguerite de Flandre, petite-fille du Téméraire. La même année, il négocia le traité d'Arras. En 1483, grâce à la complicité de Cohem, il s'empara d'Aire. A ses derniers moments, Louis XI lui recommanda de veiller sur le dauphin.

En 1484, des Cordes à la tête de 1 000 lances harcela Maximilien, nommé roi des Romains. Il voulut reprendre Thérouanne que les bourgeois de Saint-Omer ravitaillaient en cachette. Au moyen de stratagèmes bien combinés, il surprit Saint-Omer, Thérouanne et Lille. Malheureusement, Saint-Omer en son absence se donna à Saveuse et à Everstein qui la gardèrent, malgré toutes les tentatives qu'il put faire en face des forces considérables des Anglais. Sur l'ordre de Charles qui allait partir pour l'Italie, Philippe signa le traité d'Étaples (1492) avec le roi d'Angleterre. Le maréchal chercha à dissuader le roi d'entreprendre son expédition, mais il ne fut pas écouté. Pour l'apaiser, le roi le nomma grand chambellan de France. Philippe ne jouit pas longtemps de cette charge, il mourut à Bresle près de Lyon le 22 avril (1494) au moment où il accompagnait le roi en Italie. On lui fit de magnifiques obsèques et on l'inhuma à Boulogne-sur-Mer, selon ses dernières volontés.

Sources :

P. Anselme (*Histoire généalogique et chronologique de la maison de France et des grands officiers de la couronne*).
Varillas (*Histoire de Louis XI*).
Abbé Delettre (*Histoire du diocèse de Beauvais*).
Molinet (*Chronique*).
Duruy (*Annales de Bourgogne*).
Commines (*Mémoires*).
Olivier de la Marche.
De Borante (*Histoire des ducs de Bourgogne*).
Anquetil (*Histoire de France*).
Henri Martin (*id.*).
Mezeray (*id.*).
Garnier, continuateur de Vély (*id.*).
Heute (*Rev. belg.*).

Du Déboisement des montagnes.

Communication de M. Guénot, délégué de la Société de géographie de Toulouse.

M. Guénot, qui, dans différents congrès, a déjà traité cette question sous des faces multiples, ne s'est placé, à Nancy, qu'à un seul point de vue : il s'est demandé par qui le reboisement devait-il être effectué ?

On sait quelle perturbation le déboisement intempestif des montagnes a apportée dans le régime des eaux.

Les hautes vallées au sol meuble, aujourd'hui dénudées, laissent aller, au moindre orage, des quantités considérables de matériaux de transport, qui augmentent, dans d'énormes proportions, le volume des crues, élèvent incessamment le lit des cours d'eau et enlisent le littoral.

La Gironde, à elle seule, transporte et expulse par jour, en débit ordinaire, environ 100 000 tonnes de vase, dont la majeure partie est charriée par les tributaires de la rive gauche de la Garonne, surtout en temps d'orage, ou au moment des crues occasionnées soit par des pluies persistantes, soit par la fonte des neiges.

L'eau à peine tombée, au lieu de constituer dans l'humus des sous-sols forestiers les sources de l'avenir, les réservoirs naturels des temps de sécheresse, est tout de suite précipitée au fond des vallées. Aussi, leurs exutoires, les rivières du Sud-Ouest, oscillent-elles de plus en plus entre leurs deux termes extrêmes : inondations subites, violentes et de peu de durée ; longues sécheresses aussi préjudiciables à la navigation qu'à l'agriculture, au commerce et à l'industrie. De telle sorte qu'on peut dire qu'aucun pays n'a plus de rivières, moins d'eau et plus d'inondations que la région du Sud-Ouest.

Ces inondations, à elles seules, entraînent des désastres pour les particuliers et pour l'État, dont la somme se chiffre par des centaines de millions. Les frais de reboisement seraient peu de chose à côté du chiffre énorme des indemnités de toute nature que coûte au Trésor, chaque année, la réparation des dégâts occasionnés par les eaux, soit aux travaux publics, soit aux propriétés privées.

Il a paru à M. Guénot que c'était bien à tort que, dans certaines publications récentes, on demandait à l'initiative privée d'assumer la tâche du reboisement.

Comment des particuliers pourraient-ils s'intéresser à des plantations qui ne donnent d'ordinaire des résultats qu'au bout de 25 ou 5o ans, c'est-à-dire d'une ou de deux générations ?

Il y a là dans cette indication une erreur et une faute de tactique qui ne pourraient qu'être des plus préjudiciables à la cause du reboisement. La reconstitution des forêts et leur conservation sont d'intérêt général. L'État seul, par les ressources dont il dispose, par les bénéfices immédiats qu'il retire des opérations de reboisement, par la pérennité de son action, par l'autorité que lui donne la disposition immédiate de la force publique, est en situation d'y présider d'une manière satisfaisante. Et on le conçoit *a priori*, sans qu'il soit nécessaire d'insister à cet égard. Il est vrai que, pour rendre son action tout à la fois plus pratique et plus efficace, la législation actuelle doit être modifiée, mais c'est là une chose qui devrait être facile à faire.

M. Guyot, représentant du ministère de l'agriculture et directeur de l'École forestière, appuie fortement la thèse soutenue par le délégué de Toulouse. Il demande, en outre, une réglementation plus sérieuse du pâturage dans les forêts existantes, si l'on veut éviter leur disparition totale.

A la suite de cette communication, le Congrès émet le vœu suivant :

Il est à désirer que le reboisement des terrains dégradés en montagne, en raison des dangers de toute nature que la dénudation des versants fait courir à l'intérêt public, soit activé le plus possible.

Samedi 3 août.

SÉANCE DE L'APRÈS-MIDI

Président : M. Favier, délégué de la Société de géographie du Havre.
Assesseurs : MM. Goett, délégué de la Société de Brest ; Boursier, délégué du Club alpin français.

Les Câbles sous-marins.

M. Paul Hazard, président et délégué de la Société du Cher, expose qu'en soumettant au Congrès la question des *câbles sous-marins,* il n'a pas eu l'intention de faire une « communication » pour laquelle, profane en la matière, il serait mal préparé, mais seulement de proposer un grave sujet de discussion pour lequel il voit dans l'assistance des congressistes beaucoup plus documentés que lui-même, comme MM. Charles Lemire et Étienne Port. Il se bornera donc à faire rapidement l'historique de la question.

L'expédition du Tonkin, et plus récemment la guerre du Transvaal, ont démontré l'urgente nécessité pour un peuple d'avoir la libre disposition de ses communications télégraphiques coloniales ou internationales, sans avoir recours à un réseau étranger.

L'orateur fait passer sous les yeux du Congrès une carte de M. Henri Mager, membre du Conseil supérieur des colonies, sur laquelle on voit les câbles anglais enserrer, pour ainsi parler, de leurs mailles les cinq parties du monde, tandis que le réseau français n'existe encore qu'à l'état infinitésimal. Cette situation ne saurait se prolonger, car, en cas de guerre navale, nos belles colonies ne seraient pas à l'abri d'un coup de main.

Aussi l'opinion s'est-elle émue, et M. Paul Hazard cite les articles véhéments de M. Depelley dans la *Revue des Deux-Mondes* et de M. Chailley-Bert dans la *Quinzaine coloniale*.

Un projet de loi, déposé par le gouvernement pour l'augmentation progressive de notre réseau sous-marin, a donné lieu à un rapport fort intéressant de M. Maurice Ordinaire, au nom de la Commission des colonies du Palais-Bourbon, au cours de l'été 1900.

Enfin, au mois de décembre de la même année, M. Meyer, député, et un certain nombre de ses collègues ont déposé sur le bureau de la Chambre une proposition de loi tendant à assurer l'indépendance des communications télégraphiques de la France avec ses colonies et avec les nations étrangères. On peut donc dire maintenant que la question est mûre. Cependant, elle n'a reçu encore que des satisfactions partielles à la connaissance de l'orateur qui avoue, du reste, n'avoir aucune raison personnelle ou professionnelle de suivre attentivement le *Journal officiel*.

Aucune discussion ne s'est produite à la tribune du Parlement, et deux projets de loi récents ont établi, semble-t-il, des câbles isolés. S'il en est ainsi, il y aurait lieu de renouveler le vœu émis au dernier Congrès (Paris, 1900) par M. Lemire et adopté alors à l'unanimité.

Mais on pourrait, non sans intérêt, discuter encore, subsidiairement, sur le projet de ligne télégraphique reliant Madagascar à la métropole, lequel comporte deux variantes, clairement indiquées sur la carte de M. Mager. Le vœu qui va être présenté indique, dans son alinéa final, une option raisonnée entre les trois itinéraires en présence.

En conséquence, M. Paul Hazard donne lecture du vœu ci-après qu'il dépose sur le bureau du Congrès :

« Le Congrès, considérant la nécessité de reviser la convention des câbles signée à Paris en 1884 par vingt-six États, émet le vœu que les Pouvoirs publics réunissent de nouveau à Paris les signataires de cette convention et procèdent à bref délai à sa revision dans le sens de la neutralité des câbles. »

M. Ch. Lemire demande la parole et expose tout d'abord que le vœu dont s'agit a reçu déjà une satisfaction, pour le moment suffisante, par la promulgation d'une loi du 9 juillet 1901.

M. Paul Hazard déclare alors qu'en présence de cette révélation il retire son projet de vœu et se rallie, pour clore la discussion, à celui que son honorable collègue annonce avoir l'intention de déposer et développer sur *la neutralité des câbles*. Mais il fait remarquer que, si sa proposition n'est plus d'actualité depuis quatre semaines, elle a été envoyée au bureau dès le mois de mars dernier, après le dépôt du projet Meyer à la Chambre, et a été mise à l'ordre du jour du Congrès avant que fût promulguée, ou du moins connue, la loi toute récente dont il vient d'être parlé.

Les Mœurs des Indo-Chinois, d'après leurs lois, leurs cultes, leur littérature et leur théâtre.

Communication de M. Ch. Lemire, résident de France en Indo-Chine.

Politique de races. — Pour gouverner un pays et y faire œuvre de colonisation durable, il est indispensable de connaître : 1° les diverses populations qui l'habitent ; 2° les mœurs de ces diverses populations.

Les troubles au Tonkin, avant notre occupation et sous le régime annamite, venaient de ce que la cour d'Annam imposait à toutes ces populations, sans distinction, des mandarins envoyés de Hué par elle.

Nous avons par ignorance suivi, au début de notre domination, les mêmes errements : de là vient que les troubles ont continué.

Lorsque nous avons reconnu la différence d'origine et de mœurs qui caractérisait ces divers éléments, nous en sommes arrivés à faire administrer les indigènes de même race par des chefs de cette race sous la direction des Résidents.

L'administration restait unifiée dans sa direction et distincte dans son mode d'application locale.

Survivance de l'esprit français. — Les promoteurs avisés de ce sage système sont les Pavie, Pennequin, Galliéni, Servière, etc... Ils ont compris les mœurs et les aspirations de ces races et ils ont réussi à faire de ces peuples hostiles entre eux, et hostiles à nos premiers procédés comme à ceux des Annamites leurs dominateurs, des auxiliaires dévoués de la cause française. C'est ce que le général Galliéni a appelé la *politique de races* : c'est une politique française, traditionnelle qui fait que dans nos colonies perdues, au Canada surtout, on retrouve « la survivance de l'esprit français ».

Cette politique, qui est propre aux aptitudes de notre race, ne nous abaisse pas vers les races inférieures : elle les élève jusqu'à nous. Aussi a-t-elle laissé sur nos anciennes possessions (comme le constataient MM. Charles Roux et Tantet) l'empreinte de notre génie colonisateur, « empreinte si profonde et si durable qu'on la reconnaît *visiblement* après plus d'un siècle de séparation entre la mère patrie et ses anciennes colonies ».

Vœu du Congrès. — Aussi le Congrès de sociologie coloniale tenu à Paris en 1900 a adopté le vœu suivant :

« Le Congrès considérant que le bien-être des indigènes, leur développement physique, intellectuel et moral doit être le but suprême de toute politique coloniale ; considérant que cette évolution des sociétés indigènes ne peut se faire que graduellement, n'étant ellemême que la conséquence naturelle de transformations économiques, qui décident du degré de civilisation d'un peuple ;

« Convaincu que la seule méthode rationnelle est celle qui consiste à adapter autant que possible le régime colonial aux institutions existantes, aux lois et coutumes des races indigènes, tout en les améliorant, pour faire disparaître ses injustices et en les appropriant aux besoins nouveaux qui se feraient sentir ;

« Émet le vœu : Que la politique coloniale tende en principe au maintien des *organismes* administratifs indigènes. »

Ceci posé, il y a lieu d'examiner : 1° quelles sont les races en présence en Indo-Chine ; 2° quelles sont leurs mœurs ainsi que leurs divergences.

Races. — On peut dire que l'Indo-Chine se compose de deux grandes branches de population : l'une *annamite,* d'origine et de civilisation *chinoises ;* l'autre de race thaï, d'origine et de civilisation *indoues.* On voit de suite qu'on a affaire à deux races différentes, à deux civilisations anciennes, également divergentes, à des traditions enracinées dont il faut tenir compte.

Annamites. — Les Annamites sont au nombre de 10 millions au Tonkin, 5 millions en Annam, 1 500 000 en Cochinchine, soit près de 17 millions. Ils sont venus, au commencement de notre ère, de la région comprise entre Canton, le Yunnan et Caobang. C'est un peuple plus ancien que les Chinois, mais qui a reçu d'eux, après sa

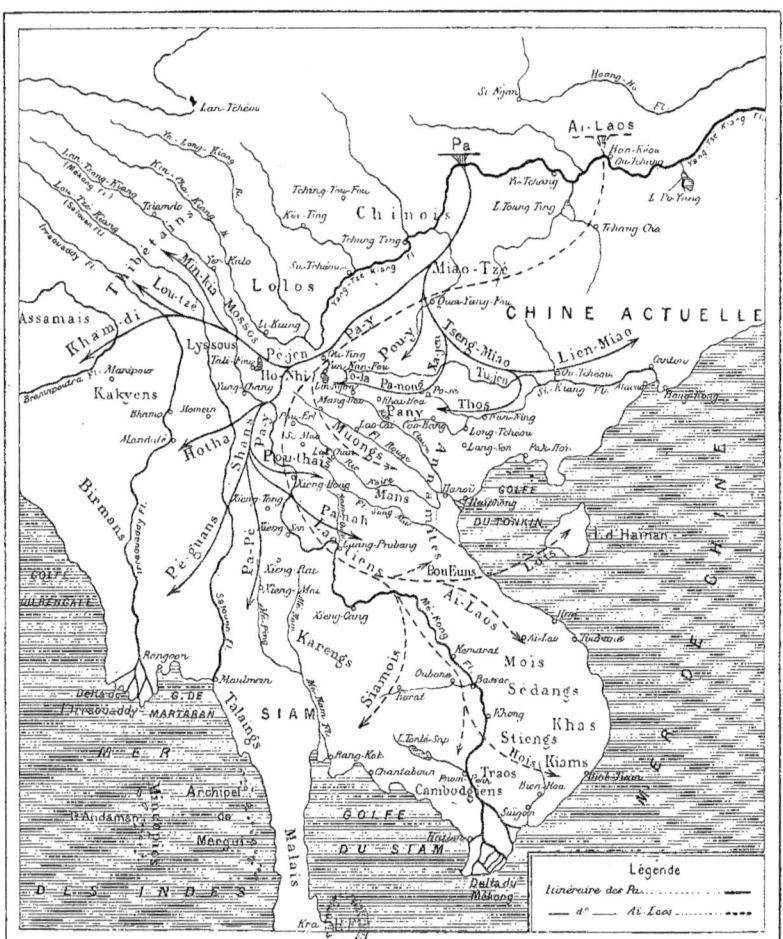

Carte des migrations, du Dr Billet.

migration en Annam-Tonkin, leur littérature, leur religion et leur civilisation ; aussi les Annamites les appellent « Frères aînés ».

Kiams. — En Annam, il y a encore 50 000 *Kiams,* 10 000 en Cochinchine, 60 000 au Cambodge et 10 000 au Siam, soit 130 000 habitants. Ce sont les autochtones de l'Annam-Tonkin, mais, étant par moitié brahmanistes et musulmans, leur civilisation passée, leurs

Les Tours d'argent (Kiams).

monuments, leurs mœurs se rapprochent de la civilisation des peuples thaï, des traditions et des langues de l'Inde, comme pour les Cambodgiens.

Des peuples de *race thaï* sont venus se fixer dans les montagnes de l'Annam-Tonkin. Ce sont les *Pouthai,* les *Pou-Euns,* les *Thos,* les *Nongs,* les *Mans.*

Thaïs. — La population de la race *thaï,* qui occupe la plus grande étendue de pays, comprend un million de *Laotiens,* qui habitent le bassin du Mékong.

Khmers. — Enfin, le Cambodge est peuplé de 1 400 000 *Khmers,* et plus de 500 000 subissent la domination du Siam.

Siamois. — Ce royaume s'intitule *Pays des Thaïs*, et sa population se compose en effet de *thaïs* qui se métissent avec un nombre égal de Chinois. Les *Siamois* ne comptent que 2 millions d'âmes. Cette diversité des branches de la race thaï, avec leur origine et leur dissémination, est nettement indiquée dans la carte ci-contre, du Dr A. Billet.

Jusqu'en l'an 500, les Siamois portaient le nom de Sayam ou Siam, hommes *bruns*. Ils prirent, a dit de Rosny, le nom de *Thaï*, hommes *libres*, après qu'ils eurent secoué le joug des Cambodgiens, mais c'est là une spécialisation et M. Adh. Leclerc établit que « le mot *Thaï* sert à désigner presque tous les peuples du Laos dont les *Sayam* ne sont qu'un rameau ». Ces Laos habitaient d'abord les deux rives du Yang-tsé, avant les Chinois. De cette région appelée *Ai-Lao*, camp des Laos, ils descendirent au sud, en Indo-Chine, et formèrent les familles des Pou-Thaïs, des Pou-Euns, des Laos (ou Laotiens), des Loïs de (Hainan), des Kiams, des Khmers, des Siamois. On voit par ce graphique leur position respective et combien étroitement autour des Siamois se sont groupés les Malais, les Talaings, les Pégouans, les Birmans, les Khmers, les Khas, les Annamites, etc.[1]. Cette agglomération si variée serait confuse sans le tracé mis à l'appui ; il fait ressortir l'étroite affinité qui relie tous ces rameaux à ceux de notre Indo-Chine et c'est un fait important dans ses conséquences. On comprend donc l'importance et la différence des deux agglomérations humaines dont la direction nous appartient dans la partie de l'Indo-Chine qui est française.

Quelles sont les mœurs respectives de ces deux grandes races ? Quelles sont : 1° les croyances, les cultes ; 2° les lois ou coutumes, la morale ; 3° les idées, les aspirations adoptées par ces peuples et que nous devons bien connaître pour les gouverner et les attacher à notre domination protectrice ?

Pour nous y initier, nous avons à étudier leurs religions, leurs codes, leurs littératures.

Chez les Annamites nous retrouvons : 1° la morale de Confucius,

---

1. Voir : 1° *Exposé des relations du Siam avec le Cambodge et l'Annam depuis leurs origines ;*
2° *L'Indo-Chine française*, avec cartes et plans ;
3° *Les frontières de l'Annam-Tonkin avec le Siam et la Birmanie ;*
4° *Le Laos annamite*, avec cartes ;
5° *Les Kiams et Moïs* (Challamel, éditeur, Paris, 17, rue Jacob) ;
6° *Les cinq pays de l'Indo-Chine*, avec cartes et gravures.

le *culte* des ancêtres, le collectivisme familial ; 2° le *code* chinois ; 3° la *littérature* chinoise.

Chez les peuples de race *thaï*, nous constatons : 1° que le *bouddhisme* y est resté la doctrine pure enseignée et pratiquée par tous, avec des traditions brahmaniques ; 2° que le *code* est inspiré par les instructions de Manou ; 3° que la *littérature* est empreinte des livres védiques et des poèmes sacrés du Ramayana.

Tour de Confucius à Hué (Annam).

Voyons donc rapidement les différences qui séparent : 1° le culte des ancêtres du culte bouddhique ; 2° le code annamite du code cambodgien ; 3° la littérature annamite de la littérature des khmers ou thaïs.

Cultes en Annam. — Les Annamites ont :

1° Un culte officiel : celui des Esprits du ciel et de la terre. Les sacrifices sont réservés au roi, fils et seul mandataire du ciel ;

2° Un culte national : le culte des mânes des ancêtres, c'est le culte général ;

3° Un bouddhisme bâtard et sans doctrine ;

4° La doctrine informe et vague de la raison (Taossé).

Ils croient comme nous à l'immortalité de l'âme. Il suffit d'offrir aux mânes du défunt des sacrifices de riz (pain), vin, encens et thé, en évoquant sa mémoire, pour que l'âme du mort soit considérée comme ayant un pouvoir surnaturel, comme étant le protecteur né de sa famille qui l'honore, et comme étant *divinisée,* quels qu'aient été pendant la vie ses actes, bons ou mauvais.

On voit la grande infériorité de cette croyance sur le bouddhisme qui est basé sur les renaissances heureuses ou malheureuses, sanctions des mérites ou des démérites dans la vie.

Entrons d'ailleurs dans quelques détails sur le *bouddhisme* des peuples *thaï*, puisque ici nous nous occupons d'eux plus spécialement que des races de civilisation chinoise.

Le culte au Cambodge : Bouddhisme. — Au Cambodge, le culte national général est le bouddhisme, qui succéda au brahmanisme et se mélangea avec lui. Il faut y ajouter le culte des génies locaux et une foule de superstitions.

Le bouddhisme, qui compte en Asie plus de 300 millions d'adeptes et qui est une des plus anciennes religions du monde, a été introduit au Cambodge il y a environ 1500 ans.

C'est du Cambodge que le bouddhisme s'étendit au Siam et au Laos. Cette religion, qui avait gagné le Thibet et la Mongolie, s'était, par là, propagée en Chine. Elle trouva partout chez les nations étrangères de nombreux partisans, sans que ses fondateurs et ses propagateurs eussent à éprouver les sanglantes persécutions dont les prédica-

Brahmas kiams des tours de Thu-tien (Annam).

teurs de la religion chrétienne, venus d'Europe, furent l'objet en Chine, au Japon et en Annam.

On sait que la politique de ces empires, au Japon et en Cochinchine, les portait à ne donner aucun accès chez eux aux barbares d'Occident, dont ils appréhendaient, non sans raison, les empiétements. Malgré les défenses, les édits dont ils avaient connaissance, les missionnaires soutenaient avec intrépidité et persévérance, au péril de leur vie, la lutte de l'Évangile et de la politique. Aussi a-t-il fallu, chez ces peuples opiniâtres, que la force se mît de la partie.

Le bouddhisme s'écarte essentiellement du brahmanisme en ce que, dans cette dernière religion, la dignité de brahmine est héréditaire dans une caste. Les brahmines peuvent se marier. La perfection mène à l'absorption en un Être suprême. Dans le bouddhisme, au contraire, tout homme peut embrasser l'état religieux.

Ganeça.   Vishnou.
(Monuments kiams.)

Il doit, en cet état, garder le célibat. La perfection consiste dans l'absorption en soi-même, le repos absolu de l'esprit et des sens.

Les bouddhistes, poussant de semblables idées jusqu'à l'exagération, croient être parvenus à la perfection, lorsque l'âme n'exerce plus ses facultés, c'est-à-dire est plongée dans une parfaite insensibilité. La fatalité pendant la vie, le néant après, telles seraient les funestes conséquences de cette doctrine si la *théorie* des mérites et des démérites avec ses conséquences effectives ne conduisait à la perfectibilité et si la base des préceptes n'était pas la charité humaine, la fraternité universelle et l'égalité devant le futur Nirvana.

Les Cambodgiens admettent une série de cieux inférieurs, habités par les anges (tiwadas). Au-dessus de ces cieux, il y a neuf autres séjours de félicité (borom) dont les bienheureux habitants ont des corps. Enfin, il y a quatre cieux supérieurs, peuplés d'esprits ayant des formes immatérielles, lumineuses, resplendissantes. Dans les cieux inférieurs, on goûte des plaisirs sensuels ; mais à mesure que l'on s'élève, les jouissances deviennent de moins en moins matérielles et l'on arrive enfin au parfait repos.

L'influence des anges (tiwadas), semblable à celle des vaçous de

Déesse Uma et cortège royal. — Ruines du palais kiam de Trakéou (Annam central).

l'Inde, s'exerce sur les mondes, et leur intervention est plus ou moins puissante. Ils président à la pluie, à la foudre, aux astres, aux montagnes, aux forêts, etc. Les Cambodgiens leur élèvent de petites niches dans l'enclos de leur maison et sous les grands arbres des routes. Il y a encore d'autres êtres surnaturels, tels que les géants (yaks), les serpents (néac, najas de l'Inde), vivant sous terre et dans la mer, des chœurs d'anges musiciens, les saints (araham), etc.

A 150 000 kilomètres sous terre se succèdent une série de 8 enfers principaux. Le huitième, le noroc avichey, est le plus terrible. Là sont punis l'adultère et l'ivrognerie. Il y a un juge à chacune des quatre portes de ces enfers, qui ne sont *pas éternels*. Les peines peuvent y être rachetées ou adoucies par les aumônes que les vivants

Statues de princes kiams adorateurs de Civa (palais de Kuong-My).

font aux religieux. Les fautes commises contre les religieux ou la personne de Bouddha sont seules passibles d'un châtiment indéfiniment long, et lorsque le huitième enfer sera détruit, les coupables seront transférés dans un enfer avichey, dépendant d'un autre système de mondes, pour continuer à y être torturés.

Tivéatot, frère de Somana-Cùdom, jaloux de ses mérites, voulut le faire périr. Il expie ce crime dans les enfers, où il est empalé par deux broches en croix.

Dans des purgatoires sont punies les fautes légères.

Les êtres des cieux, des enfers, des purgatoires, de la terre sont soumis à des renaissances successives suivant la croissance de leurs mérites ou leur décroissance.

Les bonzes sont respectés. Ils sont chargés de l'instruction primaire et religieuse. Ils lisent quatre fois par mois au peuple la doctrine et les instructions de Bouddha.

En Indo-Chine, au contraire, les bonzes n'instruisent pas et ne sont guère respectés. On leur donne le sobriquet de *têtes chauves*.

Veut-on savoir comment s'exprime un Khmer devant les temples d'Angkhor : « Celui qui contemple ces monuments, dit-il, se reporte à l'Auguste perfection. Il adore avec extase les statues du Maître qu'il n'a pu contempler vivant. Il s'inspire de cette vue pour diriger ses aspirations vers le bien, la science, la pureté, la charité et l'éloquence. En voyant ces statues des personnages entourant Civa, il admire comme eux la splendeur de cette lumière des trois mondes et il lui demande victoire, puissance et vie. » Voilà des conceptions et un idéal que les esprits annamites ne sauront jamais atteindre : on va voir que l'art dramatique s'en inspire comme l'art architectural.

Passons maintenant à la comparaison des *codes*. La loi annamite est surtout une loi *pénale*. La loi cambodgienne est basée, comme la loi de Moïse, sur l'idée religieuse.

Voici quelques extraits du *code annamite :*

Code annamite. — L'administration française a établi dans toute l'Indo-Chine toute une organisation judiciaire française. Des tribunaux mixtes connaissent des causes criminelles politiques afférentes aux indigènes.

Les Annamites, les Chinois et autres Asiatiques sont jugés selon la loi annamite ou, s'ils le demandent, selon la loi française.

Le code indigène contient d'excellentes lois et de sages règlements. Il suffit, pour s'en convaincre, d'en lire la traduction avec les commentaires. On verra qu'en Annam comme en Chine ce ne sont pas les bonnes institutions qui manquent au peuple, mais les hommes qui manquent aux institutions, et qui, ne les respectant pas eux-mêmes, sont inaptes à les faire respecter ; par ignorance et par crainte, le peuple subissait, sans mot dire, les actes arbitraires des mandarins.

Le rachat des peines donnait à ceux-ci un facile prétexte de corruption et assurait aux riches l'impunité : ce qui manquait surtout aux lois, c'était d'être appliquées par des magistrats intègres.

Il faut cependant reprocher à la loi annamite de rendre les parents d'un criminel, ascendants ou descendants, responsables de la faute et de les impliquer dans le châtiment. Un autre abus était celui du

Pavillon de la stèle de la nécropole royale de Tu-duc à Hué.

rotin; le même instrument servait au grand juge pour des accusés adultes, comme au père châtiant son enfant.

Il est à remarquer qu'à l'égard des mandarins, la loi annamite considérait et distinguait en eux l'homme et la fonction; l'homme, passible d'une peine; la fonction, caractère inviolable. Aussi, lorsqu'un mandarin était condamné à être frappé du rotin, la peine était commuée en une retenue de solde, ou bien le jugement, en raison de la dignité du coupable, n'était exécutoire que lorsqu'il avait quitté sa charge. La loi annamite comme la loi anglaise exige l'aveu du coupable. De là vient qu'un juge annamite, convaincu de la culpabilité du prévenu, le fait frapper pour qu'il avoue sa faute. A côté de cette sévérité excessive, la loi se montre généreuse, et veut que tout coupable qui avoue un délit ou faute grave, non encore connu, soit pardonné.

Certaines lois frappent par leur sagesse; celles relatives aux mandarins, et, entre autres, le chapitre qui traite des cabales et louanges excessives données aux hauts mandarins.

Les lois sur la justice et sur les coupables paraissent pleines de bon sens et d'humanité; mais elles sont d'une observation difficile. Les mandarins les éludaient facilement, le peuple tolérant par crainte l'arbitraire de juges peu intègres. Ces lois pèchent toutefois en ce qu'elles font une part trop large aux châtiments corporels et à la torture. On retombe dans la barbarie, lorsqu'on trouve parmi les peines et les châtiments la mort lente dont les détails sont horribles, l'application du rotin, du bambou, des ceps, non seulement après la condamnation, mais comme question pendant l'interrogatoire.

Toute personne qui oubliera ses devoirs, ou fera quelque chose qu'elle ne devait pas faire, sera punie de quarante coups si la faute est légère; de quatre-vingts, si elle est grave.

Certainement cet article serait révoltant si l'on ne songeait qu'il a été fait pour faciliter aux autorités communales, aux chefs de canton, l'administration de la justice, en ce qui concerne de légers délits ou de simples contraventions.

La négligence des mandarins dans l'observation des rites des sacrifices sera punie de cinquante à cent coups, ou de la retenue d'un mois de solde.

Il est défendu aux femmes d'entrer dans les pagodes de Bouddha, dans le temple de Confucius, etc.

Si le cuisinier du roi prépare pour sa table des mets qui ne peuvent se manger l'un après l'autre, parce qu'ils se nuisent mutuellement, il sera puni de cent coups.

Si ces mets ne sont ni propres, ni convenables, il recevra quatre-vingts coups.

S'il arrive que quelque remède destiné au roi soit par erreur porté dans les cuisines, les mandarins, officiers de bouche et cuisiniers seront chacun punis de cent coups et tenus en outre d'avaler le remède.

La négligence des astronomes sera punie de soixante coups.

Les lois concernant le mariage sont généralement dictées par la raison et la prudence; mais elles nous paraissent mettre tous les avantages du côté de l'homme et laisser la femme dans un état déplorable d'infériorité et d'oubli. L'obligation d'obtenir le consentement des parents est poussé jusqu'à l'exagération.

Avant de conclure un mariage, on doit prévenir des maladies et

Portique de Cam-ha à Phai-Phô (Annam central).

des infirmités, de l'âge trop avancé ou trop tendre des contractants et si l'un des époux est enfant légitime, naturel ou adoptif.

Si un individu déjà fiancé se fiance à une autre fille, il recevra soixante-dix coups et prendra en mariage sa première fiancée. La seconde ne rendra pas les cadeaux, si elle en a reçu.

Si un jeune homme ayant quitté ses parents pour aller faire du commerce ou pour son service militaire ou le service de l'État, est à son insu l'objet d'une promesse en mariage par ses grands-parents ou ses parents paternels, et s'il n'est déjà marié, il devra obéir à ses parents; sinon, il recevra quatre-vingts coups de rotin et devra obéir tout de même.

La médisance de la part de la femme est un des sept cas de divorce. Les mariages entre Annamites et femmes cambodgiennes ou moïs sont interdits par la loi. On s'y soumet pour les moïs, mais des Cambodgiens épousent des Annamites et réciproquement, quoique le fait ne soit pas général, en raison des antipathies des deux peuples entre eux.

Tout bachelier, muni d'un diplôme, qui se livrera au libertinage, n'aura aucun respect pour ses maîtres, vivra dans la débauche ou se mêlera de toutes sortes de questions ou d'affaires, sera privé de sa

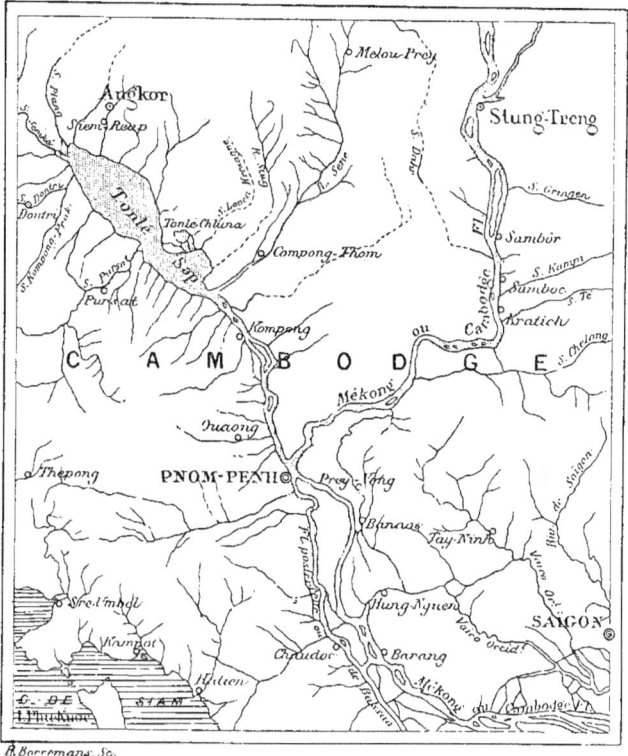

Les grands lacs du Cambodge (Tonlé-Sap).

dignité, remis à la condition d'homme du peuple et puni selon sa faute.

Tout fils qui mangera le patrimoine paternel recevra vingt coups par 80 francs dilapidés.

Le code annamite dérive du code chinois. Il renferme des lois et règlements en rapport avec les mœurs et le degré de civilisation de ce peuple, avec son genre de vie et le climat du pays.

Il contient des institutions que ne désapprouveraient pas des législateurs européens. Sagement appliqué, il serait un bienfait pour ce peuple encore en enfance. Lorsqu'au contact de la civilisation européenne, il aura conscience de la dignité humaine, de la morale pure, la justice usera de moyens moins rigoureux pour punir.

Moraliser pour gouverner, c'est la maxime à suivre pour tout pouvoir éclairé : c'est la leçon que la France donne à l'Indo-Chine.

Voilà maintenant des extraits du *Code cambodgien* :

Code cambodgien. — Les Cambodgiens ont un Code qui présente des côtés curieux et piquants.

La loi cambodgienne commence donc par décrire la formation du monde, l'état des premiers habitants, la science du bien et du mal, les premiers rois et les premiers livres de la loi, essence de Manou.

Puis viennent les qualités requises des juges et les conseils d'Indra, roi des anges. Les mauvais juges encourent les peines des enfers. Les bons juges gagneront dans les cieux un palais d'or comportant mille tours peuplées de femmes célestes.

Nous voyons ensuite régler les formules et cérémonies du sacre des rois. Les privilèges des corps religieux sont garantis comme pour nos rois à leur sacre, au moyen âge.

Les devoirs des femmes du roi, ceux de ses ministres, de ses conseillers sont dictés par Bouddha lui-même. Le code s'étend longuement sur les qualités nécessaires aux princes pour gouverner et aux fonctionnaires pour administrer.

Les qualités d'un roi sont longuement énumérées. Enfin suivent quelques proverbes généraux intéressants à relever :

« N'essayez pas de remonter le courant de l'eau.

« La loi, vis-à-vis de nos passions, c'est une fleur sur la tête d'un « chauve ; c'est un homme glissant sur une pente raide ; c'est un « pieu enfoncé dans la paille.

« Noblesse oblige.

« Ne soyez pas morose. On peut habiter une chambre étroite.

« On ne peut pas vivre le cœur serré.

« Combattre est pénible. Si l'armée va au loin, soyez triste ; si « elle est près, soyez heureux.

« La fortune ne vaut pas la science.

« La force brutale ne se compare pas à la justice immanente. »

Les lois concernant le personnel administratif, les religieux, les temples et leurs biens, sur les gardiens et les femmes du Palais-Royal sont très étendues.

Les lois sur les personnes, les mariages, les divorces sont très détaillées.

Enfin, le code règle le partage des biens, les donations, les achats de terre, les dettes, le travail des esclaves, la propriété des éléphants et des chevaux.

Les Cambodgiens ont un code minutieux de procédure. Les juridictions, l'instruction, la qualité des juges, les appels, les requêtes, les mandats d'amener, les interrogatoires, les remises, les jugements, les témoignages, sont l'objet de règles très élastiques, et souvent contradictoires. Pour les étrangers, ils prêtent serment conformément à leur religion. Ils sont d'ailleurs justiciables des tribunaux français établis au Cambodge.

Les épreuves en usage autrefois en France, comme le duel judiciaire, le feu, etc..., sont prévues par la loi cambodgienne ; mais on n'y a plus recours. Les épreuves étaient de sept sortes : l'étain fondu, le serment, les charbons ardents, le plongeon, la nage, les cierges allumés. On se prépare à ces épreuves par trois jours de retraite et de régime, par des invocations et des cérémonies en l'honneur des génies.

Les peines de mort pour trahison étaient autrefois très variées. Il y en avait vingt et une d'une barbarie propre à terrifier les criminels, aussi bien que dans le code annamite.

Ces menaces font contraste avec les mœurs douces de ce peuple indolent, d'une part, et avec les instantes instructions données aux juges de se montrer cléments, de réduire les peines, de considérer les coupables comme de « pauvres gens tombés dans le malheur ».

Si le juge a maltraité une personne condamnée injustement, il sera condamné à subir le double des mauvais traitements endurés par l'accusé.

Les juges doivent toujours avoir présentes à leur esprit les peines qu'ils peuvent encourir en ce monde et dans la vie future.

Les officiers de justice prononcent d'abord le serment d'accomplir leur service avec un cœur sincère et pur selon la vérité, et se vouent aux plus grands malheurs s'ils sont prévaricateurs.

Le roi a le cœur pitoyable et recommande aux juges (1621) d'allier la commisération à la justice, de ne pas être cupides et de ne pas s'exposer aux dix peines qui les menacent en cas de prévarication : dégradation, amende, chaîne au cou, avoir les dents sciées proportionnellement à leur faute. On voit que la loi n'est barbare qu'en apparence et que la balance penche du côté de la justice et de la clémence.

Dans l'interrogatoire, on emploie la lanière ou le rotin lorsqu'on donne la question.

S'il est étrange de voir un peuple si doux soumis à de si horribles châtiments, il faut dire qu'il est des accommodements avec l'enfer, c'est-à-dire avec les juges, et que ces peines sont toujours rachetées à prix d'argent et fortement adoucies comme sentence.

Les agents de police convaincus de négligence ont les oreilles coupées. Quant au préfet de police, il doit éviter la séduction des sens, les boissons fortes, la convoitise, pratiquer la vertu et les œuvres charitables.

Les lois sur les délits, sur les jeux et les biens ruraux, sur les esclaves, les successions, complètent ce code très détaillé.

Aujourd'hui, tout se borne à l'amende, la prison, le travail forcé. Toutes ces lois ont été revisées et les peines commuées ou réduites. Il n'est plus peut-être qu'une espèce pour laquelle le roi soit intraitable, comme son voisin de Siam : ce sont les crimes et délits concernant les femmes de son palais. Les intrigues d'amour jouent un grand rôle dans ce pays comme au Laos.

Le code nous fait connaître les mœurs, les idées, la religion, les qualités et les défauts de ce peuple qui eut une civilisation élevée, qui tomba en décadence et que nous voulons relever.

La connaissance de ce code est indispensable à nos administrateurs, à nos magistrats, à nos colons. Par là, ils contribueront à la renaissance morale et matérielle de ce peuple Khmer qui s'est donné à nous et qui compte sur notre respect de ses lois et usages pour que nous l'aidions à avancer en civilisation. C'est ainsi que nous serons ses véritables protecteurs et ses sauveurs.

Il en résultera entre lui et nous une confiance et un attachement réciproques qui seront les meilleures garanties d'un avenir prospère.

Ces extraits suffisent pour faire saisir la différence de mœurs, de morale, de religion, de tempérament et surtout d'idéal.

Comparons maintenant la littérature chinoise et celle des Thaïs.

La littérature chinoise a un fonds très considérable d'ouvrages de philosophie, de morale, d'annales, de voyages, de romans, de pièces de théâtre.

Les productions publiées dans les diverses branches des langues thaïs sont moins nombreuses et moins importantes.

Contes siamois. — Voici quelques extraits de contes siamois :

Le *Crâne ambulant* nous montre, de la façon la plus fantastique, la passion de l'ivrognerie poursuivant au delà de la mort un Siamois qui avait passé la plus grande partie de sa vie dans des débits d'eau-de-vie de riz. Le conte est court et mérite d'être publié ici. Il fera connaître la saveur que présentent ces petites légendes siamoises. En voici le texte que nous avons laissé tel qu'une traduction littérale nous l'a donné, pour ne rien lui enlever de son charme naïf.

« Deux ivrognes s'étaient liés d'amitié. L'un des deux vint à mourir. Quelque temps après la crémation de son camarade, le survivant se rendit au cimetière. Ayant aperçu le crâne à moitié carbonisé de son ami, il se mit à se lamenter et, s'adressant au mort, il l'invita en manière d'adieu à venir boire un coup avec lui comme autrefois ; puis il partit.

« Le crâne aussitôt roula à sa suite à travers le sentier.

« L'ivrogne entendant derrière lui comme un bruit de noix de coco fêlée se retourna et vit à sa grande surprise le crâne du mort venir et évoluer vers lui comme s'il était mû par un ressort. Brave et gai compagnon, il n'en fut pas autrement effrayé. Mon ami, se dit-il, a soif ; il vient boire avec moi au débit d'eau-de-vie où nous avons passé tant d'heureux moments. »

Les dangers d'une incompatible amitié sont retracés dans l'*Échange de deux cœurs et de deux sabres*. Un petit buffle inoffensif se lie d'amitié avec un petit tigre sans se soucier des instincts des parents de ce dernier. La mère du tigre commence par manger la mère du petit buffle. Le petit tigre, voyant que son ami buffle avait tout à craindre de la tigresse, le décide à fuir. Dans une forêt, un ermite les change en hommes, leur apprend les sortilèges et les envoie à la capitale. Le roi était devenu décrépit et laid et désirait vivement rajeunir. Il confie aux deux jeunes hommes le soin de cette opération pendant laquelle il périt. Mais au roi l'un des opérateurs avait substitué son compagnon. Cet incident est tiré des légendes préhistoriques du royaume. Bientôt le jeune roi livre à sa femme après mille instances de celle-ci le secret de sa force. L'épouse, comme Dalila, le révèle à son frère qui enlève au roi son sabre dans lequel était le secret. Le roi meurt, mais son ami en a aussitôt le pressentiment; il ressuscite le défunt et l'enlève à sa femme pour l'emmener régner dans un autre royaume. Ce conte est souvent joué au théâtre et prête à de jolies scènes comme celui de l'*Enfant né dans une coquille*.

Objets de la jalousie d'une favorite du roi, cet enfant et sa mère sont exilés au loin. Celle-ci, plusieurs années après, brise la coquille qui servait d'asile, d'abri et de protection au jeune homme, et voilà celui-ci aux prises avec tous les dangers de l'existence. Il est attaqué et saisi par des émissaires du roi, amené à la capitale et jeté au fleuve. Les filles du souverain des Eaux le sauvent, comme Moïse le fut par la fille du Pharaon; on l'élève et on lui défend de sortir du royaume. Le jeune homme constate que des prisonniers y étaient gardés pour être dévorés. Il résolut de s'enfuir, se plongea dans un étang d'or et d'argent liquides, et gagna ensuite le sommet d'une montagne. On voit les analogies. Il se présenta alors devant les sept filles d'un roi; six étaient mariées, la septième ne l'était pas. Il portait un masque hideux, de sorte que les six filles mariées se moquèrent de lui, tandis que la septième fille lui sourit, l'aima et l'épousa. C'est *la Belle et la Bête*. Il est ensuite mis à l'épreuve ainsi que ses six beaux-frères, par le roi auquel il fournit sept chevreuils et sept quintaux de poisson ainsi qu'à ses beaux-frères; mais en échange il coupe à ceux-ci un bout d'oreille et le bout du nez. Le roi ordonne ensuite à ses sept gendres, car le nombre fatidique de sept revient toujours, de jouer à la balle à cheval (c'est le jeu de polo actuel). Notre héros enlève son masque et apparaît beau et resplendissant comme un ange. Il devint prince royal et hérita du trône.

Indra, le roi des anges, apprit alors aux parents du jeune prince où était leur fils que son frère avait voulu faire périr. Le roi et la reine, déguisés en mendiants, s'introduisirent au palais, le père comme balayeur, la mère comme cuisinière. Celle-ci, en préparant des plats spéciaux, attira l'attention du jeune prince.

Sur l'écorce de quatre tranches de pastèque présentées au dessert elle avait tracé en caractères les quatre épisodes de la vie de son fils, apprenant à celui-ci que son père et sa mère étaient venus à sa recherche. Celui-ci les fait appeler, les reconnaît, les embrasse tout en larmes. C'est l'entrevue de Joseph, de ses frères et de son vieux père Jacob. Le jeune prince reprend son rang parmi son peuple.

Tel est le conte et telle est aussi la féerie au théâtre. Dans les livres siamois ces récits sont accompagnés de dessins naïfs et fins à la fois. Si le texte de ces contes était publié, il serait très curieux d'y joindre ces dessins dus aux artistes indigènes.

Dans les nombreuses guerres du Siam avec ses voisins, il est étrange de remarquer que de part et d'autre le vandalisme a été poussé à l'excès. Cependant il y avait similitude d'écriture, de religion, de race, de mœurs. Siamois, Cambodgiens, Birmans, Pégouans étaient fervents bouddhistes, respectaient les temples, les bonzeries, les bonzes instituteurs du peuple et dépositaires des archives. Malgré tout cela, les temples furent pillés, les statues précieuses enlevées, celles en pierre brisées ou mutilées, les bonzeries saccagées, les ouvrages écrits au stylet sur des feuilles de latanier à tranches dorées, œuvre de patience et d'art calligraphique, tout cela fut détruit ; tout comme nos soldats, au Cambodge, en 1885-1886, employèrent les satras et les livres sanscrits et khmers à faire chauffer leurs marmites au campement.

Les Siamois ne possèdent plus, paraît-il, d'exemplaire complet des annales du royaume. Mais comme une copie intégrale avait été faite à Bang-Kok, en 1687, pour l'ambassade française qui les rapporta à Paris, c'est là que les Siamois peuvent consulter leurs vieilles annales nationales. C'est à Paris également que fut imprimé en caractères siamois et en français le magnifique dictionnaire de Mgr Pallegoix, évêque de Mallos.

Au moment où le Siam est à la veille de subir une transformation d'où dépend son avenir politique et peut-être son existence, il n'est pas indifférent pour nous de connaître ses productions littéraires. Et surtout il n'est pas indifférent à ce royaume, mitoyen avec notre empire indo-chinois, de savoir que, s'il a des amis sincères et désintéressés, c'est en France qu'il doit les chercher et non ailleurs. L'amitié plusieurs fois séculaire de notre pays pour la cour de Bang-Kok ne nous portera jamais à « prendre le roi par la main pour le faire entrer malgré lui dans une autre famille [1] ». Son autonomie est aussi

---

[1] Ce sont les paroles du ministre de la Grande-Bretagne.

précieuse à nos yeux qu'aux siens. Puisse-t-il s'en convaincre avant qu'il ne soit trop tard !

Qu'on n'oublie pas, au Siam, le conte de l'alliance du petit buffle avec le petit tigre. C'est au buffle à se défier des instincts carnivores des ancêtres du tigre. Le félin, tigre ou léopard, n'en fera qu'un coup de dent.

On voit de suite l'allusion politique dans la fatale alliance du buffle et du tigre. Ce tigre est un léopard que l'on ne reconnaît que trop.

Les livres cambodgiens. — Il est intéressant de connaître la composition de la bibliothèque du roi Norodom et des principales bonzeries.

M. Cabaton, membre de l'École française d'Extrême-Orient, a pu, grâce à l'intervention du docteur Hahn, Résident maire de Pnom-Penh, dont l'obligeance est bien connue de tous les voyageurs, dresser l'inventaire de la bibliothèque du roi Norodom.

Cette pièce, dont l'accès a été interdit jusqu'ici (elle est enclavée dans le gynécée du roi), contient entre autres manuscrits intéressants anciens un certain nombre de paraphrases du *Canon bouddhique,* le texte original de la *Chronique royale* et des *Lois cambodgiennes,* des livres de médecine, de petits traités de morale

Bouddha de Muong Yong (Haut-Laos).

connus sous le nom de Chehap, des livres de divination et de magie, ainsi qu'une traduction khmère du Ramâyana.

Il a fait copier aussi le recueil des formules des *Bakhus,* gardiens officiels de l'épée sacrée, sauvegarde du Cambodge, et entrepris la traduction d'un formulaire médical qui fourmille d'expressions techniques, de noms, de plantes et de drogues. Cette traduction pourra rendre de grands services à ceux qui s'occupent de l'histoire des sciences et enrichira le lexique khmer de termes qui sont généralement négligés.

Le mieux est de nous borner aux œuvres dramatiques qui résument toutes les autres :

Théâtre chinois. — Le théâtre chinois remonte à 3000 ans. De 1120 à 1340 on publia plus de 500 pièces : tragédies, comédies.

On connaît la tragédie, *l'Orphelin de la Chine,* composée il y a 800 ans par Ki Kiun tsang, traduite en 1755 par un jésuite, le P. Prémare, et mise à la

Type de Cambodgienne.

scène française par Voltaire. La collaboration d'un auteur chinois, d'un jésuite et de Voltaire, ce n'est pas banal. La pièce, si ancienne qu'elle soit, est encore jouée en même temps à Pékin et à Paris.

L'*Avare chinois* est à comparer à l'Harpagon de Molière. Les pièces d'une femme auteur, Tchang Koué Pin, datant de 600 ans, sont restées populaires.

La Soubrette accomplie, par Tchin té Houei, au XII° siècle, vient d'être mise en vers et publiée par Marc Legrand.

Toutes ces pièces ont pour base la piété filiale, le succès aux exa-

Bas-relief des femmes et des animaux. Ruines kiams de Trakéou.

mens, le dévouement envers les beaux-parents, les exploits des conquérants.

Comparaison avec le théâtre des Khmers. — Le théâtre chinois, plus habile comme facture, ne met en jeu comme ressort des actions humaines que la morale naturelle, la raison, le culte des ancêtres. La divinité, bien que dominant l'humanité, n'y intervient que vaguement sans personnification apparente.

Chez les Khmers et par eux chez les Thaïs dans les compositions littéraires et dramatiques, les événements sont subordonnés aux mérites et aux démérites des personnages. Ceux-ci en sont persuadés et invoquent avec une foi naïve les Brahmas, les Bouddhas, puis les anges tutélaires et enfin les génies.

Les rois, princes, sujets, femmes et hommes sont en communion d'esprit et de relations surnaturelles, en idée comme en fait, avec les divinités protectrices.

On conçoit dès lors que le peuple qui a élevé vers le ciel ces grandioses monuments d'Angkor et composé ces romans et drames nationaux ait été inspiré par des sentiments d'une psychologie bien plus élevée que celle des Chinois rationalistes, matérialistes, fatalistes, bien qu'ils se soient montrés grands littérateurs dramatiques dès une époque où chez nous l'art dramatique n'existait pas encore.

Théâtre des Khmers. — Parmi les œuvres littéraires khmers dont nous sommes redevables à M. Pavie, il faut remarquer :

1° L'*Épisode de Rothisen et de la belle Kéofa*. C'est une scène biblique plus finement traitée que celle de Rebecca à la fontaine.

2° Le *Roman de Roum say Sock* : deux femmes rivales abandonnées par le même mari.

3° *Les douze jeunes filles,* légende rappelant le *Petit Poucet* et la *Barbe-Bleue* de Perrault.

La pauvre Kangrey se laisse mourir sur les bords du lac, nouvelle Ophélie délaissée par le prince qu'elle aime.

Le drame le plus populaire est celui de *Vorvong et Saurivong*. Ce sont les aventures de deux jeunes frères, deux princes arrachés aux bras de leur mère, puis séparés l'un de l'autre.

Il y a lieu de citer dans ce drame : 1° la scène d'amour maternel et d'amour filial lors de la tragique séparation des jeunes princes et de leur mère ; 2° la scène comique entre le vieux chasseur et sa femme, qui refuse l'hospitalité à la jeune princesse que son mari lui amène ; 3° la scène d'amour fraternel, qui est à la fois artistique et pathétique. C'est d'un effet nouveau et fort intéressant, car l'attrait du décor sert à amener la reconnaissance des deux frères si longtemps séparés. On trouvera les textes de ces pièces dans les ouvrages de M. Pavie.

La danse chez les Khmers et les Siamois.

La danse elle-même peint fort bien les mœurs d'un peuple. La preuve, c'est que les Annamites, peuple réaliste, indifférent au beau et à la forme, à l'idéal, à la femme, n'en ont pas.

Chez les Cambodgiens, la danse accompagne obligatoirement les représentations et les fêtes.

Dans sa première Messénienne, le prince Yukanthor écrivait : « La danse cambodgienne qu'on nous a montrée à Paris en 1900 ressemble à la danse des Khmers, comme la civilisation introduite par les Français au Cambodge ressemble à l'antique civilisation des Khmers ! ».

Puis un spirituel écrivain parisien et colonial affirmait ceci : « L'irréductible conflit qui existe entre deux vieilles civilisations provient uniquement de la non-compréhension respective de leurs nuances. » De là résulte que s'il y a entre les danses françaises et les danses cambodgiennes une nuance très accentuée, il y a entre nos mœurs et les mœurs des Thaïs une nuance encore plus marquée et plus difficile à saisir. On voit donc l'intérêt qui ressort de cette comparaison pour saisir sur le vif les mœurs

Scène de ballet cambodgien à la cour.

d'un peuple, bien que la géographie n'ait pas encore envisagé ce point de vue spécial. Puisque d'autres l'ont fait, il nous sera permis de faire ce rapprochement.

Conclusion.

Voltaire a dit : « Le théâtre instruit mieux qu'un gros livre. L'histoire est un drame. » « Les amusements, déclare Montesquieu, ont autant d'influence que les lois sur le caractère d'un peuple. »

Enfin, « c'est surtout dans les pièces de théâtre, constate Mme de Staël, qu'on aperçoit *visiblement* quelles sont les mœurs, la religion, les lois du pays où elles ont été composées et représentées avec succès ».

C'est par le théâtre d'un pays qu'on peut juger des progrès de sa civilisation. Le théâtre nous transporte, en effet, au milieu de ce peuple et le fait parler, penser, agir devant nous. Voilà comment ces trop courtes citations dramatiques, jointes aux considérations sur les lois et sur les cultes mis en parallèle, peuvent donner un instructif aperçu sur les mœurs des races indo-chinoises et particulièrement sur les peuples de race thaï.

Il est à espérer que l'impression qui en résultera sera favorable au peuple khmer, si sympathique, placé désormais sous l'égide tutélaire de la France.

Ainsi, non seulement nous aurons appris à mieux connaître ce peuple, mais aussi à l'aimer dans son passé, dans son présent et dans son avenir.

Note sur la formation du relief du bassin de la Saône supérieure.

Mémoire de M. GASSER, directeur de la *Revue d'Alsace*, à Mantoche (Haute-Saône).

(*Avec une carte schématique.*)

M. le docteur Bleicher, mon regretté maître et ami, m'écrivait à la fin d'avril dernier : « Je serais bien aise de vous voir figurer par un mémoire, quelque court qu'il soit, sur la géographie ancienne de vos régions, au Congrès des sociétés de géographie françaises qui aura lieu à Nancy en août prochain. Vous avez assez de notes et d'études sur votre région pour les condenser en un travail de géographie physique, et je serais fier de vous avoir inspiré, et de présenter au Congrès une pareille œuvre. »

C'est pour déférer au vœu de mon vénéré maître, si brutalement enlevé à la science et à l'affection de ses amis, que j'ose présenter ce travail. Il aura pour base, en dehors de mes observations personnelles, les leçons de M. le Dr Bleicher et le travail que M. le commandant Barré a publié sur la géographie physique de la haute vallée de la Saône dans les *Annales de géographie* du 15 janvier 1901.

On sait que les géologues admettent, aux temps primaires, une chaîne de montagnes qu'ils ont appelée la chaîne hercynienne, et qui coupait l'Europe en diagonale. Ils regardent comme vestiges-témoins de cette chaîne : les Pyrénées, le Plateau central et les Vosges. Il ne me semble pas téméraire de considérer le lambeau de

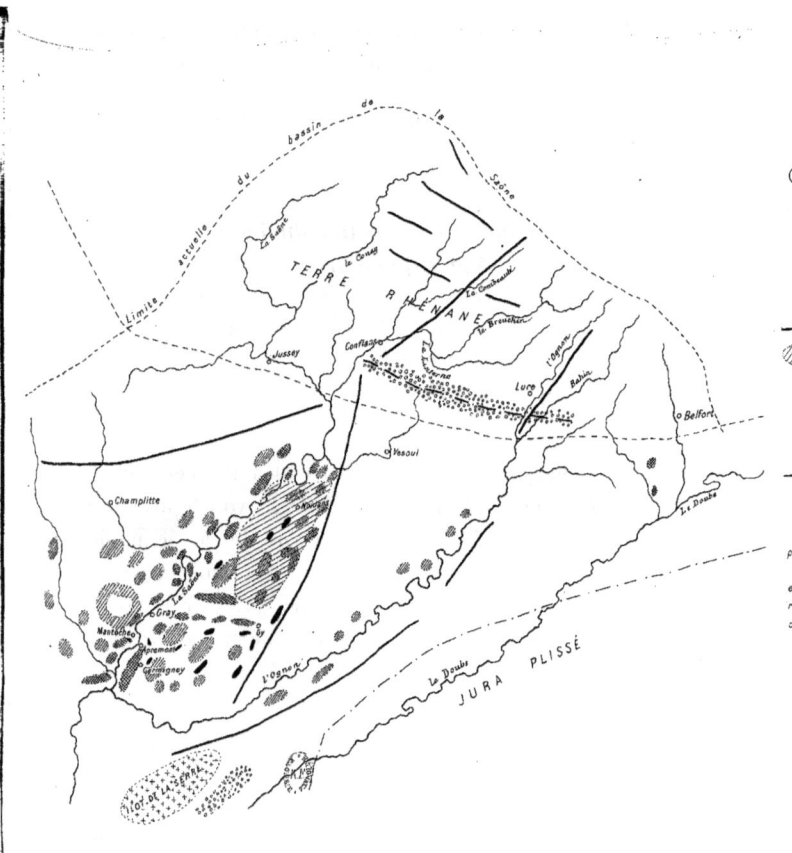

la forêt de la Serre comme un autre témoin, reliant celui des Vosges à celui du Plateau Central. On sait encore que l'affaissement de la chaîne hercynienne a permis, à l'époque secondaire, l'envahissement de la mer jurassique dans nos régions.

Pendant la période crétacée, l'émergence de la terre commence à se produire, mais non pas d'une seule pièce. Au nord surgit le grand massif de la *terre rhénane,* ayant les Vosges pour noyau. Au sud de la Haute-Saône actuelle, une terre, insulaire probablement, ayant pour noyau la forêt de la Serre.

L'intervalle compris entre ces deux massifs, plus affaissé, en reste séparé par des fractures transversales. Les unes au nord, dont quelques-unes sont encore visibles dans ce que le commandant Barré a appelé justement la façade méridionale des Vosges, mais dont la principale, entre Lure et Conflans, est aujourd'hui masquée par un important dépôt caillouteux. Les autres fractures au nord du massif de la Serre donneront sa direction au cours inférieur de l'Ognon.

L'intervalle affaissé est lui-même disloqué par des failles longitudinales qui le divisent en compartiments séparés par trois lignes de failles. L'une détermine la vallée moyenne de l'Ognon, la seconde, partant de la vallée de la Combeauté, passe à l'ouest de Vesoul et se dirige par Gy sur la forêt de la Serre, la troisième ligne part du confluent de la Lanterne et de la Saône, passe au nord de Champlitte et détermine les hauteurs de la Côte-d'Or.

Tel est le relief du sol à la fin de l'époque cénomanienne.

Dans la partie basse, entre la deuxième et la troisième faille, des lagunes d'eau saumâtre existent pendant la période oligocène. Elles ont laissé comme témoins les plaquettes siliceuses et les rognons à *Charas* et à *Bithynies* d'entre Gy et Fresne-Saint-Mamès. Sur les rives de ces lagunes s'épanouit une flore méditerranéenne (Mont-le-Vernois).

Le sol continuant d'émerger, les lacs tertiaires disparaissent peu à peu vers le sud, tandis que sur les Vosges, recouvertes encore de leur manteau triasique et jurassique, bien plus élevées qu'aujourd'hui, se montrent de puissants glaciers dont l'action va commencer l'œuvre de dénudation des hauts sommets et de transport dans les vallées.

La débâcle des glaciers à la fin de la période pliocène comble de débris vosgiens d'abord la grande fissure de Lure à Conflans, puis d'une couche uniforme tout l'espace qui s'étend du Jura plissé à la troisième faille ouest. Cette couche remaniée est représentée par le limon des plateaux ou diluvium des hautes terrasses. Elle est caractérisée par la présence d'un *Elephas* apparenté à *Eleph antiquus* et elle est le produit : 1° du remaniement des couches pliocènes à minerai de fer ; 2° de la destruction de tous les terrains qui se succèdent depuis les Vosges et surtout des terrains vosgiens proprement dits. Non seulement, comme on peut le constater dans le territoire de Mantoche notamment, elle contient les vestiges des terrains crétacés qui surmontaient autrefois le jurassique, mais encore elle renferme des cailloux roulés de roches vosgiennes, atteignant souvent des dimensions remarquables. Avec quelques cailloux porphyriques, granitiques et de grauwacke, ce sont surtout des débris du grès rouge, de la série triasique et du lias.

On trouve à Mantoche des blocs de grès vosgien atteignant 25 à 30 centimètres, aux angles à peine émoussés. Pour qu'ils aient pu arriver dans cet état depuis les Vosges, il faut nécessairement qu'ils soient les débris d'un bloc bien plus considérable, ou qu'une partie du trajet ait été accomplie sur les glaces.

Dans cette action destructive, le massif de la Serre est également décapé et les cailloux produits par la démolition de ses terrains primaires et secondaires se déposent à son pied et constituent le sol de la forêt de l'Arne au sud-est du massif de la Serre[1].

Après la reprise des glaciers vosgiens, les eaux diminuent et commencent l'ébauche des cours d'eau actuels en ravinant à leur tour le limon des plateaux. C'est en raison du remplissage uniforme de la dépression comprise entre la deuxième et la troisième faille que la Saône actuelle ne suit pas le fond de la faille de Gy. A cette époque aussi se place le remplissage des cavernes à ossements d'Echenoz, de Fouvent et de Farincourt. Le maximum de cette seconde extension glaciaire est marqué par la moraine frontale de la Brosse, au sud-ouest de Lure, et par les moraines latérales qui s'étendent jusqu'à Breuches dans la vallée du Breuchin, et jusqu'au

---

1. Quelques géologues ont émis l'opinion que, vers la même époque, les eaux rhénanes auraient passé par la trouée de Belfort et, en passant par le bassin actuel de la Saône supérieure, seraient devenues, avec le Rhône, tributaires de la Méditerranée ; mais, pour appuyer cette opinion, il faudrait trouver dans nos dépôts des cailloux alpins. Nos recherches à ce sujet n'ont pas encore abouti.

sud de Fougerolles, dans la vallée de la Combeauté, c'est-à-dire précisément jusqu'au dépôt caillouteux qui masque la grande fracture transversale de la façade méridionale des Vosges. Les retraits des glaciers sont marqués par des moraines frontales successives dans les trois vallées (V. Dépierre, *Le terrain glaciaire dans l'est de la Haute-Saône*, in *Bull. Soc. agr. Vesoul*, 1886, n° 17, 2ᵉ fasc.).

La débâcle de ces glaciers amène le creusement à fond de la vallée de la Saône, qui, à mesure que le mouvement des eaux se ralentit, se comble de nouveau avec le diluvium des basses terrasses (alluvions anciennes de la carte) à *Eleph. primigenius*.

Ce diluvium est naturellement composé des débris et remaniements des terrains plus anciens, mais surtout des terrains à minerai de fer pliocène et du dépôt des hautes terrasses à cailloux vosgiens[1]. Les dépôts caillouteux, principalement calcaires, que l'on trouve sur les flancs de la vallée de la Saône, au-dessus du Port-du-Poirier, près Gray, et à la Vierge près Mantoche, par exemple, ne sont que des accidents survenus pendant le creusement de la vallée. Ces dépôts se sont formés par une conséquence des barrages opposés par les éperons de calcaire jurassique résistant à l'action destructrice des eaux et obligeant celles-ci à les contourner. La Saône continua de divaguer à la surface de ces alluvions anciennes auxquelles elle apporta chaque jour de nouvelles contributions arrachée aux terrains qu'elle parcourait, ainsi que ses affluents, jusqu'à ce qu'elle ait trouvé son lit actuel, à une époque peu éloignée sans doute de notre ère.

Telle est succinctement l'histoire de la formation du relief actuel de la vallée de la Saône supérieure, telle qu'on peut la lire dans les dépôts successifs qui constituent son sol.

---

1. Les sables qui constituent la majeure partie de ces dépôts sont composés de grains de quartz à facettes cristallines, provenant de la décomposition des roches vosgiennes cristallines ; ils contiennent en outre des grains plus ou moins pisiformes de minerai de fer, des rognons à structure rayonnée du même minerai et surtout des cailloux de roches vosgiennes. A Mantoche on y trouve des blocs de grès bigarré, de grès vosgien et de grès liasique atteignant 0ᵐ,60 de dimension.

La « Garonne navigable ».

Communication de M. Georges Rossignol, agrégé de l'Université,
professeur d'histoire au lycée de Bordeaux,
secrétaire général de la *Garonne navigable*.

A la suite d'articles parus dans la *Revue commerciale de Bordeaux*, il vient de se fonder à Bordeaux, le 14 janvier 1901, une société d'étude appelée la *Garonne navigable*.

L'orateur ne veut point en faire l'historique ; il se borne à déposer sur le bureau du Congrès les articles, tirés à part, qui indiquent l'origine et le but de la nouvelle société [1].

Malgré son titre, la *Garonne navigable* entend s'occuper non seulement de la Garonne, mais de tous ses affluents sans exception, ainsi que des canaux à améliorer ou à créer : Canal latéral à la Garonne, Canal du Midi, Canal de la Garonne à la Loire, Canal des Landes, etc. Elle préconise notamment l'allongement de toutes les écluses à 80 mètres.

Ce qu'elle veut à tout prix, c'est que le bassin de la Garonne ne continue pas à négliger, presque systématiquement, ses voies de navigation intérieure, qu'il ne continue point d'autre part à être méconnu par les pouvoirs publics. Cette vaste et riche contrée, qui constitue à tous les points de vue à peu près le cinquième de la France, ne représente qu'un soixante-dixième environ (sections maritimes non

---

[1]. En voici les titres :
A quand la Garonne navigable (17 et 24 août 1900) ; ces deux articles ont été réunis dans la brochure intitulée : *la Navigabilité de la Garonne*, par Georges Rossignol. — *Le Comité d'étude de la Garonne navigable* (21 septembre). — *La question du prix des transports* (9 novembre). — *Solidarité des voies de fer et des voies d'eau* (23 novembre). — *Les inondations dans le bassin de la Garonne : reboisement et barrages* (7 décembre). — *Le port de Bordeaux, ce qu'il a, ce qui lui manque* (21 décembre). — *L'outillage du port de Bordeaux* (4 janvier 1901). — *Constitution de la Garonne navigable* (18 janvier). — *Le canal de la Garonne à la Loire* (8 mars). — *Les voies navigables du Sud-Ouest et le projet de loi Baudin* (22 mars). — *Réponse à quelques objections* (12 avril). — *Les voies navigables et l'agriculture* (17 mai).
A signaler également les articles où, sous la même signature, ont été étudiés, au point de vue de la navigation, le Rhin et l'Elbe (*Bull. Soc. géogr. comm. de Bordeaux*, 16 juillet et 3 septembre 1900) ; et aussi les *Progrès de la navigation sur le Rhin allemand* (*France de demain*, 15 mai 1900, article signé Roger Debury), et enfin : *A propos de la Garonne navigable* (*Revue philomathique de Bordeaux*, 1er novembre 1900).

comprises) du mouvement total de la batellerie française. Le projet de loi Baudin lui consacre 10 millions de francs sur 497 640 000 affectés à l'ensemble de nos voies navigables, soit environ 1/50 du total. C'est dérisoire!

A la suite de conférences faites par le promoteur de la *Garonne navigable,* avec l'aide puissante du *Comité de défense des intérêts nationaux* (président, M. d'Estournelles de Constant), — des comités sont en formation ou sont déjà formés dans toutes les villes du Sud-Ouest : Marmande, Périgueux, Toulouse, Montauban, Bergerac, Cahors, Agen, etc. Tous les commerçants, notables du Sud-Ouest et, sans exception, toutes les chambres de commerce font partie des Comités de la *Garonne navigable*.

Un grand congrès aura lieu à Bordeaux en juin 1902. Les représentants de toutes les Sociétés françaises de géographie y sont instamment et cordialement invités.

Voici d'ailleurs le programme de la *Garonne navigable* qui tient à ce que son sous-titre soit bien souligné : **Société d'étude pour l'amélioration du réseau des voies de navigation intérieure dans le Sud-Ouest.**

1° *Reboisement des régions de sources : Massif central, Pyrénées, Lannemezan, Barrages pour atténuer les inondations.* Reboisement et barrages qui, tout en rendant moins précaire la navigation et moins désastreuses les crues, vaudront, par ailleurs, au Sud-Ouest, d'immenses ressources, soit en permettant des irrigations, soit au point de vue de l'exploitation forestière, soit enfin pour fournir de la force motrice ;

2° *Chenal de 2 mètres, en toutes saisons, de Castets à Bordeaux ;*

3° *Allongement (à 80 mètres) de toutes les écluses sur toutes les voies du sud-ouest : canal latéral, canal du Midi, Dordogne, Isle, Tarn, Lot, Baïse, Drot, etc. ;*

4° *Aménagement meilleur de tous nos cours d'eau,* qui trop souvent ne sont navigables que théoriquement ;

5° *Jonction de la Garonne à la Loire ;*

6° *Canal des Landes,* reliant la Garonne à l'Adour et destiné, plus que tout autre, à amener une transformation totale du pays ;

7° *Amélioration du matériel et des hommes ;* traction électrique ; raccords avec les chemins de fer, etc.

Quant à la construction du canal des Deux-Mers, c'est une question délicate, au sujet de laquelle les avis sont très partagés. Pour le moment, la *Garonne navigable* croit devoir la laisser de côté, sans être le moins du monde hostile au projet.

La « Dépopulation » de la France.

Communication de M. Georges Rossignol (Roger Debury), agrégé de l'Université, professeur d'histoire au lycée de Bordeaux.

L'orateur n'entend point traiter tout au long la question si complexe et si douloureuse de la « dépopulation » de la France. Il dépose sur le bureau du Congrès : 1° un livre qu'il a publié sur cette question sous ce titre: *Roger Debury, Un pays de célibataires et de fils uniques* (Dentu, 3e édition, 1900, xi-384 pages); 2° une brochure publiée par le Comité Dupleix (Directeur, Gabriel Bonvalot) et qui sous ce titre : *Le pays des célibataires et des fils uniques,* n'est que la reproduction d'une lettre écrite au Directeur de *la France de demain,* sur sa demande, par M. Georges Rossignol (15 mars 1901).

M. Rossignol-Debury tient à obtenir du Congrès un vœu conçu en ces termes : *que les pouvoirs publics s'occupent, par tous les moyens, même fiscaux, du relèvement de la natalité en France.*

Sur sa proposition, ce vœu a déjà été adopté par le *Congrès des Sociétés nationales de géographie* qui s'est tenu à Bordeaux en août 1895. Il s'agit donc seulement de le renouveler.

Depuis cette époque, les chiffres se sont faits beaucoup plus navrants, non pas que la population française ait diminué (le terme « dépopulation » est inexact, il y a seulement moindre augmentation qu'ailleurs); mais elle est restée à peu près stationnaire, tandis qu'elle a augmenté dans des proportions inconnues dans la plupart des grands pays.

En Allemagne on a compté, au 1er décembre, 4 065 000 habitants de plus que cinq ans auparavant, soit 56 354 000 (en 1871, 41 millions). L'augmentation a été de 813 000 par an. C'est comme si l'Allemagne s'accroissait tous les deux ans (au Congrès de Bordeaux, en 1895, l'orateur disait : tous les trois ans) d'une Alsace-Lorraine.

Jamais, on ne saurait trop le redire, il n'y a eu au delà du Rhin une augmentation numérique aussi considérable, d'une manière absolue autant que si l'on considère le tantième 7,76 p. 100 (or, l'émigration est devenue presque insignifiante).

Il naît plus de 2 millions d'Allemands, il naît 1 150 000 Italiens, etc., pendant qu'il naît seulement 850 000 Français. Jamais un pareil danger n'a menacé notre avenir : Waterloo, Sedan ne sont rien à côté. On se relève d'une défaite, mais point d'un pareil déclin numérique.

Inconvénients : 1° moindre valeur de l'individu dans un « pays de célibataires et de fils uniques », donc baisse des Français plus encore par la qualité que par la quantité, ce qui n'est pas peu dire : débauche, pornographie, alcoolisme, etc. ; 2° production économique qui va s'affaiblissant. Marasme de l'agriculture, de l'industrie, du commerce. Comment en serait-il autrement ? 38 ouvriers produisent moins que 57, même si l'ardeur au travail était égale des deux côtés ; 38 millions de Français devront donc créer moins de ressources, moins de richesses que 57 millions d'Allemands ; 3° décadence fatale, toujours par comparaison avec les pays à population croissante, qu'il s'agisse du point de vue intellectuel ou du point de vue militaire ; 4° démembrement à redouter.

« Le moment approche où les cinq fils pauvres de la famille allemande viendront facilement à bout du fils unique de la famille française » (Dr Rommel). Quand une nation grossissante en coudoie une autre qui se dépeuple, il s'établit un courant d'air vers le centre de dépression, « courant d'air vulgairement appelé invasion… Déjà les infiltrations d'étrangers en France ont commencé, comme les gouttes d'eau qui précèdent l'orage ». Ceux qui croient à une prochaine paix universelle « ne savent rien d'hier et ne se doutent pas de demain » (E. Renan).

L'unique cause du mal c'est la volonté, influencée à son tour par la vanité plus que par toute autre cause. Preuves : salon, luxe ; mot de Franklin : Un vice coûte plus cher à nourrir que deux enfants.

Il faut donc agir sur la volonté, mais énergiquement.

Nos impôts actuels doivent être remaniés de manière à encourager la natalité. Actuellement, ils semblent dirigés contre le citoyen qui se marie et qui a des enfants. Célibataire, logeant en garni le plus souvent, il ne paie presque rien ; malheur à lui s'il se marie, s'il a des enfants, surtout s'il en a beaucoup ! Cela nécessitera un appartement plus grand. Ses impôts directs croîtront d'autant, sans parler des innombrables impôts de consommation qui sont d'autant plus lourds qu'on a plus de bouches à nourrir. Est-ce juste ? — Formule de M. Bertillon et de l'*Alliance nationale pour l'accroissement de la population française* : Le fait d'élever un enfant doit être considéré comme une des formes de l'impôt.

Veut-on, sans parler de beaucoup de mesures de détail touchant par exemple le recrutement et l'avancement des fonctionnaires, veut-on un remède énergique, au lieu des palliatifs dérisoires qu'on propose le plus souvent, un remède qui serait tellement énergique qu'il suffirait à lui seul : il empêcherait l'inévitable affaiblissement graduel de la France et sa disparition du nombre des grandes puissances. Le voici, tel que l'auteur l'a déjà proposé dans son livre et au Congrès de Bordeaux en 1895 : l'État serait un co-partageant éventuel dans le cas où, lors de l'ouverture de la succession, il n'y aurait point au moins trois enfants vivants (peut-être y aurait-il lieu de compter les morts). Le fils unique aurait la moitié de la fortune; à deux enfants, chacun aurait un tiers du total ; l'État aurait le reste. A trois enfants, l'État ne prélèverait rien, absolument rien. Si cette loi était votée (elle est draconienne, mais qui veut la fin veut les moyens ; la France va mourir, voulez-vous la sauver ?), nous connaissons tous des milliers de paysans de Normandie, de Guyenne, des régions précisément les plus riches de la France, qui pousseraient jusqu'à deux enfants pour que l'État n'ait pas un jour la moitié de leur fortune, puis jusqu'à trois pour qu'il n'ait rien.

Qu'il soit bien entendu que ce ne serait point punir le célibataire ou les parents du fils unique. Il serait monstrueux de vouloir punir là où souvent il n'y a de la faute de personne. Tel célibataire, celui par exemple qui a une maladie transmissible, serait un monstre s'il se mariait. Cet impôt successoral serait une taxe de compensation. Or, quel impôt d'argent compte à côté de celui que paie le père de famille quand il donne un citoyen, un soldat, un producteur au pays, quand il lui donne pour un an, deux ans ou trois ans un soldat, quand on le lui tue parfois à Madagascar, au Dahomey, en Chine ou à la frontière ?

Voilà l'impôt formidable entre tous : l'impôt du sang de ses fils ; celui-là, le célibataire ne le paie jamais, le père d'un fils unique a plus de chances de ne pas le payer. A la place ils donneront de l'argent (à leur mort d'ailleurs !) : ce ne sera point une punition, ce sera une taxe de compensation, impôt de remplacement[1].

En conséquence, le Congrès est prié de voter le vœu dont le texte a été lu plus haut :

Que les pouvoirs publics s'occupent, par tous les moyens, même fiscaux, du relèvement de la natalité en France.

Après une discussion où divers membres du Congrès sont venus apporter des arguments nouveaux en faveur de la même thèse, le vœu de M. Georges Rossignol (Roger Debury) a été adopté *à l'unanimité et sans aucune opposition.*

Sur les monuments mégalithiques de la Bretagne.

Communication de M. le lieutenant de vaisseau Devoir.

L'explorateur qui parcourt, son carnet de notes à la main, une région encore inconnue de notre globe, pose les fondements de la géographie de cette région : il détermine à grands traits le relief du sol, le cours des fleuves et reconnaît les principales productions.

Sur ces premières données s'organisent des entreprises commerciales ; le colon, agriculteur ou industriel, choisit sur la carte tracée par l'explorateur et d'après ses notes, une vallée ou un plateau dont la situation paraît avantageuse, il visite cette vallée ou ce plateau et détermine sur le terrain même le point central de son exploitation.

Les premières années sont pénibles, en raison de la difficulté des communications et de la méfiance des populations environnantes ; puis l'Européen se familiarise avec la langue du pays, les relations deviennent meilleures, de longues conversations s'engagent ; l'indigène, peu intéressant quand il parle du présent, possède sur le passé d'interminables légendes.

Les traditions populaires ne permettent généralement pas de ré-

---

[1]. Le remède est là, et non dans les efforts, louables d'ailleurs, pour diminuer la mortalité. Nous empêcherons de mourir trop tôt 850 000 Français, mais, au delà du Rhin, on fera les mêmes efforts en faveur de 2 millions d'Allemands. La proportion des deux races n'en sera pas modifiée. Il faut, avant tout, faire naître.

tablir l'histoire, elles donnent pourtant de précieux renseignements sur la façon de vivre et de penser des hommes qui formaient jadis la peuplade, et sur les modifications intervenues.

Puis l'indigène parle d'êtres mystérieux, de monuments construits bien avant l'arrivée de ses plus lointains ancêtres et dont, pas plus qu'eux, il ne s'explique les origines. L'Européen interrogera ces ruines ; quelques signes grossiers, des fragments d'armes ou de bijoux lui donneront peut-être la clef de l'énigme ; par lui, des peuples dès longtemps disparus se relèveront de la poussière et entreront dans la clarté de l'histoire, laissant peut-être dans l'ombre ceux qui leur ont succédé.

Géographie, histoire, archéologie sont des sciences étroitement unies ; dans les pays de haute culture intellectuelle, parcourus depuis des siècles par des hommes de toutes les races, le géographe et l'historien marchent la main dans la main ; dans d'autres où l'histoire et les traditions même ne remontent qu'à une époque peu reculée le géographe trouve dans l'archéologue son collaborateur naturel ; cette considération m'a engagé à soumettre à votre Congrès quelques notes rapides sur nos vieux monuments.

L'Armorique, terre classique des constructions mégalithiques, est restée longtemps isolée du reste des Gaules, les grands courants civilisateurs ne l'ont point atteinte.

Son histoire ne remonte pas à dix siècles, ses légendes à quinze, les peuplades préhistoriques qui ont laissé sur son sol tant de traces de leur puissante vitalité n'existent plus dans le souvenir des hommes qui en descendent directement.

Les traditions ne parlent en effet d'aucun événement antérieur aux premières prédications chrétiennes ; un seul récitatif recueilli par M. de la Villemarqué met en scène un druide et son élève ; sans les *Commentaires de César* nous ignorerions la grande bataille navale de Quiberon où fut anéantie la flotte vénète. De nombreux camps, des constructions diverses, des monnaies retrouvées en maints endroits nous montrent que les légions ont solidement, et pendant longtemps, occupé le pays ; de cette occupation, les légendaires ne nous disent rien ou presque rien.

Le Breton d'il y a cent ans n'avait aucun souvenir des hommes, ses ancêtres, qui vécurent avant notre ère sur le vieux sol armoricain ; les vestiges des anciennes civilisations étaient pour lui l'œuvre de génies plus ou moins malfaisants, viltansous ou korrigans, auxquels il attribuait une mystérieuse puissance ; de nos jours, ces dieux déchus ont encore des croyants.

Aujourd'hui même, ne demandez pas au paysan ce que sont ces monuments, il les regarde comme des choses qui n'intéressent que les étrangers ; ne lui demandez pas s'il en existe à quelque distance de sa ferme : il n'y a jamais fait attention.

Ce n'est donc point sur le terrain que peut se renseigner le voyageur ; il doit avoir recours à des ouvrages spéciaux, trop rares malheureusement ou trop peu précis ; pour ceux d'entre vous, Messieurs, qu'attirerait la Basse-Bretagne, je vais essayer de résumer en quelques pages ce que j'appellerai sa géographie mégalithique.

L'archéologie moderne a reconnu que la construction des monuments de pierre brute correspond, dans notre pays, à deux civilisations différentes, l'une caractérisée par des instruments de pierre polie et des sépultures à inhumations, l'autre se rattachant à la période d'importation du bronze et où l'incinération est de règle presque absolue. Dans certaines régions du nord de l'Europe, cette architecture florissait encore au premier âge du fer.

Les monuments mégalithiques sont essentiellement des monuments religieux et funéraires dont les constructeurs ont déterminé les positions par des observations astronomiques ; ils se rapportent à deux types, le menhir et le dolmen, représentés, le premier par un bloc planté verticalement en terre, le second, plus complexe, par des blocs verticaux supportant des dalles horizontales. Du menhir simple dérivent l'alignement et le cromlech, groupes de pierres levées formant une ligne droite ou une enceinte ; des dolmens accolés forment une allée couverte, dolmens et allées couvertes étant, dans beaucoup de cas, enfouis dans un tertre artificiel ou tumulus.

Ces types se retrouvent dans toute l'Europe occidentale, en Sibérie et dans l'Inde, ainsi que dans le nord-ouest de l'Afrique ; un autre, le trojaburg ou labyrinthe, si bien étudié par le professeur Ernst Krause, semble spécial à l'extrême nord européen et de date beaucoup plus récente.

On peut diviser la Basse-Bretagne en plusieurs régions mégalithiques, les groupes principaux étant d'ailleurs reliés par des espaces où les monuments sont plus clairsemés.

La plus importante et la mieux connue de ces régions est celle de

Carnac-Locmariaker, explorée depuis soixante ans par de nombreux archéologues ; elle renferme à elle seule deux fois plus de menhirs que tout le reste de la France.

A l'ouest de la petite rivière d'Auray se voit le plus beau groupe de dolmens que l'on connaisse ; la table des Marchands, l'allée couverte des Pierres plates, le Manc Lud et tant d'autres, étonnent par la masse des matériaux qui les forment ; leurs constructeurs devaient, dès ces époques reculées, disposer de puissants moyens d'action.

Ces monuments portent de remarquables gravures, encore inexpliquées pour la plupart, et caractérisées par l'absence complète de représentations d'êtres animés ; on y reconnaît des haches, des bâtons recourbés, des bateaux, des swastikas, mais aucune figure humaine ou animale.

La poterie ne possède de même que des ornements géométriques ou de simples empreintes faites soit avec le doigt, soit au moyen d'un corps dur quelconque.

Au milieu de ce vaste champ funéraire, gît, brisé en quatre morceaux, un gigantesque menhir dont le poids atteignait près de quatre cent mille kilogrammes et qui mesurait 22 mètres de hauteur.

Le territoire compris entre les rivières d'Auray et de Crac'h renferme une cinquantaine de monuments importants.

A l'ouest de cette dernière rivière commencent les célèbres alignements de Carnac, qui forment des groupes séparés les uns des autres par des espaces vides de monuments ; cette immense barrière se développait jadis sur plus de vingt kilomètres de longueur.

En allant de l'est à l'ouest, on suit d'abord les lignes du petit Ménec, puis celles de Kerlescant, aboutissant à l'ouest à un immense cromlech.

Les alignements de Kermario renferment des blocs énormes et de formes bizarres ; ils s'étendent sur plus de 1 500 mètres, en suivant tous les accidents de terrain ; plus loin, le champ du Ménec possède onze rangées de pierres levées, que termine vers l'ouest une enceinte semi-circulaire bien conservée.

Au nord de l'isthme de Quiberon, dans la presqu'île même, existent encore des restes d'alignements ; en se rapprochant de la rivière d'Etel, on rencontre les alignements de Kerzehro et d'Erdeven, de 1 800 mètres de longueur totale. Il ne reste plus que des traces insignifiantes des lignes jadis situées plus à l'ouest.

Des deux côtés de cette barrière s'accumulent des monuments de tous genres; l'énorme tumulus de Saint-Michel, de 110 mètres de longueur et 50 de largeur, domine tout le champ du Ménec, il s'élève de 14 mètres au-dessus du sol naturel. Que de générations ont dû travailler à l'édification de cette colline artificielle, qui n'a livré jusqu'à présent que deux chambres sépulcrales de médiocres dimensions.

Les dolmens de la région de Carnac sont depuis longtemps célèbres; beaucoup ont été ruinés, mais il nous reste de superbes échantillons de cette architecture barbare : la table du dolmen de Crucuno pèse plus de 70 tonnes; les chambres accolées de Keriaval, deRondossec, du Mané Kerioned sont formées de blocs énormes recouverts par des dalles qui ne reposent que sur quelques pointes; de-ci de-là quelques beaux menhirs isolés attirent de loin le regard.

Le nombre considérable de monuments prouve l'existence d'une population très dense, que dominait probablement une puissante aristocratie religieuse. La région de Carnac est maintenant très bien connue, grâce aux travaux de MM. du Cleuziou, Galles, Miln, Gaillard, pour ne citer que quelques noms. Leur distingué continuateur, M. le Rouzic, a réuni, en même temps qu'un bon nombre de documents, une remarquable collection d'armes et d'objets préhistoriques.

La contrée qui s'étend entre le Blavet et l'Ellé est moins riche en monuments, mais les instruments de silex recueillis dans les sépultures sont des plus beaux que l'on connaisse; les fouilles de M. le commandant Le Pontois lui ont donné des lames atteignant jusqu'à 42 centimètres.

La partie sud du Finistère présente deux groupes principaux, l'un s'étendant de l'Ellé à la rivière de Concarneau, avec les riches communes de Moelan, de Nizon et de Trégunc; l'autre, qui comprend les cantons de Pont-l'Abbé, de Plogastel-Saint-Germain, de Pontcroix et de Douarnenez, a fourni à son infatigable et savant explorateur, M. Paul du Chatellier, des récoltes admirables dont la réunion forme l'un des plus importants musées archéologiques de France.

De Pont-l'Abbé aux roches de Penmarc'h, de la pointe du Raz de Sein à Douarnenez, menhirs, dolmens et tumulus se comptent par centaines, les menhirs atteignent parfois des hauteurs de sept à neuf mètres.

Plus au nord, la presqu'île de Crozon contient un grand nombre de monuments différant profondément par leur aspect de ceux des autres régions. Ici, les schistes et les grès qui forment l'ossature de la presqu'île ont été exclusivement employés ; ils ont malheureusement moins bien résisté que les granits et les gneiss. L'architecture des monuments est très complexe, mais les blocs qui les forment sont généralement de dimensions médiocres ; de vastes allées dont le développement atteint parfois six ou sept cents mètres, conduisent à des enceintes à ciel ouvert, rectangulaires ou semi-circulaires ; caractérisés par la grande étendue qu'ils embrassaient, ces monuments couvraient toute la presqu'île et constituaient un ensemble comparable à celui de Carnac.

Les cromlechs de Landaoudec et de Ty-ar-Churey semblent représenter le dessin d'une hache de pierre polie munie de son manche. Au sud-ouest du bourg de Crozon on trouve des alignements, des menhirs isolés, des dolmens plus ou moins ruinés, sur une longueur de quatre kilomètres ; les alignements du Toulinguet, coupés à angle droit par une longue rangée de pierres levées, couvraient une bande de 2 000 mètres sur 100.

Tous ces monuments sont à demi ruinés et font peine à voir. L'État, qui a acheté les alignements de Carnac et de nombreux menhirs et dolmens morbihanais, a abandonné, d'une façon presque absolue, les mégalithes du Finistère ; le temps et les hommes continuent leur œuvre de destruction, et il est à craindre que d'ici trente ou quarante ans peut-être nous ayons laissé disparaître ces précieux vestiges du passé.

Des immenses alignements qui couvraient le versant nord-ouest du Ménéhom, du cromlech de Raguenès encore en bon état il y a soixante ans, il ne reste que des ruines informes ; le XIXe siècle est peut-être celui qui a vu détruire le plus grand nombre de monuments.

La dernière et très intéressante région dont je m'occuperai dans cette note comprend la partie nord de l'arrondissement de Brest, avec deux groupes principaux, ceux de Porspoder et de Brignogan.

Le premier s'étend de la pointe Saint-Mathieu à l'embouchure de l'Aber-Benoît ; il est caractérisé par ses menhirs gigantesques et d'une grande régularité de formes ; le plus haut d'entre eux, celui de Kerloas, est le géant des menhirs encore debout, il mesure 11^m,80 de hauteur, sa section est une ellipse de 6 mètres de tour.

Il en existe cinq autres, de taille un peu inférieure, dans une étendue de quelques kilomètres carrés ; un sixième, dressé sur la rive gauche de l'Aber-Benoît, est le seul reste d'un alignement de quatre menhirs de 8 mètres de hauteur. Les trois autres ont été détruits il y a moins d'un demi-siècle.

Sur quelques massifs déjà séparés du rivage ou qui s'y relient encore, les monuments sont extrêmement rapprochés les uns des autres ; la presqu'île de Kermorvan, les îles Segal et Melon étaient autant de centres cultuels importants ; les îles de l'archipel de Molène renferment en grand nombre des menhirs isolés ou groupés, des tumulus et des dolmens.

A quelques pas de la gare de Portsall, terminus du chemin de fer départemental, se voit une allée couverte, partie principale d'un monument immense qui comprenait des alignements et un cromlech, peut-être deux ; plus à l'est, l'allée du Rib, à demi ensablée, mesure encore 18 mètres de longueur ; le tumulus voisin de Carn compte parmi les plus importants du département.

Les environs de Brignogan, si pittoresques avec leurs énormes roches naturelles aux formes bizarres, conservent encore deux menhirs énormes et quelques dolmens ; mais les plus beaux monuments de ce type ont été détruits ; une allée couverte, qui existait encore vers 1830, avait, paraît-il, 30 mètres de longueur et une hauteur sous tables de 2 à 3 mètres.

Je terminerai ici cette rapide énumération des principales régions mégalithiques de la Basse-Bretagne, trop heureux si j'ai pu, Messieurs, vous donner le désir de visiter ses vieux monuments.

Néolithiques et importateurs du bronze constituèrent le fond réel et vivace d'où sort la démocratie laborieuse, non seulement de France, mais de tout l'ouest européen. L'influence ethnique des Romains et des Galato-Germains a été faible. L'archéologie, en portant quelque lumière dans la nuit des anciens âges, est seule dans la tradition des origines ; elle nous ramène au temps où les hommes qui nous ont précédés, fussent-ils d'Auvergne, Hollande, Cantabrie, grande ou petite Bretagne, se développaient par eux-mêmes, hors de toute influence extérieure.

Puis vinrent de l'Orient des hordes conquérantes, et les peuples jadis gouvernés par des chefs de même race connurent la servitude étrangère.

L'empreinte laissée par ces nouveaux maîtres est encore profonde :

depuis vingt siècles, les mauvais bergers arment les unes contre les autres les diverses fractions du troupeau.

Mais un jour viendra où les peuples s'éveilleront, comme d'un rêve pénible, et les vieux despotismes seront brisés.

Alors tout ce qui rappellera leur communauté d'origine sera vénéré par des millions d'hommes ; les pierres dressées par leurs lointains ancêtres deviendront les monuments nationaux des États-Unis de l'Europe occidentale.

Nous ne verrons pas l'aurore de ce beau jour ; qu'importe ! si elle luit pour ceux qui viendront après nous.

Que les hommes aujourd'hui divisés par leurs maîtres sachent que partout où s'élèvent des mégalithes, des bords de l'Océan du Nord au Promontoire Sacré de l'Ibérie, dans tous les pays baignés par l'Atlantique, revit le vieux sang des dresseurs de dolmens.

De ces monuments qu'édifièrent nos ancêtres, nous sommes responsables, a dit Jean Reynaud, « non seulement envers eux, mais envers les générations qui doivent nous suivre, et auxquelles ils ont été destinés par leurs auteurs, aussi bien qu'à nous-mêmes ».

La science est actuellement le premier élément d'entente internationale ; elle s'est imposé, comme une tâche sacrée, de mettre en lumière tout ce qui peut favoriser le rapprochement des peuples.

Est-il argument plus puissant que la constatation de l'unité de la race ?

Aussi, Messieurs, je n'hésite pas à vous demander de vous intéresser à ces respectables témoins des communs efforts de tant de générations, et je veux espérer que des voix plus autorisées que la mienne voudront, au cours de ces assises solennelles de la science, attirer l'attention du gouvernement de la République sur ces œuvres grandioses des démocraties laborieuses des siècles passés.

Atlas géographique et économique de la France.

Communication de M. V. Turquan (résumé).

M. Turquan expose le but et la nature de l'ouvrage qu'il a entrepris, à la suite d'un vœu exprimé par le dernier Congrès des sociétés françaises de géographie : Atlas de géographie économique de la France.

Cet atlas, qui contiendra partie de tableaux, partie de texte, partie de diagrammes et de cartogrammes à diverses échelles, aura trait, pour la France, les départements, dans certains cas, les arrondisse-

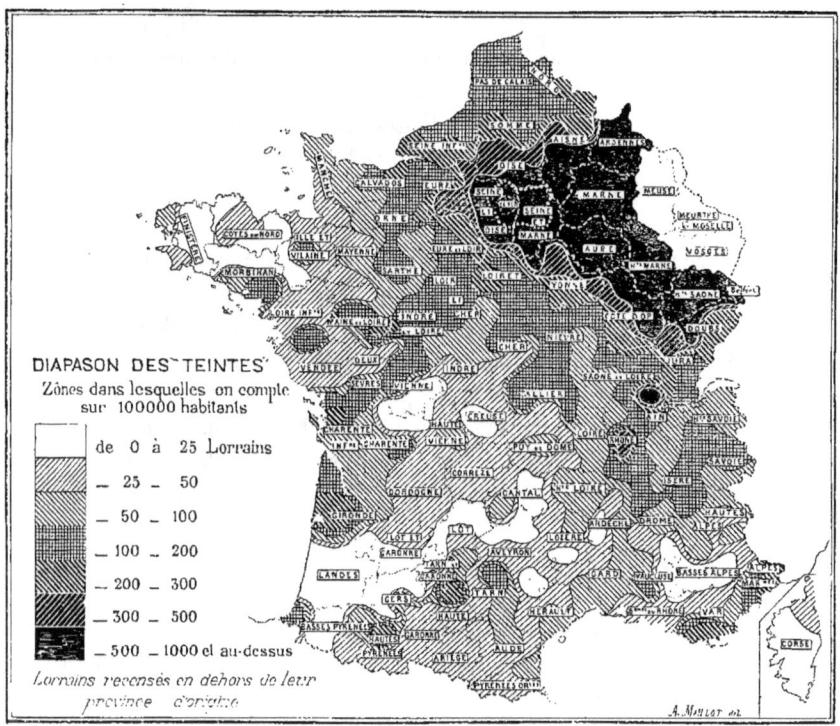

ments, à la météorologie, pluies, inondations, à la population, son état, ses mouvements, l'émigration, l'immigration, aux naissances, mariages, divorces, décès ; à la justice criminelle, commerciale ; à l'assistance, bienfaisance, hôpitaux, hospices, asiles d'aliénés, etc. ; aux institutions de prévoyance, caisses d'épargne, secours mutuels, retraites, assurances, sinistres, monts-de-piété, etc.

A l'enseignement supérieur : universités, nombre d'élèves, de professeurs, etc. ; secondaire : lycées et collèges, professeurs et élèves ; primaire : nombre d'écoles, de maîtres et d'élèves ; enseignement divers, artistique, commercial, industriel, agricole, etc.

A l'agriculture : différentes cultures, l'économie rurale, animaux de ferme, forêts.

A l'industrie, différentes industries, professions diverses, répartition géographique des diverses industries, mines, métaux, usines, etc., par département et par arrondissement.

Au commerce : répartition géographique du commerce intérieur, importation, exportation, échanges avec différents pays, etc.

Transports, voies de communication, fleuves, canaux, routes, chemins de fer, tramways.

Postes, télégraphes, téléphones.

Navigation intérieure, navigation maritime, mouvement des ports, pêche.

Géographie financière, contributions, recettes, dépenses, consommation, mouvement de la richesse, banques.

Statistique militaire, maritime.

Algérie, Tunisie, colonies.

État sommaire des différents pays.

M. Turquan met sous les yeux des membres du Congrès un grand nombre de cartes et de diagrammes déjà préparés en vue de la publication de l'atlas dont il s'agit.

L'Exposition coloniale d'Alger en 1903-1904.

Communication de M. A. Mesplé, président de la Société de géographie d'Alger.

M. A. Mesplé, président de la Société de géographie d'Alger et de l'Afrique du Nord, demande que soit renouvelé, cette année, le vœu émis l'an dernier, au 21ᵉ Congrès, en faveur du choix d'Alger pour une exposition coloniale qui aurait lieu en 1903-1904.

M. Mesplé fait la genèse de ce projet : il dit combien Alger, avec son superbe panorama, son ciel et son climat merveilleux, constituerait un cadre exceptionnel pour une manifestation du genre de celle qui est projetée, véritable synthèse du développement des colonies françaises.

A leur retour de Paris, où ils avaient fait émettre des vœux semblables, tant par les sociétés françaises de géographie que par le Congrès de la presse coloniale, les promoteurs de ce projet ont réussi, à Alger, à constituer une Commission d'initiative et d'étude dans laquelle sont représentés tous les corps constitués et élus de notre capitale algérienne, toutes les grandes sociétés locales, dont font partie les personnalités marquantes des lettres, des sciences et des arts et à laquelle M. Jonnart, alors gouverneur de l'Algérie, avait adjoint un de ses conseillers du gouvernement.

Cette commission d'initiative s'est mise, depuis un an, résolument à l'œuvre ; elle a fait une consciencieuse étude préparatoire des moyens pratiques de réalisation de l'exposition projetée : ses travaux sont condensés en deux rapports très documentés et fort intéressants dont l'un est, en quelque sorte, le programme, tandis que l'autre est consacré aux moyens financiers auxquels il convient de recourir pour mettre sur pied une telle œuvre dont les dépenses prévues n'atteignent pas moins de sept millions.

Le projet, à l'heure actuelle, est debout et réalisable.

L'Exposition d'Alger sera non seulement française et coloniale française, elle sera encore internationale africaine, de façon à affirmer qu'Alger est une capitale, sinon *la* capitale de l'Afrique méditerranéenne, et d'apprendre aux marines du monde entier le chemin de son port, les facilités et les agréments qu'il leur offre.

Au point de vue financier, la Commission s'est efforcée de trouver le capital nécessaire dans des combinaisons financières indépendantes, de façon à ne recourir que le moins possible aux subventions de l'État, du budget spécial algérien et de ceux des départements et des communes.

Il ne manque plus aujourd'hui à l'œuvre entreprise que la consécration officielle que lui donnera l'approbation du gouvernement général : or, ce projet répond trop aux préoccupations économiques qui, d'après les déclarations mêmes de M. Revoil, doivent servir de base à sa politique en Algérie pour que son adhésion puisse être douteuse.

Il est incontestable que l'Algérie, si décriée, verra, du fait de cette exposition, les visiteurs affluer vers elle, et il n'est point douteux que, mieux connue, elle sera forcément mieux appréciée.

Il est évident aussi que cette exposition, en augmentant les rapports entre nos négociants et les peuples africains, en rapprochant, en quelque sorte, d'Alger les intérêts tunisiens et marocains, aura pour résultat d'affirmer la prépondérance de l'Algérie et par conséquent de la France sur la partie septentrionale du continent noir.

La Société de géographie d'Alger et de l'Afrique du Nord, dont le titre est, dans ce sens, une indication précise de nos tendances, s'est associée dès le premier jour à ce projet par la voix de son ancien président, M. l'amiral Servan, qui fut l'an dernier, au 21e Congrès, l'un des plus fermes soutiens de la proposition.

Successeur de l'amiral Servan à cette présidence, M. Mesplé est heureux de contribuer pour sa part à l'œuvre commencée : il ne doute pas du poids qu'aurait, dans la décision attendue de M. le gouverneur général Revoil, l'opinion nettement manifestée des sociétés françaises de géographie, et c'est pourquoi il demande au Congrès de Nancy de renouveler, en l'élargissant, le vœu émis l'an dernier par le 21e Congrès.

Après l'Exposition d'Hanoï conviant en 1902 à ses fêtes et à ses splendeurs les populations d'Extrême-Orient, l'Exposition d'Alger en 1904 affirmera, à son tour, aux peuples d'Afrique la grandeur de la France et son rayonnement civilisateur à travers le monde.

Lundi 5 août.

SÉANCE DU MATIN

Président : M. Layec, délégué de la Société de géographie de Lorient.
Assesseurs : MM. Haillant, délégué de la Société d'émulation des Vosges ; Fauvel.

La Marine marchande.

Communication de M. Georges Blondel, professeur à l'École des hautes études commerciales et au Collège libre des sciences sociales.

Lorsqu'on étudie dans ses principales manifestations la vie économique de l'humanité contemporaine, on est frappé de l'importance qu'y prennent les communications par mer et du rôle que joue la marine marchande chez les peuples qui ont, au point de vue industriel et commercial, fait le plus de progrès.

En ce qui concerne la France, il faut bien le dire, on n'ouvre plus un livre ou un document officiel sans que les yeux soient douloureusement frappés par le mot « décadence ». Parler de la décadence de notre marine marchande est presque devenu un lieu commun. Aussi est-ce un sujet particulièrement douloureux à traiter pour notre amour-propre que je vais aborder. C'est pour répondre aux vives instances qui m'ont été adressées que je dois attirer un instant votre attention sur ce grave problème.

La situation de la marine marchande n'intéresse pas seulement les marins, elle touche le pays tout entier. Elle concerne même d'une façon directe plusieurs des grandes industries de cette région.

Vous savez, Messieurs, quel rôle considérable la mer a joué depuis le commencement du monde dans les relations entre les peuples. Ce rôle a beaucoup grandi depuis les grandes découvertes du xve et du xvie siècle ; il est aujourd'hui plus considérable que jamais.

Pendant longtemps, on avait encore pu considérer les océans et les mers comme des barrières qui séparaient les nations. Il est maintenant plus vrai de dire que ce sont des traits d'union qui rapprochent les membres dispersés de la grande famille humaine.

La création de la marine à vapeur a, dans le domaine commercial, réduit les frais de transport dans des proportions inouïes ; elle a décuplé la vitesse de circulation des marchandises et des voyageurs. Elle a assuré à leur livraison une régularité presque mathématique.

Un bateau de 5,000 tonnes (dimensions très ordinaires de nos jours) peut transporter le contenu de 25 trains de marchandises d'une quarantaine de wagons chacun. Et l'ensemble des navires qui circulent actuellement sur les différentes mers du globe jauge plus de 30 millions de tonnes.

De tous les grands États européens, l'Allemagne est celui qui s'est le mieux pénétré de l'importance du rôle que joue la mer dans la vie économique du monde et, à ce point de vue, comme à beaucoup d'autres, le nouvel empire allemand mérite d'attirer notre attention.

Le développement de la marine allemande est un fait d'autant plus significatif qu'il n'est pas, comme on le croit volontiers, contemporain de l'essor économique du pays. Dans la première phase de son développement industriel, l'Allemagne fut forcée de recourir aux navires des autres nations. Mais avec leur esprit observateur, les Allemands s'aperçurent bientôt que c'était faire un métier de dupe, que c'était se réduire à un rôle passif, que c'était laisser à des voisins, souvent mal intentionnés, la part du lion. Ils méditèrent la fameuse maxime des Anglais : *Britannia rules the waves, who rule the waves rule the world,* et s'inspirèrent des conseils de leurs économistes, de Frédéric List, par exemple, qui écrivait un jour : « La mer, c'est la grande artère du monde, c'est le champ de manœuvre des nations, c'est l'endroit où se déploient les forces et l'esprit d'entreprise des divers peuples, c'est le berceau de leur liberté. C'est aussi la mère nourricière qui entretient la vie économique du monde. Ne pas le comprendre, c'est diminuer volontairement le rôle qu'on peut jouer et manquer à la tâche que nous assigne la Providence. Une nation sans marins, c'est comme un oiseau sans ailes, un poisson sans nageoires, un lion sans dents, c'est comme un cavalier qui n'aurait qu'un sabre de bois. Une nation sans vaisseaux se réduit au rang d'ilote et de valet dans l'humanité. »

Or, il semble que personne en Allemagne ne se soit plus profondément inspiré de ces conseils que l'empereur Guillaume II. « Notre avenir est sur l'eau », disait-il, il y a quelques mois, en inaugurant le nouveau port franc de Stettin.

Cette phrase, qui avait été inscrite au frontispice du pavillon de la navigation allemande à l'Exposition de 1900, indique bien l'orientation nouvelle donnée à la politique économique de l'Empire. Cette orientation mérite d'autant plus de fixer l'attention, que l'Allemagne avait été toujours considérée comme un empire terrien, comme une puissance continentale. Jusqu'à la mort de Guillaume Ier, qui était avant tout un soldat, le peuple allemand n'avait même accordé qu'une faible attention aux questions maritimes. Un revirement complet s'est produit, on leur accorde aujourd'hui le plus vif intérêt. Il est même intéressant de remarquer que, parmi les valeurs atteintes par la crise que traverse aujourd'hui l'Allemagne, les valeurs maritimes sont, de toutes, celles qui ont le moins fléchi.

La prospérité du commerce maritime qui forme actuellement plus de 70 p. 100 du commerce extérieur de l'empire allemand, tient en grande partie aux efforts faits par les Allemands pour trouver des débouchés dans les pays d'outre-mer.

Fabriquant beaucoup d'objets à bon marché, ils ont pensé que les contrées lointaines où l'on recherche précisément les articles à bon marché fourniraient à leur industrie de meilleurs débouchés que les contrées passablement saturées et d'ailleurs plus exigeantes de la vieille Europe.

C'est ainsi qu'ils se sont improvisés navigateurs et commerçants au long cours, et ils ont apporté dans ce nouveau métier les qualités d'opiniâtreté et de persévérance de leur race. En trente ans, la flotte marchande de l'Allemagne est passée de 642 000 tonnes (chiffre de 1870), à 2 453 000 tonnes, et l'Allemagne, qui n'avait en 1871 que 179 vapeurs, en a aujourd'hui 1676.

L'effort de l'Allemagne pour se transformer en État maritime a eu pour conséquence un développement considérable des ports, des chantiers de construction et des grandes compagnies de navigation.

L'importance prise depuis quelques années par les principaux ports de l'Allemagne a frappé tous ceux qui les ont visités. Quelques-uns d'entre vous ont lu sans doute les lettres si attristantes publiées par M. Lockroy dans le *Temps,* à la suite d'un récent voyage d'études sur les côtes de la Baltique et de la mer du Nord. Le développement de la marine allemande qui comptait à peine, il y a quelques années, dit-il, est formidable. Elle est la seconde de l'Europe et fait concurrence à la marine anglaise. Sa prospérité actuelle enthousiasme et stupéfie les Allemands eux-mêmes.

De 1888 a 1900, le gouvernement impérial a consacré 610 millions de francs à l'agrandissement des ports. On a dépensé à Hambourg, en 1897 et 1898, 54 millions ; à Brême, 37 millions ; à Stettin, 15 ; à Lubeck, 6 millions pour les quais et 20 pour les bassins ; à Danzig, 11 millions. De nombreux travaux sont prévus, pour des sommes encore plus considérables. En dépit de la crise industrielle qui pèse sur l'Allemagne, l'effort ne se ralentit pas un instant.

Quelle différence avec nos ports français dont le développement est si lent !

Je me bornerai à une brève comparaison entre les deux ports de Hambourg et du Havre.

En 1850, le mouvement maritime du Havre à l'entrée était de 554 000 tonnes, celui de Hambourg de 427 000 tonnes. Nous avions à ce moment une forte avance.

En 1870, le mouvement du Havre est de 1 432 000 tonnes, Hambourg n'en est encore qu'à 1 200 000.

En 1880, le Havre est à 1 681 000 tonnes, mais Hambourg est déjà passé à 2 767 000.

C'est en 1894 que le Havre atteint le deuxième million de tonnes, mais à ce moment Hambourg est à 6 229 000 tonnes. Depuis cette époque, l'accroissement annuel moyen a été de plus de 300 000 tonnes.

Les chiffres des dernières années sont 6 708 070 en 1897, 7 354 117 en 1898, 7 765 950 en 1899, et enfin 8 037 514 en 1900[1].

Anvers et Liverpool sont maintenant dépassés. Et ce qui réjouit particulièrement les Hambourgeois, c'est de penser que plus de la

---

1. Voir le rapport de notre consul général, M. E. Cor : *Rapports commerciaux,* 1901, n° 61 (suppl. au *Moniteur officiel* du 31 octobre 1901). Sur le mouvement un peu moins brillant du port de Brême, voy. *Rapports commerciaux,* 1901, n° 58.

moitié des navires qui fréquentent leur port sont allemands. En 1850, la proportion n'était que de 28 p. 100.

Le développement général de Hambourg est d'ailleurs prodigieux. La population a, depuis 1870, passé de 210 000 habitants à 720 000 (non compris les 160 000 habitants d'Altona), et le mouvement commercial maritime y atteint [chiffre de 1900] 4 091 835 230 marcs[1].

Le mouvement des échanges par chemins de fer et par l'Elbe est en outre de 3 001 909 240 marcs. En y ajoutant l'argent monnayé, on arrive à un mouvement d'affaires annuel de 9 milliards de francs. La plus-value de 1900 par rapport à 1899 a été de 904 millions.

Hambourg est le point de départ de 113 lignes de navigation et la seule flotte à vapeur de ce port dépasse maintenant toute notre marine à vapeur française.

Il n'est pas inutile de constater en passant que les ports qui se sont développés de la façon la plus rapide sont ceux qui se trouvent sur des estuaires et au débouché de bassins fluviaux d'une certaine importance. Tels sont: Hambourg, Brême, Stettin, Danzig, Kœnigsberg. Les embouchures des fleuves présentent des conditions favorables pour le grand développement de quais que nécessitent les énormes navires qu'on construit maintenant.

L'activité dont le voyageur est témoin dans les ports allemands tient dans une large mesure à l'importance qu'ont prise les chantiers de construction. Il y a en Allemagne (indépendamment des trois chantiers impériaux) sept grands chantiers de construction : ceux de Blohm et Voss à Hambourg, ceux de l'*Actiengesellschaft Weser* à Brême, le chantier *Germania* à Kiel, celui de *Vulcan* à Bredow près de Stettin, ceux de Schichau à Danzig et Elbing. Ajoutons-y les chantiers de *Neptun* à Rostock, du *Reiherstieg* et de *Brandenburg* à Hambourg, de J. C. Tecklenborg à Bremerhaven-Geestemunde, le *Bremer Vulcan* à Vegesack, les chantiers Howaldt à l'embouchure de la Schwentine (Kiel), le chantier de H. Koch à Lubeck, les chantiers de Stettin (Oderwerke), de Flensburg, de Papenburg, etc.

Et si quelques-uns de ces chantiers se développent lentement, la plupart sont très prospères. L'Allemagne se passe de plus en plus de l'Angleterre ; elle reçoit même aujourd'hui des commandes importantes de la Russie, du Japon et du Brésil.

---

[1]. Rapport précité de M. E. Cor, p. 4.

Les progrès de la navigation ont marché de pair avec ceux des ports et des chantiers. Les deux principales compagnies sont le *Norddeutscher Lloyd* de Brême et la Compagnie *Hamburg-Amerika*. Ce sont maintenant les deux premières compagnies de navigation du monde.

Le *Norddeutscher Lloyd* ne dessert pas moins de 26 grandes lignes de navigation, dont 6 dans l'Amérique du Nord et 6 dans l'Amérique du Sud. Un nouveau service a été inauguré le 16 novembre. Il me suffira, pour donner une idée de l'importance de cette compagnie, de détacher quelques indications du discours prononcé par le directeur général, M. Wiegand, à l'occasion du lancement d'un nouveau navire, le *Breslau*.

« En 1892, la flotte du Lloyd, a-t-il dit, comprenait 76 vapeurs jaugeant 196 000 tonnes et 74 p. 100 avaient été contruits sur des chantiers anglais.

« En 1901, elle comprend 166 vapeurs jaugeant plus de 600 000 tonnes et 74 p. 100 de ces bâtiments ont été construits par les Allemands. La proportion est encore plus satisfaisante en ce qui concerne les machines : 78 p. 100 ont été fabriquées en Allemagne.

« Les quatre cinquièmes de nos navires sont aujourd'hui construits sur des chantiers allemands. »

Le plus gros des navires du *Norddeutscher Lloyd* est le *Kronprinz Wilhelm*. Il mesure 202 mètres de long, c'est-à-dire $4^m,57$ de plus que le *Kaiser-Wilhelm der Grosse*, $20^m,12$ de large, $13^m,10$ de creux. Il a une capacité de 13 000 tonnes brutes enregistrées et déplace 21 300 tonneaux. Il peut contenir 650 passagers de 1re classe, 350 de 2e, 750 de 3e. Ses machines à quadruple expansion ont une force totale de 33 000 chevaux et lui impriment une vitesse de 23 à 24 nœuds. Pour son premier voyage en Amérique, il a mis de Plymouth à New-York, 5 jours 15 heures à l'aller et 5 jours 9 heures au retour.

La compagnie ne s'en tient pas là. Elle fait construire actuellement un nouveau navire, le *Kaiser-Wilhelm II*, qui jauge 25 000 tonnes et qui a une force de 38 000 chevaux-vapeur. On espère qu'il traversera l'Atlantique en moins de 5 jours.

La Compagnie *Hamburg-Amerika* rivalise avec celle du *Norddeutscher Lloyd*. Elle la dépasse même par l'importance du tonnage. C'est en 1856 qu'elle créa, avec un seul vapeur, la première ligne de navigation régulière à destination des États-Unis. Ses progrès ont été considérables : elle possède aujourd'hui 134 navires de haute mer desservant 39 lignes de navigation. Et si l'on ajoute les navires en construction, les 107 bâtiments plus petits, cela porte son tonnage à 668 000 tonnes.

C'est cette compagnie qui a fait construire le *Deutschland,* qui ne mesure pas moins de 209^m,50 de long, déplace 20 000 tonnes et atteint une vitesse de 25 nœuds à l'heure. Dans une sorte de match à travers l'Atlantique engagé avec le *Kaiser-Wilhelm der Grosse,* c'est le *Deutschland* qui a été vainqueur, c'est lui qui détient jusqu'à nouvel ordre le record de la vitesse dans le monde. Il a traversé l'Atlantique en 5 jours 7 heures 38 minutes[1]. La Compagnie *Hamburg-Amerika* vient d'organiser un nouveau service entre San-Francisco et Hong-Kong.

L'une des tendances les plus accentuées de la marine allemande, c'est la spécialisation des navires en vue des opérations différentes qui leur sont dévolues. En d'autres termes, on tend à affecter des instruments spéciaux aux différentes natures de marchandises qu'il s'agit de transporter. Ainsi les paquebots destinés aux voyageurs diffèrent de plus en plus des vapeurs de charge destinés au transport des marchandises encombrantes. Et parmi ces dernières on fait de nombreuses distinctions : ce ne sont pas les mêmes navires qui transportent la viande, la houille, le pétrole, les céréales ou les vins. Pour ceux-ci, par exemple, on veut des bâtiments bien liés afin de ne pas fatiguer le chargement et aménagés de manière à avoir dans les cales une température minima.

Il convient d'ajouter que le succès des compagnies de navigation allemandes n'est pas dû, comme on l'a quelquefois prétendu, aux subventions que le gouvernement leur accorde. C'est avec raison que le directeur de la Compagnie *Hamburg-Amerika,* M. Albert Ballin, a protesté, dans une lettre adressée au *Times*[2], contre cette assertion et établi que le *Deutschland* avait été construit sans aucune subvention, seulement avec les capitaux de la compagnie. Le gouvernement allemand a du moins, dans le but de favoriser les chantiers

---

[1]. Sans atteindre les mêmes dimensions (176^m,50), la *Savoie,* de la Compagnie générale transatlantique, a récemment effectué le trajet du Havre à New-York en 6 jours 4 heures. C'est un fort beau résultat.

[2]. Reproduite dans la *Revue générale de la marine marchande,* numéro du 16 septembre 1901, p. 613.

de construction, accordé des facilités spéciales et des tarifs réduits pour ce qui touche à la construction navale.

L'un des principaux résultats de ces transformations de la marine allemande a été l'accélération des services postaux.

D'après les dernières statistiques, la durée moyenne de transmission a été de 161 heures 4 par les navires allemands, 166 heures 5 par les navires anglais, 177 heures 9 par les navires américains, 204 heures 6 par les navires français.

C'est en étudiant les progrès de ces grandes compagnies qu'on se rend le mieux compte des transformations qui se sont produites depuis un demi-siècle dans le type des navires. Le type des bateaux de commerce était autrefois un modeste voilier de 500 à 800 tonnes qui coûtait de 60 000 à 80 000 francs. Le corps même du navire était la grosse dépense, il représentait au moins 60 p. 100 de cette somme. Le type actuel est un navire de 4000 à 8000 tonnes, dont le prix varie de 3 à 10 millions ; les gros navires dont je parlais tout à l'heure ne coûtent guère moins de 20 millions et les machines représentent près de la moitié de cette somme, la coque ne figure que pour un tiers dans la dépense.

En dépit des capitaux énormes que ces constructions nécessitent, c'est avec une rapidité incroyable que les grandes compagnies de navigation allemandes ont transformé leur matériel. De tous les bateaux que possédait la Ligne *Hamburg-Amerika* en 1880, il n'y en a plus que trois qui soient encore actuellement en service et le *Norddeutscher Lloyd* n'en possède plus que deux datant de cette époque.

L'Allemagne n'est pas la seule puissance qui, au point de vue de la marine commerciale, ait fait de grands progrès. Si l'Angleterre traverse aujourd'hui une crise momentanée, elle reste toujours au premier rang des puissances maritimes. Et c'est avec une ardeur soutenue qu'elle continue à développer sa marine marchande en même temps que sa flotte de guerre. Le dernier rapport de M. Jules Coste, notre consul à Glasgow, nous apprend que le tonnage mis à flot en 1900 a dépassé celui de toutes les années précédentes, malgré la production déjà exceptionnelle des années 1898 et 1899.

Il correspond à 692 navires jaugeant 1 442 471 tonneaux. Et au 1er janvier 1901 le tonnage sur chantier, dans le Royaume-Uni, était de 1 269 919 tonnes (inférieur de 36 000 tonnes seulement aux chiffres du 1er janvier 1900).

L'Angleterre sent parfaitement qu'aujourd'hui plus que jamais sa situation dans le monde dépend de la grandeur et de l'importance de sa flotte. Le but toujours poursuivi par les Anglais c'est de dominer la mer commercialement aussi bien que militairement. L'Angleterre se préoccupe avec un zèle admirable du développement de ses chantiers. Et du haut en bas de l'échelle sociale des milliers d'Anglais lisent avec avidité les journaux spéciaux, s'intéressent au cours du fret, suivent les publications du *Lloyd,* exposent même sur les flots une partie de leur fortune, si bien que la nation tout entière se passionne pour les questions maritimes à un degré que nous ne soupçonnons même pas. La marine marchande demeure chez nos voisins *l'outil de vie* sans lequel toute activité s'arrêterait dans le pays. Le président de la *Chambre syndicale des armateurs*, M. Pirrie, déclarait naguère que la marine marchande anglaise avait plus fait « pour resserrer la cohésion de l'agglomération des diverses races formant l'empire britannique que tout ce qu'aurait pu accomplir l'homme d'État le plus habile ».

Et voici maintenant que les États-Unis, qui s'étaient d'abord contentés de recourir aux navires des autres pour transporter leurs produits bruts ou manufacturés de toute sorte, font un gros effort pour développer leurs chantiers de construction. Les plus importants se sont déjà constitués en trust (*United States Shipbuilding C°*) et ils sont outillés pour pouvoir produire, indépendamment des navires de commerce et des grands paquebots, 380 000 tonnes de navires de guerre chaque année. Pendant la dernière année fiscale (1er juillet 1900-30 juin 1901) il a été construit 1 173 navires jaugeant 401 285 tonneaux (au lieu de 1 058 jaugeant 305 697 tonneaux pendant l'exercice précédent). Et dans ces chiffres ne sont pas compris les bateaux qui circulent sur les rivières, les grands lacs et les canaux.

Je ne puis passer en revue tous les pays du monde.

Ce ne sont pas seulement les grandes nations qui font des efforts énormes pour développer leur marine, ce sont aussi de petits pays comme la Belgique, ou des pays presque continentaux comme l'Autriche.

Les chantiers du Lloyd autrichien occupent la superficie d'une petite ville.

L'Italie fait aussi de grands efforts : à Gênes, les chantiers Ansaldo s'étendent le long de la mer sur toute la longueur du faubourg de Sestri Ponente ; à Livourne, les chantiers Orlando ont presque la même importance.

Et parmi les pays neufs il faut citer au moins le Japon qui va bientôt compter parmi les puissances maritimes de premier ordre.

Le tableau ci-dessous donne une idée de la progression des principales flottes du monde dans la dernière période quinquennale :

	1894.		1899.	
	NOMBRE des navires.	TONNAGES.	NOMBRE des navires.	TONNAGES.
Grande-Bretagne	9 333	11 563	9 044	12 587
Colonies britanniques	2 526	1 224	2 099	1 077
États-Unis	3 285	1 964	3 150	2 448
Allemagne	1 819	1 735	1 604	2 113
Norvège	3 394	1 710	2 663	1 643
France	1 174	1 052	1 151	1 179
Italie	1 358	796	1 162	855
Espagne	877	564	712	621
Russie	1 190	492	1 159	594
Suède	1 479	505	1 373	552
Pays-Bas	514	442	383	444
Danemark	844	323	760	422
Autriche	347	298	284	349

Nous donnons aussi, d'après la *Revue de la marine marchande* (18 juillet 1901), la statistique des vapeurs jaugeant plus de 100 tonneaux :

	NAVIRES.	TONNAGES.
Anglais	8 107	12 739 180
Allemands	1 293	2 417 410
Américains	1 036	1 704 156
Français	679	1 068 036
Norvégiens	859	810 335
Japonais	503	524 125

* *

Quelle est notre situation en regard de cette étonnante prospérité?

L'histoire de notre marine marchande, depuis quelques années au moins, se résume en une sorte de doléance perpétuelle. La tribune a retenti d'innombrables discours consacrés à dénoncer les périls auxquels nous expose l'état déplorable de notre marine et à proposer les remèdes les plus variés.

La France, pendant très longtemps, fut en effet la deuxième puissance maritime dans le monde. Elle a conservé ce rang jusqu'en 1885 ; nous voici maintenant au 4e, presque au 5e, dépassés par l'Allemagne et les États-Unis, dépassés probablement bientôt par la Norvège.

Ceux mêmes qui contestent que nous soyons en décadence sont bien obligés de reconnaître que nos progrès ont été minimes à côté de ceux que font nos voisins. Depuis 1893 notamment, la proportion de l'accroissement des marines marchandes a tourné de plus en plus à notre désavantage. Notre marine marchande n'a augmenté depuis cette époque que de 7.3 p. 100, tandis que celle de l'Allemagne a augmenté de 40 p. 100, celle de la Norvège de 66 p. 100.

Nous avions en 1876, en France, 316 navires à vapeur, tandis que l'Allemagne n'en avait encore que 172. Aujourd'hui, nous avons 560 navires à vapeur jaugeant 1 079 683 tonnes ; mais l'Allemagne en a 1 115 jaugeant 2 430 206 tonneaux.

Et encore ne s'agit-il pas de comparer un tonneau avec un tonneau. Il faut comparer des navires d'une valeur déterminée avec d'autres navires d'une valeur également déterminée et ayant un certain coefficient d'utilisation. Or, 35 p. 100 de nos navires sont âgés de plus de 20 ans, tandis qu'en Allemagne la proportion des navires de plus de 20 ans s'abaisse à 13 p. 100.

Et s'il est entré dans nos ports français en 1900 274 827 tonnes de plus qu'en 1899 et 1 059 navires de moins, cette augmentation s'explique par ce fait que ce sont des navires d'un tonnage plus élevé qui sont venus chez nous ; ces navires sont en grande partie des navires étrangers et c'est ainsi que le rapport entre les pavillons étrangers et notre pavillon national se modifie chaque année à notre détriment. La part proportionnelle du pavillon français, qui était de 31.58 p. 100 en 1899, est descendue en 1900 à 28.83 p. 100.

Le pavillon français n'intervient même plus que pour 3 p. 100 dans le mouvement des ports anglais et pour 2 p. 100 dans le mouvement des ports allemands. A Anvers, sur 5 420 navires jaugeant 6 842 163 tonneaux entrés en 1899 dans le port de cette ville, la part de la France n'a été que de 129 navires jaugeant 119 951 tonneaux. Celle de l'Allemagne a été de 892 navires jaugeant 1 449 318 tonneaux.

La comparaison entre la France et l'Allemagne est en apparence plus satisfaisante en ce qui concerne les voiliers. Nous en avons 1 406, jaugeant 601 353 tonneaux. Mais la proportion entre nos vapeurs et nos voiliers n'est pas pour nous réjouir.

Dans l'ensemble des marines marchandes de l'univers, les flottes à voiles sont partout en décroissance.

En 1889, le tonnage des voiliers dépassait encore celui des vapeurs et maintenant le tonnage des vapeurs est double de celui des voiliers ; on ne remplace que partiellement ces derniers : la diminution proportionnelle de leur nombre est même plus forte en Allemagne qu'en Angleterre.

Cette évolution est facile à comprendre ; elle est la conséquence des progrès des industries métallurgiques et métalliques.

Grâce au progrès, l'emploi de la vapeur est devenu assez économique pour qu'on puisse substituer sur presque tous les parcours la vapeur à la voile. Chaque progrès dans la production de la force motrice est un avantage pour la navigation à vapeur au détriment de la navigation à voile.

D'ailleurs, certaines routes se sont ouvertes comme celle du canal de Suez et de la mer Rouge où la faible intensité des vents rend très difficile l'emploi de la voile.

Je ne veux pas dire trop de mal de la navigation à voile. L'Allemagne elle-même construit des quatre-mâts et des cinq-mâts qui, pour certaines marchandises lourdes, ne requérant pas célérité, rendent des services appréciables. Les États-Unis ont augmenté, dans ces dernières années, leur marine à voile plus que leur marine à vapeur ; la navigation à voile est d'ailleurs particulièrement propre à fournir des marins énergiques, trempés par la lutte quotidienne contre les éléments pour les besognes les plus difficiles.

Je ne crains pas cependant d'affirmer que la loi de 1893, en favorisant par des primes exagérées la construction des voiliers, a mal orienté le développement de notre marine.

C'est ainsi qu'au Havre le tonnage des voiliers attachés au port s'est depuis 1893 élevé de 20 000 à 28 000 tonneaux, tandis que le chiffre des vapeurs s'est abaissé de 161 000 à 134 000.

Nos chantiers de construction se sont sans doute accrus ; leurs progrès ont même ramené vers l'industrie maritime des capitaux qu'il convient certainement de ne pas décourager.

Mais ces chantiers n'ont pas donné à beaucoup près les résultats qu'on pouvait espérer. Ils n'ont pas été utilisés d'une manière conforme à l'intérêt du pays.

Nos constructeurs se sont d'abord trop occupés de donner satisfaction aux commandes de l'État, plus avantageuses pour eux. Beaucoup n'ont considéré les commandes des particuliers que comme un appoint négligeable.

La loi de 1881 avait produit d'excellents effets au début parce qu'elle avait excité les armateurs français à se procurer là où ils le pouvaient des navires destinés à bénéficier d'une demi-prime, dont on a dit à tort que c'était un encouragement donné à la construction étrangère. La suppression de cette demi-prime ne permet plus à nos armateurs de soutenir la concurrence contre l'étranger.

Ils se sont trouvés dans une situation défavorable, obligés ou de renoncer à toute prime de construction s'ils achetaient leurs outils de transport à l'étranger, ou, s'ils les faisaient construire en France, de subir la loi des constructeurs. Les primes de navigation ont été insuffisantes et la loi de 1893 a finalement créé dans notre pays une situation anormale dont ceux-là seuls bénéficient qu'on a pu appeler les « cueilleurs de primes » et qui nous coûte, tous les ans, plus de 20 millions. Et nous sommes arrivés, pour l'année 1900, à cette singulière constatation que, sur l'ensemble de notre construction maritime, celle des voiliers correspond à 88 p. 100 du tonnage total, tandis qu'elle n'a été que de 4 p. 100 en Allemagne, que de 1 p. 100 en Angleterre.

L'Allemagne a, en 1900, construit 61 navires à vapeur de plus de 100 tonneaux, jaugeant 188 791 tonneaux, elle en a acheté 71 et en a vendu 24. Nous n'avons dans cette même année construit que 27 vapeurs (jaugeant 40 069 tonneaux). Nous en avons acheté 44 et vendu 10. Nous avons en revanche construit 80 navires à voile jaugeant 102 987 tonneaux, tandis que l'Allemagne n'en a construit que 35 (jaugeant 11 127 tonneaux).

Comment s'étonner dès lors que la marine marchande française n'ait pu conserver dans notre mouvement commercial extérieur la part proportionnelle qu'elle avait il y a huit ans. Le regain de vogue qui nous a poussés vers la construction des voiliers a pu enrichir quelques constructeurs. Il a coûté, par les conséquences qu'il a eues, plusieurs milliards à notre pays.

Le tableau suivant donnera une idée de l'activité des chantiers de construction des divers pays en 1900 :

Angleterre	1 674 844 tonneaux.
Allemagne	252 533 —
États-Unis	179 138 —
France	73 310 —
Russie	47 123 —
Hollande	35 637 —
Italie	34 834 —
Norvège	27 166 —
Japon	23 784 —
Autriche	21 776[1] —

Nous ne paraissons pas comprendre suffisamment les avantages que, dans les luttes commerciales contemporaines, la marine à vapeur a sur la marine à voile. Nos chantiers de construction construisent de jolis voiliers. Mais cette activité relative ne doit pas nous faire illusion. Elle ne témoigne pas d'une régénérescence sérieuse de notre marine.

Aussi est-ce avec raison que l'amiral de Cuverville s'écriait naguère : « Quand nous voyons le développement de la marine allemande, le cœur se serre en constatant l'état stationnaire de la nôtre. »

Et n'oublions pas qu'un navire à vapeur peut effectuer trois voyages pendant qu'un voilier en fait un seul. En comparant les tonnages respectifs de la France et de l'Allemagne, il faut tenir compte de cette situation ; pour que la comparaison soit exacte, il faut multiplier par 3 le tonnage des vapeurs.

Si l'on fait ce calcul, on verra combien est inquiétante l'infériorité actuelle de notre pays. Et on comprendra plus aisément comment il se fait que notre marine marchande ne transporte plus qu'une faible partie des produits de notre industrie nationale. Nous nous servons aujourd'hui pour leur transport des navires des autres puissances dans une proportion telle que c'est pour nos armateurs une perte annuelle de plus de 300 millions.

La marine marchande fait cependant partie de l'outillage national au même titre que les chemins de fer et les canaux. Il est désolant

---

[1]. D'après les statistiques du Bureau Véritas et en ne tenant compte que des vapeurs d'au moins 100 tonneaux et des voiliers d'au moins 50.

de voir à quel point la France si admirablement placée pour attirer dans ses ports le trafic international, est incapable de transporter même ses propres produits. Nous n'avons rien fait pour améliorer notre droit maritime privé si imparfait, pour modifier nos règlements relatifs au pilotage qui sont si défectueux ; nous avons oublié que les transformations de l'industrie des transports au cours du xixe siècle devaient amener la création de règles juridiques nouvelles ; et les frais de courtage, de magasinage, de quai, de camionnage sont plus élevés chez nous que partout ailleurs, tandis que les rivalités entre les transports par voies ferrées et par eau empêchent le producteur d'arriver à des combinaisons de tarifs assurant des prix avantageux.

La réflexion de l'amiral de Cuverville m'a rappelé celle que faisait dernièrement dans la *Deutsche Rundschau* le général von der Goltz : « Un peuple, disait-il, qui néglige sa marine mérite de ne plus compter. La marine est un instrument indispensable de prospérité. Il y a un siècle, les nations vivaient d'elles-mêmes ; aujourd'hui, elles ne le peuvent plus ; il leur faut, pour alimenter leurs industries, pour donner du pain aux classes ouvrières, pour échapper à certains dangers sociaux, s'approvisionner de matières premières ; il leur faut, d'autre part, découvrir dans les continents neufs de nouveaux marchés que leur sol ne fournit pas, ou ne fournit pas en quantité suffisante, et de nouvelles catégories d'acheteurs. Ce n'est plus aujourd'hui en Europe, ni dans les contrées voisines qui, au point de vue industriel, sont presque au même niveau, qu'on peut espérer trouver des débouchés. C'est au delà des mers que l'impitoyable loi du progrès force dès maintenant les peuples européens à aller chercher des éléments de prospérité et des sources de vie. »

Si nous, Français, nous nous condamnons à une inévitable décadence, nous nous verrons éliminés peu à peu des marchés du monde. Les statistiques concernant le canal de Suez sont déjà tristement significatives ; il y est passé, en 1900, 387 navires allemands jaugeant 1 070 767 tonnes, contre 226 navires français, jaugeant 598 819 tonnes. Et pourtant les Allemands sont loin d'avoir les mêmes intérêts que nous dans la mer des Indes et l'Extrême-Orient. Et, bien qu'en ce moment même, ils fassent des efforts pour se procurer des dépôts de charbon et des points d'attache dans la mer Rouge, dans le voisinage de Périm, ils n'ont pas de colonies comparables à nos colonies de Madagascar ou de l'Indo-Chine. Or, l'accroissement de notre mouvement maritime dans le canal de Suez a été l'an dernier de 23 000 tonnes seulement, tandis que l'augmentation des navires allemands a été de plus de 100 000, celui de l'Autriche de 53 000, celui du Japon de 41 000, etc.

Le développement de notre marine marchande m'apparaît cependant comme une nécessité d'autant plus impérieuse que nous nous sommes donné depuis 1870 un magnifique empire colonial qui devrait nous consoler un peu des pertes cruelles que nous avons faites à ce moment. Peut-être a-t-on été un peu vite, mais du moins ce magnifique domaine, personne n'entend l'abandonner, et il convient de le mettre en valeur. Nous sommes condamnés à une action coloniale incessante, et cette action doit être commerciale en même temps que militaire. Vouloir des colonies, c'est vouloir une marine. Pour aller aux colonies, il n'y a d'ailleurs pas d'autre chemin que la mer.

L'un des faits les plus graves de notre évolution historique contemporaine, c'est ce fait que, pendant que nous acquérions des colonies, nous laissions végéter notre marine. Pendant que nous plantions notre drapeau dans un grand nombre de pays lointains, nous laissions notre pavillon s'effacer sur toutes les mers, phénomène d'autant plus grave qu'aucun pays de l'Europe, excepté l'Angleterre, n'est mieux destiné par la nature à être une puissance maritime. Nous pouvons regretter, au point de vue industriel, de ne pas avoir d'aussi riches mines de houille que l'Allemagne, nous pouvons regretter que nos cours d'eau n'aient pas un débit aussi régulier que les cours d'eau allemands et que la navigation intérieure soit plus difficile à organiser chez nous que chez nos voisins, mais au point de vue maritime la Providence nous a merveilleusement servis : étendue des côtes, multiplicité des ports, situation incomparable, unique, sur deux mers, tout nous favorise. L'ouverture du canal de Suez devait même être un atout de plus dans notre jeu ; et j'ajoute que certaines régions, la Normandie, la Bretagne, les Flandres, fournissent de date immémoriale un peuple incomparable de matelots.

Quel parti avons-nous tiré de ces avantages naturels? Au dire de notre consul général, M. de Clercq, Gênes aura, dans trois ans, dépassé Marseille et dès maintenant le Havre est tenu en échec par le petit port de Fiume, au fond de l'Adriatique.

Les compagnies de navigation allemandes commencent à germaniser le port de Cherbourg. Dans nos colonies mêmes les pavillons étrangers se montrent plus souvent que notre pavillon national. Sur les côtes d'Algérie, la pêche est aux mains des Italiens, et le pavillon français ne flotte trop souvent que sur de vieux voiliers qui naviguent sur lest pour gagner la prime.

De toutes les impressions que j'ai conservées de mes voyages à travers l'Europe, il en est peu de plus fortes que celle de l'activité des ports étrangers comparée à la torpeur de la plupart de nos ports français ; si nous ne nous hâtons pas de leur rendre un peu de vie, il sera bientôt trop tard. De nouvelles habitudes commerciales se seront créées et on aura oublié notre pavillon français ; les courants commerciaux se seront détournés et notre puissance maritime, qui avait contribué à nous assurer le prestige dont nous jouissons encore dans le monde, s'effritera peu à peu, comme ces vieux édifices lézardés que les intempéries démolissent pierre à pierre.

Puisse cette situation bientôt changer !

La marine marchande, comme disait un jour M. Charles Roux, mérite d'être considérée comme la première de nos industries nationales ; un intérêt d'un genre spécial et d'un prix inestimable s'attache à la présence sur toutes les mers du pavillon national glorieusement promené. Une flotte marchande n'est pas seulement pour un pays un instrument de fortune, c'est une enseigne de crédit, un signe de force, la preuve affirmée devant tous les peuples de sa puissance.

Vous me pardonnerez d'avoir, sur la demande qui m'a été adressée, jeté un regard attristé sur l'un des côtés les moins brillants de notre vie nationale. En le faisant, je me suis rappelé cette parole de l'amiral Réveillère : « Quiconque aujourd'hui parle de marine, fait une bonne action. » J'ai voulu, dans la mesure de mes forces, faire une bonne action.

Aussi bien, je ne voudrais pas vous laisser croire que je suis un pessimiste. Ce n'est pas être un pessimiste que de dénoncer les périls qui nous menacent et de les signaler énergiquement à ceux qui s'endorment dans une trompeuse confiance. Ce n'est pas être un pessimiste que de pousser un cri d'alarme au milieu de tous les cris de discorde dont nous avons fait, depuis quelques années, retentir le monde. J'estime au contraire que le devoir d'agir s'impose avec d'autant plus de force que nous avons toutes les qualités nécessaires pour réussir.

Trop de Français, malheureusement, absorbés par les querelles mesquines qui nous divisent, sont portés à oublier que l'expansion extérieure du pays est une œuvre aussi nécessaire que la défense du territoire national au jour du danger. Trop de Français ne voient pas que les nations qui nous entourent envahissent le monde tandis que nous marquons le pas ou que nous reculons.

Sans doute, ce n'est pas en quelques jours que notre marine marchande pourra reconquérir la place qu'elle occupait autrefois, mais il ne faut pas juger de l'avenir d'un pays par les difficultés qui peuvent l'arrêter momentanément dans sa marche, il faut tenir compte des efforts souvent cachés qui l'acheminent vers une situation meilleure.

Nous n'avons rien perdu en somme de nos qualités nationales, et la France a tant d'élasticité, qu'il ne faut jamais désespérer d'elle. Elle a été souvent malade et s'est toujours relevée ; les difficultés qu'elle a rencontrées, elle les a toujours vaincues ; mais il importe de nous hâter, de mieux comprendre ce progrès qui se fait autour de nous et de reconquérir, pendant qu'il en est temps encore, la place à laquelle nos traditions, comme nos qualités, nous donnent le droit de prétendre.

Metz en Lorraine.

Communication de M. FERDINAND DES ROBERTS.

Une locution populaire : « *Metz en Lorraine* » fut très répandue en France au XVIII siècle. Cette légende est même inscrite au-dessous de quelques vues gravées de la ville de Metz, estampes publiées à cette époque.

Depuis l'annexion de la plus grande partie du *département de la Moselle* à l'Allemagne (1871), le gouvernement allemand a fait de Metz le chef-lieu du *département de la Lorraine*. De là, une erreur constante commise par beaucoup de Français, de vrais Lorrains, de Nancéiens qui, lors d'un projet d'excursion à Metz, disent qu'ils vont se rendre en Lorraine.

Metz en Lorraine : cette locution erronée aurait fait bondir d'indignation nos ancêtres messins, si fiers de leur ancienne indépendance, de leurs franchises et de leur autonomie, acquise par leurs efforts incessants, au détriment de leurs évêques, dont ils avaient secoué le joug dès le xiie siècle, et du Saint-Empire, dont ils relevèrent jusqu'à l'occupation de Metz et du pays messin par l'armée française, sous Henri II, roi de France (1552), qui s'empara des Trois-Évêchés (Toul, Metz et Verdun), et les garda, comme *Vicaire de l'Empire.*

Metz, il est vrai, fut la capitale du royaume d'Austrasie mérovingienne, appelée par quelques auteurs le *Royaume de Metz,* et appartint plus tard au royaume de Lorraine (843-980).

Mais qu'entendait-on par le mot *Lorraine,* à l'époque de Lothaire II? Appliqué, sous son règne, à un ensemble de pays qui s'étendait de la Meuse au Rhin dans un sens, et de la Bourgogne à la mer de Frise, dans l'autre, ce nom de *Lorraine* a désigné, plus tard, spécialement, mais dans un sens beaucoup plus restreint, une seule des provinces du royaume qu'il désignait d'abord tout entier.

La Lorraine (*Lotharii regnum, Lothariense regnum, Lotharia, Lotharingia*) du xie siècle n'a rien de commun avec la Lorraine de Lothaire II.

Si le duché bénéficiaire de *Haute-Lorraine,* fondé par Othon Ier, fils de Henri Ier l'Oiseleur, roi de Germanie, successeur des Carolingiens sur le trône de Lorraine, comprenait, à peu près, tous les territoires auxquels on a conservé le nom générique de *Lorraine,* et si le duché de *Basse-Lorraine,* fondé en même temps, comprenait le pays situé aux bouches de la Meuse, de l'Escaut et du Rhin (la Belgique et une partie de la Hollande), restèrent en dehors de ces deux subdivisions du *Royaume de Lorraine* les territoires de *Trèves, Metz* et *Verdun,* régis par les évêques de ces villes (959).

La diète de Worms confirma cet état de choses (965).

Le jour où les successeurs de Gérard d'Alsace (1048) devinrent les possesseurs d'un domaine propre, qui constitua le *duché héréditaire de Lorraine,* Metz et le pays messin, rattachés définitivement à l'Allemagne par l'accord intervenu, en 980, entre le roi de France Lothaire et l'empereur d'Allemagne Othon II, cessa d'avoir rien de commun avec eux. Il en fut de même après sa réunion définitive à la France, en 1648. Metz et sa banlieue, qu'il ne faut pas confondre avec l'Évêché de Metz, beaucoup plus étendu, prirent le nom de *Pays messin* (265 villages).

C'est le nom que lui donnent tous les géographes antérieurs à la Révolution. En 1789, le *Pays messin*, réuni au *Verdunois*, formait l'un des huit petits gouvernements : *Metz et Verdun*. Il nomma des députés spéciaux, distincts de ceux du duché de Lorraine. Metz obtint un député particulier, comme ancienne *ville impériale*. (Ordonnance du 27 décembre 1788.)

Comme nous venons de le dire, il n'avait plus rien de commun avec la *Lorraine* depuis qu'il avait été rattaché à l'Empire et que Metz, gardant son autonomie, émancipée du joug temporel de ses évêques, était devenue, en 1130, *Ville impériale*, titre qu'elle garda jusqu'en 1552.

A plusieurs reprises, les ducs de Lorraine voulurent s'emparer de Metz. Ils n'y réussirent pas.

Pour le Messin, le Lorrain c'est l'ennemi. *Sus aux Lorrains!* s'écriait le boulanger Harel, lorsqu'il abaissait, le 5 avril 1473, la herse de la porte Serpenoise et coupait ainsi la retraite au Lorrain Krantz la Grande Barbe et aux 200 Lorrains entrés par surprise dans Metz, lors du siège de cette ville par René II, duc de Lorraine.

Dans les nombreux manuscrits qui se trouvent à la Bibliothèque de Metz, le nom de Lorrains, depuis plusieurs siècles, n'est jamais donné aux Messins, non plus que dans les chroniques messines, telles que celles de Philippe de Vigneulles et de Jehan du Brion.

La haine n'existe plus entre Metz et Nancy, mais il nous a semblé utile d'éclairer quelques points obscurs de notre histoire et de détruire une légende.

Il serait à souhaiter que quelques cartographes dressassent des cartes exactes pouvant servir à l'éclaircissement des diverses époques de l'histoire de la Lorraine (ancien royaume et duché héréditaire). Ils pourraient s'inspirer des nombreuses cartes anciennes que nous possédons de la Lorraine et consulter, pour l'élaboration de leur œuvre, l'acte de partage intervenu, après le traité de Ryswick, qui restitua le duché de Lorraine au duc Léopold, entre Louis XIV et ce souverain, après la convocation des Chambres de réunion (1680).

Lundi 5 août.

SÉANCE DE L'APRÈS-MIDI

Président : M. Monflier, délégué de la Société de géographie de Rouen.
Assesseur : M. Paul Hazard, délégué de Bourges.

Utilité de l'établissement entre Sociétés de province d'un Office central chargé de recevoir les renseignements sur les conférences qui sont proposées aux sociétés. — Établissement de relations entre sociétés, leurs membres et les Français résidant à l'étranger.

Communication de M. Haumant.

Voici le résumé de cette communication :

Le plus efficace des moyens d'action dont disposent les sociétés de géographie, ce sont les conférences. Or, elles rencontrent de nombreux obstacles dans leur organisation. Il leur faut, à tout prix, *intéresser* un public qui est parfois assez indifférent aux choses géographiques ; il leur faut chercher l'actualité, le nouveau sujet, le nouveau conférencier. Or, ce conférencier nouveau leur fait éprouver de cruels mécomptes et leur cause un dommage irréparable. Un auditoire formé à grand'peine se disperse quelquefois et pour toujours, après telle conférence qui a duré deux heures et que personne n'a entendue.

Comment éviter ces mésaventures ? Il est évident que le meilleur moyen c'est l'établissement de relations permanentes entre les sociétés. Il faut que nous sachions, nous, Société A, que la Société B a donné, à tel moment, une conférence de M. X..., sur un sujet qui nous paraît intéressant ; il faut que nous sachions à qui nous adresser, dans la Société B, pour savoir, non la valeur scientifique de la conférence, qui est hors de cause, mais l'intérêt qu'elle a eu pour l'auditoire.

Ces renseignements confidentiels ne seront jamais refusés par un secrétaire général à son collègue de telle ou telle société. Il faut seulement que l'on se tienne au courant, officiellement, régulièrement, de société à société, des conférences qui ont eu lieu pendant une période déterminée[1].

Autre point. Beaucoup de gens prêts à partir pour l'étranger ou les colonies viennent se renseigner sur leur pays de destination, à la société de géographie de leur ville. On leur donne des livres, on leur donne des indications générales. C'est bien ; ne pourrait-on pas faire mieux ? Nos sociétés ont des membres établis à l'étranger ou aux colonies ; elles connaissent toutes les personnes établies au dehors. Il serait bon qu'elles eussent la liste de ces personnes, avec adresses ; à l'occasion, elles pourraient renvoyer M. X..., amateur de renseignements sur le Sénégal, à M. Y... qui habite le Sénégal. Il serait d'ailleurs entendu que toutes précautions seraient prises pour éviter un usage abusif des noms et adresses confiés à la discrétion des sociétés. Enfin les sociétés pourraient se mettre d'accord entre elles pour se faire profiter des moyens d'information dont elles disposent.

---

1. Cette recommandation a été mise en pratique dès la fin du Congrès par plusieurs sociétés.

SÉANCE SOLENNELLE DE CLOTURE

Elle eut lieu au salon carré de l'Hôtel de Ville.

M. P. Collesson, secrétaire général, donne lecture des vœux retenus par le Congrès, et M. Fliche, vice-président de la Société de géographie de l'Est, professeur à l'École nationale des eaux et forêts, prononce le discours suivant :

« Mesdames et Messieurs,

« L'honorable devoir qui, en ce moment, retient à Paris M. Pfister, vous prive du plaisir d'entendre, une seconde fois, la parole qui vous a charmés lors de notre première séance ; personne ne le regrette plus vivement que moi. Cependant, je vous l'avoue, l'honneur qui m'échoit ainsi me donne une grande satisfaction, celle de pouvoir accomplir un acte de justice, en comblant la seule lacune que présentait le discours si complet que vous avez entendu à l'inauguration de vos travaux. Parmi les serviteurs actuels de la géographie en Lorraine, il n'a pas été question du professeur de notre Université qui, faisant à la Société de géographie de l'Est une large part dans une vie singulièrement occupée, la préside avec tant de distinction et d'autorité. Au jour où elle avait le malheur de perdre l'homme d'intelligence et d'action qui en avait conçu l'idée, l'avait créée et pendant de nombreuses années en avait été l'âme, c'est en très grande partie grâce à son président, à l'activité qu'il a déployée, à la confiance et à l'affection qu'il avait su inspirer à ses collaborateurs, qu'elle a pu traverser, sans dommage, une heure toujours périlleuse pour les jeunes institutions.

De semblables services méritent la reconnaissance des géographes lorrains et aussi celle des sociétés sœurs de la nôtre ; je suis donc assuré d'être votre interprète en adressant à M. Pfister l'expression de notre gratitude, en y joignant nos plus cordiales félicitations au sujet de la distinction, si largement méritée, qui, à la veille de notre session, lui a été accordée par le gouvernement de la République.

Vous venez d'entendre l'énumération des vœux qui ont été retenus par le Congrès; souhaitons qu'ils ne dorment pas trop longtemps de ce sommeil, nullement réparateur, dont on vous a si spirituellement parlé avant-hier. Ils ont été préparés dans vos séances privées par des discussions approfondies. De nombreuses communications ont sollicité votre attention durant ces réunions. Presque toutes ont eu pour objet des questions concernant les intérêts de la France. Notre navigation intérieure, notamment, a été l'une des principales préoccupations du Congrès. En agissant ainsi, vous avez obéi à une tendance de plus en plus marquée chez les sociétés françaises de géographie. Estimant, suivant l'heureuse expression d'un esprit éminent, que si la science n'a pas de patrie, ceux qui la cultivent en ont une, elles ne se désintéressent pas de ce que font les autres peuples pour arriver à cette connaissance complète, à cette prise de possession de la terre qui s'achève après avoir été une des gloires du grand siècle qui vient de finir ; mais elles réservent le meilleur de leur activité pour tout ce qui concourt à développer la richesse et la grandeur de la France.

C'est ce même sentiment patriotique qui vous a fait consacrer vos loisirs du dimanche au pèlerinage national de Domrémy. Vous avez voulu voir l'humble et glorieuse demeure où naquit la fille des champs, Jeanne la bonne Lorraine, comme on l'appelait de son temps, qui l'abrita jusqu'à l'heure où, se rendant aux vues de la Providence, elle chassait l'étranger du sol de la patrie et remettait la France dans la voie qui devait la conduire définitivement à son unité nationale. Donnant, par contre-coup, à une autre puissante nationalité sa constitution définitive, elle a été un des plus grands, et à coup sûr le plus merveilleux, parmi les ouvriers qui ont contribué à la formation de cette Europe moderne, dont vous étudiez l'expansion et l'action à la surface du globe.

Maintenant vous allez, sous une habile direction, vous reposer de vos travaux en visitant les Vosges françaises ; vous serez séduits par le charme du paysage, mais votre esprit exercé saisira, même dans un rapide coup d'œil, toutes les questions importantes que ces montagnes offrent à l'étude du géographe, qu'il soit surtout frappé par la structure du pays ou bien qu'il l'examine en économiste, naturaliste ou militaire.

En terminant, il me reste un agréable devoir à remplir, celui de renouveler nos remerciements à tous ceux qui ont contribué au succès et au lustre de ce Congrès, à l'amiral Fournier qui a bien voulu en accepter la présidence d'honneur, aux éminents représentants de l'Église, de l'armée et de l'administration, qui nous ont donné un précieux témoignage de leur sympathie en honorant nos séances publiques de leur présence, à l'administration municipale et à M. le Recteur qui, non seulement, nous ont accueillis de la façon la plus aimable, mais nous ont fourni les locaux de nos séances. Enfin, est-il besoin de vous rappeler que les Congrès ont besoin de ce qu'on a appelé, je ne sais trop pourquoi, le nerf de la guerre, car il l'est de toutes choses en ce monde ; aussi dois-je un témoignage tout spécial de notre reconnaissance aux autorités et aux corps élus dont les généreuses subventions ont rendu cette réunion possible, à M. le ministre de l'instruction publique, au Conseil général de Meurthe-et-Moselle, au Conseil municipal et à la Chambre de commerce de Nancy.

Mesdames et Messieurs, notre ordre du jour étant épuisé, je déclare close la XXIIe session du Congrès national des Sociétés françaises de géographie.

VŒUX RETENUS PAR LE CONGRÈS

La 22e session du Congrès national des Sociétés françaises de géographie, réunie à Nancy, en août 1901, émet les vœux suivants :

I

Qu'une exposition coloniale aussi large que possible soit organisée à Alger pour 1904 ou 1905.

II

Que tous les géographes et topographes s'entendent pour l'adoption d'une série unique de signes conventionnels, tant pour les cartes en noir que pour les cartes en couleur.

Que toutes les cartes soient désormais construites à des échelles simples dont les dénominations soient exclusivement les facteurs 1, 2, 5 et leurs multiples et sous-multiples.

III

Que les sociétés de géographie soient admises à soumettre leurs desiderata au Comité central consultatif relevant du ministère de la guerre chargé de la direction générale à donner à tous les travaux de cartographie.

IV

Que la question de la décentralisation au point de vue géographique fasse l'objet des travaux des sociétés de géographie et d'un rapport d'ensemble au Congrès de 1903.

V

Que le système métrique soit introduit dans celles de nos colonies où il n'existe pas encore; que, vu les habitudes acquises, cette introduction soit progressive et que son application en soit peu à peu étendue notamment au commerce des tissus et aux monnaies.

VI

Qu'un enseignement colonial pratique soit institué dans les principales villes de France et des colonies à l'effet de préparer à la vie coloniale les jeunes gens capables ou désireux de s'occuper dans notre domaine d'outre-mer.

Cet enseignement sera distribué par des conférences portant essentiellement sur : géographie, hygiène, notions sur les produits coloniaux et l'agriculture coloniale, la construction et la topographie élémentaire. Il pourrait être greffé sur les cours d'adultes et les diverses œuvres post-scolaires.

VII

Que l'attention des Pouvoirs publics soit attirée sur la nécessité d'imposer aux fonctionnaires en rapport avec les indigènes de recommander et de faciliter aux colons la connaissance et la pratique usuelle des langues indigènes parlées dans les colonies de leur résidence.

VIII

Le Congrès, reconnaissant les grands avantages que les diverses branches de la science, et tout particulièrement la marine, retireraient de l'emploi de la division décimale du quart de cercle, division déjà officielle pour l'armée de terre, émet le vœu, qu'il soit publié annuellement des éphémérides du soleil et des principaux astres, calculées d'après la division décimale du quart de cercle.

IX

Que les diverses sociétés de géographie fassent une place aussi large que possible, dans leurs travaux, aux questions relatives à la marine marchande et s'efforcent de montrer l'importance de ces questions pour le développement de notre empire colonial et pour notre essor économique.

X

Le Congrès, partisan du développement général des voies navigables en France, exprime le vœu que, dans le cas où les travaux d'approfondissement et d'amélioration de la Loire seraient exécutés entre Angers et Nantes, un approfondissement constant de deux mètres soit assuré.

XI

Qu'il soit procédé le plus tôt possible à l'exécution du Canal de la Chiers et d'un canal unissant l'Escaut à la Meuse sur le territoire français.

XII

Vu l'état d'infériorité de la région du Sud-Ouest en ce qui concerne les voies navigables et l'intérêt particulier qui s'attache aux canaux du Midi, le Congrès émet le vœu que l'exécution des travaux de réfection du Canal du Midi et du Canal latéral à la Garonne ait lieu le plus tôt possible.

XIII

Que le reboisement des terrains dégradés en montagne, en raison des dangers de toute nature que la dénudation des versants fait courir à l'intérêt public, soit activé le plus possible et qu'en même temps des mesures soient prises pour arrêter la disparition des forêts existantes au moyen d'une réglementation plus étroite de la dépaissance,

XIV

Le Congrès renouvelle le vœu déjà émis par le 16ᵉ Congrès de géographie tendant à ce que les Pouvoirs publics s'efforcent par tous les moyens de relever la natalité en France.

XV

Le Congrès, considérant la nécessité de reviser la convention des câbles signée à Paris en 1884 par vingt-six États, émet le vœu que les Pouvoirs publics réunissent de nouveau à Paris les signataires de cette convention et procèdent à bref délai à sa revision dans le sens de la neutralité des câbles.

XVI

Que, dans les négociations en cours avec la Chine, soit comprise l'application effective de la clause virtuelle de la convention de 1898 avec la Corée et qu'un service régulier postal soit organisé dans le Céleste-Empire sous notre direction.

*
* *

Le Congrès de 1902 se réunira à Oran, celui de 1903 à Rouen.

FÊTES — BANQUET — EXCURSIONS

Bien que cela ne fasse guère partie du rapport des travaux du Congrès, nous croyons bon de mentionner les réunions de plaisir qui eurent lieu à l'occasion du Congrès, le 1er août.

Tout d'abord, la ville de Nancy, pour souhaiter la bienvenue aux congressistes, les reçut dans les salons de l'Hôtel de Ville. M. l'adjoint Friot, remplaçant le maire absent, faisait les honneurs au nom de la Ville. Il prononça, au moment où les coupes de champagne circulaient, une très aimable allocution qui fut couverte par les applaudissements de toute l'assemblée. M. l'amiral Fournier dit aussi quelques mots vibrants comme il sait si bien les dire.

Le samedi 3 août, un grand banquet était offert dans les salons de l'hôtel de l'Europe. Y ont pris part entre autres : l'amiral Fournier, le général Langlois, les délégués des ministères, le préfet de Meurthe-et-Moselle, le maire de Nancy, MM. Gauthiot, Blondel, Basset, Auerbach, H. Mengin, Guénot, Chambeyron, Port, Manès, Paul Hazard, Paul Chenut, Imbeaux, Villain, Merchier, Monflier, Fliche, Léon Germain, J. et P. Collesson, Turquan, Lespine, etc.

Le dimanche 4 août, les congressistes, au nombre d'une trentaine, sous la conduite de M. Jean Collesson, allaient visiter Domrémy, patrie de Jeanne d'Arc, et Neufchâteau.

Après le Congrès, les 6, 7 et 8 août eut lieu, sous la direction de M. Pierre Collesson, une grande excursion dans les Vosges. Les promeneurs étaient une trentaine environ. Partis de Nancy de très bon matin, ils arrivaient à Épinal, qu'ils visitaient rapidement sous la conduite de M. Haillant, puis le train les emmenait à Gérardmer, déjeuner à l'hôtel de la Poste. Tour du lac, montée en voiture à la

Schlucht, coucher à l'hôtel Français. Le lendemain, départ en voiture pour La Bresse et Cornimont, puis en chemin de fer pour Remiremont (hôtel des Deux-Clefs).

Le dernier jour, départ en chemin de fer pour Saint-Maurice, montée en voiture au Ballon d'Alsace (hôtel du Ballon), retour le soir à Nancy.

TABLE DES MATIÈRES

	Pages.
Règlement	1
Organisation de la XXIIe session	7
Comité d'honneur	9
Comité d'organisation	9
Comité d'action	10
Programme général	12

TRAVAUX DU CONGRÈS

1re journée. — Jeudi 1er août 1901.

SÉANCE SOLENNELLE D'OUVERTURE.

Discours d'ouverture	15
Procès-verbaux des séances	27
Rapports des délégués	36

SÉANCE DE L'APRÈS-MIDI.

Henri Lorin. — L'Enseignement colonial	68
Devoir. — Sur la Géographie des rivages	69

2e journée. — Vendredi 2 août.

SÉANCE DU MATIN.

E. Fauvel Le Fourdrey. — Unification des signes conventionnels. — Unification de l'échelle, au moins pour les pays où l'on a admis le système métrique. — Respect des anciennes dénominations, même non traduites, du vieux langage ou du patois	84
Étienne Port. — La Loire navigable	93
Guénot. — Les Canaux du Midi	98

SÉANCE DE L'APRÈS-MIDI.

Pages.

Nicolas HAILLANT. — Glossaire géographique vosgien : sa délimitation territoriale ; son objet ; traitement et description des vocables ; recueil de fragments 100

Nicolas HAILLANT. — Bibliographie géographique vosgienne ; objet et méthode ; choix de fragments du XIVe siècle ; questions à étudier 133

B. AUERBACH. — Le Canal du Nord-Est 140

3e journée. — Samedi 3 août.

SÉANCE DU MATIN.

Ed. IMBEAUX. — La Nappe aquifère sous la forêt de Haye. 161

J. de REY-PAILHADE. — Unification des mesures angulaires pour les cartes de l'armée de terre et pour les cartes de la marine. . . . 164

E. DUVERNOY. — Note sur les documents géographiques des archives de Meurthe-et-Moselle 171

J. BEAUPRÉ. — Les Établissements humains dans la partie française du bassin de la Moselle, aux temps préhistoriques, gallo-romains, mérovingiens. — Essai de géographie ancienne 175

Henri DUPONT. — Philippe de Crèvecœur, maréchal d'Esquerdes ou des Cordes (1418-1494). 184

GUÉNOT. — Du Déboisement des montagnes. 202

SÉANCE DE L'APRÈS-MIDI.

Les Câbles sous-marins. 205

Ch. LEMIRE. — Les Mœurs des Indo-Chinois, d'après leurs lois, leurs cultes, leur littérature et leur théâtre. 207

GASSER. — Note sur la formation du relief du bassin de la Saône supérieure 232

Georges ROSSIGNOL. — La « Garonne navigable ». 236

Georges ROSSIGNOL (Roger Debury). — La « Dépopulation » de la France. 238

DEVOIR. — Sur les Monuments mégalithiques de la Bretagne. . . 241

V. TURQUAN. — Atlas géographique et économique de la France. . 248

A. MESPLÉ. — L'Exposition coloniale d'Alger en 1903-1904 250

4ᵉ journée. — Lundi 5 août.

SÉANCE DU MATIN.

	Pages.
Georges BLONDEL. — La Marine marchande.	253
Ferdinand DES ROBERTS. — Metz en Lorraine	270

SÉANCE DE L'APRÈS-MIDI.

HAUMANT. — Utilité de l'établissement entre Sociétés de province d'un Office central chargé de recevoir les renseignements sur les conférences qui sont proposées aux sociétés. — Établissement de relations entre Sociétés, leurs membres et les Français résidant à l'étranger. 273
SÉANCE SOLENNELLE DE CLÔTURE. — VŒUX 275
Fêtes, banquet, excursions 281

Nancy, imprimerie Berger-Levrault et Cⁱᵉ.

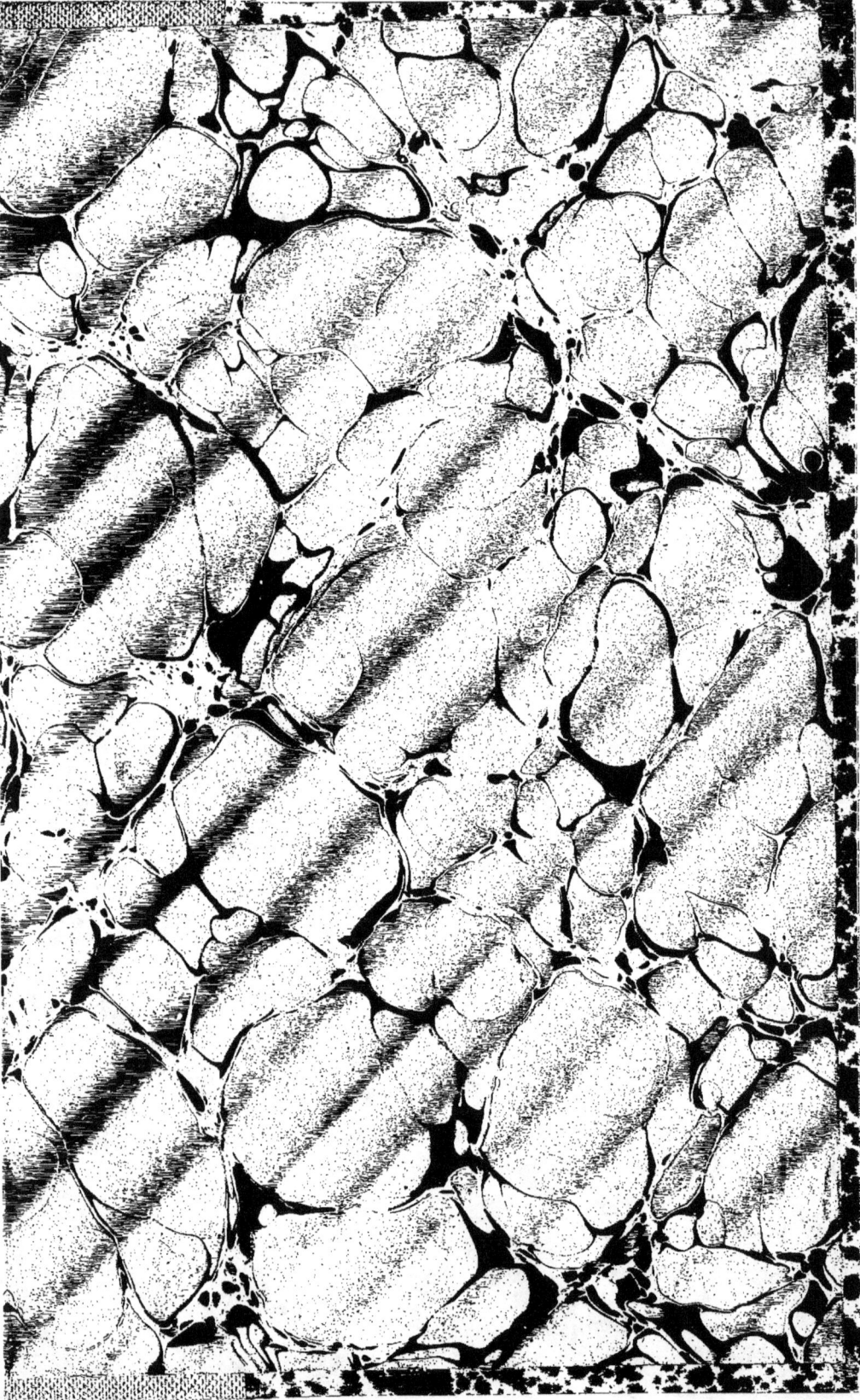

www.ingramcontent.com/pod-product-compliance
Lightning Source LLC
Chambersburg PA
CBHW071339150426
43191CB00007B/789